生活私享家
LUXURY
MEN

奢侈男人

珍藏版

孙　玥／著

哈尔滨出版社
HARBIN PUBLISHING HOUSE

出版缘起

Publisher's Note

奢侈总是超现实的，真正的奢侈只为少数人定制，被更少数人所拥有。奢侈是时间和历史酿就的生活艺术，最终的表现形式不仅是品牌，还是文化，是稀缺的生活方式。奢侈品以昂贵和精致为印记，超越时空，诉说着人类创造力的伟大。往往让拥有者动容的不是奢侈品昂贵的价格，而是隐藏在其中的追求完美的执著精神，是不计成本的制作过程，以及娓娓道来的穿越时空的关爱。奢侈品栩栩如生地代表着奢侈生活，表达着拥有者的品位和格调。

正如人有不同的气质一样，奢侈品也性格各异。虽然人和奢侈品有无数种搭配组合的方式，但是只有在人的气质和奢侈品的性格协调一致的情况下，此二者才能相得益彰、魅力倍增。具有领袖风范的男人喜欢劳斯莱斯，而为法拉利疯狂的男人总是充满冒险精神；喜欢登喜路的男人通常是彬彬有礼的绅士，而为人头马沉醉的男人则充满了英雄主义豪情；喜欢香奈儿的女人大多具有革新精神，而有艺术气质的女人总是被爱马仕吸引；优雅女人欣赏纪梵希，而被酩悦香槟吸引的女人总是具有无可救药的浪漫情调……

奢侈品要为个人品位服务，你所选择的奢侈品其实就是你个人风格的代言人。奢侈生活所包括的当然不仅仅是拥有奢侈品，还要有能驾驭奢侈品的一小群人。演绎奢侈生活的主角是处在金字塔顶端的人群，他们信仰的奢华主义表达出一种鲜明的个人风格。然而，愈是高端的生活，就愈显得神秘，因为这种生活远离公众的视野。在本书中，我们将为您展开一幅华美画卷，将这一小群人的生活方式、生活品位，以及他们的消费取向一一呈现。

我们在本书中为您展示的诸多富豪的生活主张，并非为您提供一个个奢侈生活的范例。奢侈生活是一个灵活的命题，没有任何一个现成的范例可以套用或者模仿，但是您可以从这一个个奢华故事中提取自己感兴趣的部分，从而形成自己的风格和品位。

奢侈生活是一篇华丽的诗章，奢侈品是诗中的意象，人的品位暗暗操控着整首诗的意境。财富可以让你拥有舒适的生活，品位却能让你成为生活的领袖，甚至风尚坐标。而品位是需要不断学习的，正如索尼之父盛田昭夫所说：“所有美好的事物，没有一件是可以迅速做成的——因为它们都太难，太复杂。”品位的形成过程也是缓慢而美好的，这是一个需要时间去熏陶的过程。在本书所描绘的生活方式中，有些诱惑会令你心醉神迷，有些选择会令你眼花缭乱，然而源于你内心最真挚的选择，一定是你内心的挚爱，也是你的向往。

奢侈生活是一个永恒的故事，这个故事是如此华丽，如此繁杂。在本书中，我们将有关财富、品位、奢侈品的种种融合成一道道精美的甜点，可以悦目，可以赏心，可以品鉴，可以期待，或者，你可以把它当做一个绮丽的邀约，一场神奇的探索，一次可以期待的艳遇。不一定要置身于奢华之中，但若能在事物当中找到幸福感、美感、满足感，或者达到忘我的境界，这亦是一种奢华。

目录 Contents

052

登喜路男人

DUNHILL & MEN

登喜路来自绅士之都英国伦敦，它周身散发着优雅的气息，它崇尚传统但不失现代感，沉稳中饱含潇洒，杰出而不失圆滑。

登喜路男人是彬彬有礼的绅士，和保守的老派绅士不同，他看起来温文尔雅，而内心却激流澎湃，充满了冒险精神。

他们恒久且出类拔萃。

068

万宝龙男人

MONTBLANC & MEN

在飘逸的线条和书写的沙沙声中，万宝龙记录着历史，传承着文明。以手写心，万宝龙表达着丰富的情感，挥洒出泉涌的文思。

万宝龙男人是深情的男人，他的目光如秋水般深邃，气质如文竹般淡雅，所有的人情味道都沉淀在他心里，化作口中的坚定，笔下的执著。

他们相信，字由心生，认真写字的人，也会认真生活。

082

奔驰男人

MERCEDES-BENZ & MEN

梅赛德斯-奔驰的名字代表着权威、先锋和不容置疑。无论时光如何流转，也无论将来有什么新的传奇诞生，在人类汽车发展史上，奔驰所奠定的地位是任何其他汽车品牌都无法撼动的。

奔驰男人是稳重成熟男人的典范，他话不多，却字字珠玑；他行事低调，却牵动着最广泛的关注。无论身处何地，他都是众人目光的聚焦点。

他们不动声色地改写着我们的生活，我们的历史。

目录 Contents

142

阿玛尼男人

GIORGIO ARMANI & MEN

阿玛尼是经典中的经典，它不过分前卫，也不会落伍，永远在优雅与时尚之间完美地拿捏着平衡。

阿玛尼男人是经典男人，宛若一块天然的纯白璞玉，历练越长，越会发出历久弥新的光彩。

他们像打磨珠宝一样打磨人生。

156

江诗丹顿男人

VACHERON CONSTANTIN & MEN

江诗丹顿率先为人类记录了时间缥缈的踪迹，成为度量生命及历史的基本刻度。

江诗丹顿男人是理性男人，他拥有运筹帷幄的能力与高雅的气质，他不相信神话，一切用事实证明。

他们是传统的，亦是永恒的；他们让人敬畏，亦让人着迷。

170

人头马男人

RÉMY MARTIN & MEN

人头马没有香槟的浪漫、威士忌的麦香，只有雄性荷尔蒙的激情跌宕，它带来的是法国宫廷文化的神秘，它宣扬的是大无畏的英雄主义。

人头马男人是游弋于城市的勇士，他的血液里流动着英雄主义的豪情，他的眼神中映射着摄人的霸气。

他们在时光中攫取永恒。

目录 Contents

宝马不仅做到了你期望的那部分，就连你没想到的，它也做到了，它是如此出人意料，即使你把它拆得七零八落，它依然是位美人。

宝马男人厌恶一成不变、墨守成规、故作深沉。你若说他喜新厌旧，他说不定会回应你一个帅气的微笑。他喜欢什么？活力、激情！

他们是生活艺术的诠释者。

普拉达是独特的、内敛的，怀旧而现代的，宁静而优雅的。

普拉达男人是都市新贵，他不仅拥有财富，而且还会有品位地使用自己的财富。财富让他拥有最好的生活，品位让他成为精神领袖，甚至风尚坐标。

他们演绎着一种理想的人生。

宝玑是造物主对人类的恩宠，它体现了人类最伟大的创造力和原创精神。

宝玑男人是完美主义者，他举手投足间透露着遮掩不住的锋芒，他的生命在追求完美的过程中升华。

他们的座右铭是：如果值得做，就做到最好。

224
哈雷男人
HARLEY-DAVIDSON & MEN

哈雷戴维森是一个被物化了的精神象征，它被幻化为一种文化、一种生活方式、一个美国式的传奇。

哈雷男人是男人中的男人，在追风沐雨的那一刻，他们将男人的成就感和雄性魅力彰显到极致。

骑着哈雷，他们成为真正自由的人，挣脱了束缚，开始了美妙历程。

238
杜嘉班纳男人
DOLCE & GABBANA & MEN

杜嘉班纳不拘一格，狂野与优雅并存，充满创意，反对随波逐流。

杜嘉班纳男人桀骜不驯，并且才华横溢。他主张为自己而活，喜欢一切非公式化的东西，追求建立在自由之上的成功。

他们是特立独行的先锋。

252
阿斯顿·马丁男人
ASTON MARTIN & MEN

阿斯顿·马丁善于创造传奇，善于营造英伦格调的快乐，善于将奢华的运动风格和古典优雅的格调集于一身。

阿斯顿·马丁男人是现实版的“007”，他并不反对以硬邦邦的肌肉来显示原始的男性魅力，但他更崇尚内在魅力——幽默、睿智、彬彬有礼，在气宇不凡的外表之下，是冷静从容的内心思维和果断敏捷的行动方式。

他们树立了一种榜样——可以被追随，却无法被模仿。

目录
Contents

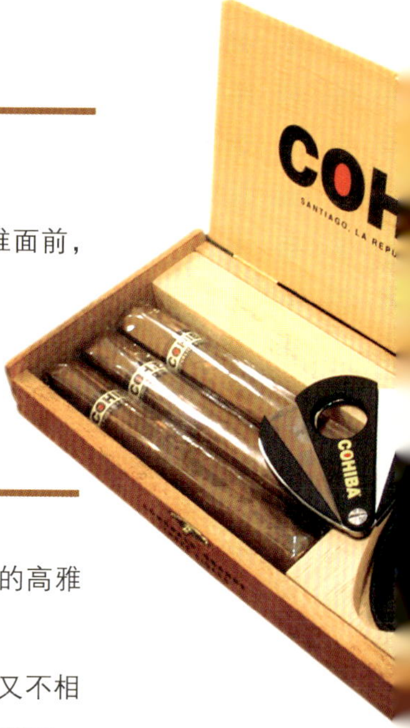

306
兰博基尼男人
LAMBORGHINI & MEN

兰博基尼从不定义自己，它的存在只为一个目标——制造世界上最好的跑车。

兰博基尼男人具有典型的双面性格，他是温和的，也是偏执的。他的性格中有一股牛劲儿，任何特定的压力和挫折都会成为他爆发的诱因。

请记住，千万不要尝试挑战他们的极限。

320
蓝山男人
BLUE MOUNTAIN COFFEE & MEN

蓝山咖啡有一种忧郁的气质，深沉，不张扬；它拥有魔力，让人沉醉，让人迷恋。

蓝山男人是儒雅又浪漫的男人，周身散发着超脱的气息。他穿越了尘世纷扰，欲望之河从面前流过，他静伫一旁，细细地品味现世的快乐。

他们用一生的坚忍换来成功后的平和，用一生的淡定洗去曾经的浮躁，使生命趋于平静，静静地散发出迷人的芳香。

336
摩根男人
MORGAN & MEN

摩根汽车以古典韵味著称，它周身散发着新时代机械化生产所不具备的贵族气质，在现代汽车界独树一帜。

摩根男人是古典男人，他身上没有流行文化的浮光，而富有古典式的英雄主义和理想主义情结，他诠释着属于男人的力量、仁慈和风度。

他们深邃隽永，回味绵长。

目录
Contents

百达翡丽男人
Patek Philippe & Men

百达翡丽是可以世代相传的名品，它薄薄的身体承载着数不尽的爱和荣耀。

百达翡丽男人的高贵由时间和血脉造就，深邃的眼神，尊贵的姿态，优雅的举止，他们是最后的贵族。

他们的风采由时间造就，并赋予时间新的含义。

百达翡丽是贵族的标志。虽然贵族仅在少数西方国家仍旧存在，但是全世界的百达翡丽男人都拥有一种贵族气质。贵族气质是经由血脉传承的，是流淌于血液之中的，是渗透在骨髓之内的。百达翡丽男人的身上仿佛有一层金光，即使他默默地站在那里，也会让周围的一切黯然失色。莎士比亚曾说:“三年可以造就一个暴发户，三代才能培养一个贵族。”莎翁的话与中国那句“三代仕宦，学得穿衣吃饭”的古话不谋而合。欧洲的贵族最初是唯血统论，慢慢地，教养开始代替血统，成为贵族的重要标志。

贵族的教养从何而来呢？它无法像知识那样机械地传授，只能在适宜的文化环境之中熏陶而成。而一个人的生活环境是由家庭背景造就的。贵族的教养首先来自家教。家教不是指弹钢琴、背古文，而是日常生活中的亲切与自然，举手投足中的优雅与高贵。家庭之后是社交。子女由父母带领进入与家庭背景相符的社交圈子，实践各种社交礼仪，成为彬彬有礼的绅士和淑女。所以说到底，贵族气质还是由血脉传承的。

百达翡丽男人不一定是英国或法国的那种世袭贵族，但是他或是来自金融世家，或是来自艺术、政治、教育世家，他的父辈祖辈是某个领域的权威人物。从百达翡丽男人身上流淌出来的气质是经由时间一代一代沉淀下来的，这种气质

是都市新贵所不具备的，就好像树木之间的差别。树木中，长得飞快的是一些轻质树种，比如泡桐。但木质坚硬细密的高级木材和名贵树种生长都极为缓慢，比如可以做砧板的银杏树，坚硬如铁、入水即沉的红木、檀木更是生长极缓，故而名贵。

世代相传的贵族气质就好像世代相传的百达翡丽。百达翡丽被认为是世界上最好的钟表品牌，创立伊始，百达翡丽便以其稳重内敛、尊贵经典的设计赢得了王公贵族的青睐。在 1851 年的伦敦世界博览会上，英国维多利亚女王选中并买下了一只百达翡丽袋表，女王的丈夫伯特亲王也选购了一只百达翡丽的猎表。名人购精品，百达翡丽由此奠定了其贵族化的地位。关于百达翡丽，流传最为广泛的一句话就是：

"没有人能拥有百达翡丽表，只不过为下一代保管而已。"所有购买百达翡丽的人，购买者的资料都会登记在日内瓦的钟表档案馆内，当腕表的拥有者发生变化，如赠予、继承等，档案会随之更改。百达翡丽要告诉所有的人，它的尊贵不仅在于它的精确、独特、卓越与高贵，而且在于它的耐用、恒久与延续。它的价值是"持久的价值"，不能以单纯的金钱来衡量。

奢侈不是贵族的标志，真正的贵族不会炫耀自己开什么车、戴什么表、去过什么地方，因为他们没有自卑感。他们不但不是高居于平民之上的豪强，反而要比平民承担更多的社会义务与政治责任。欧洲的中世纪贵族家庭实行的是长子继承制，长子以下的贵族子弟都要从军打仗。在和平年代，拥有贵族气质的百达翡丽男人则在各种赈灾、拍卖和捐助之中承担社会责任。

百达翡丽男人追求精致文化、生活态度与精神层面的修养，他们在成长过程中吸纳了很多东西，大到政治宗教，小到品酒赋诗，还有绘画、音乐、戏剧艺术鉴赏，他们有机会耳闻目睹各种顶级物品，所以他们对理想、对人生、对艺术有独特的观点，有自己的认知。

男人志 LUXURY MEN

喜欢百达翡丽的男人们

俄罗斯的政府官员、艺术家和商界精英都垂青于历史悠久的瑞士名表，他们普遍认为一块名表能够充分展示主人显赫的社会地位。在俄罗斯的政府官员中，前总统普京佩戴的手表最昂贵，那是百达翡丽的一块万年历金表，价值高达6万美元，而普京习惯于把手表戴在右手腕上。

在俄罗斯过去100年的历任国家领导人中，普京是最受俄罗斯人欢迎的总统。生活中，普京吃喝玩乐样样通，他非常重视业余生活，娱乐、休息、锻炼安排得丰富合理，调剂得有滋有味。在普京总统休假期间，那些与他进行半官方会晤的政府官员，并不总是在会见结束之后就离开。有些时候，普京会把他们留下，请他们吃顿便饭。在这种情况下，普京会在博恰罗沃小溪旁的官邸的院子里支上火盆，然后大家围坐在一起烤鱼串或者肉串吃。

■ 弗拉基米尔·弗拉基米罗维奇·普京

有空的时候，普京喜欢读历史和资料性著作，看经济杂志，他的书柜上有佐尔、德拉伊泽尔的著作，他最喜欢看萨尔德科夫·谢德林的小说。休闲方面，普京喜欢游泳，夏天在索契休假时他就在黑海里游泳，冬天则在注入海水的游泳池内游泳。通常，普京在早上7:30起床，起床后必做的功课是游泳，而且一游就是2000米。后来普京又学会了潜水，当然，是在严密护卫下进行的。

普京想尝试一切运动，包括滑雪、跳伞、划船。2004年，普京在阿尔泰山的山间河流中划船，看到一些当地人正在河里骑着马捕鱼，就问他们："老乡，马不会感冒吧？"当时普京戴着头盔，这些人没有认出总统，一个人回答说："马嘛，是不会感冒的，而您，小伙子，还是赶快离开吧。据说普京要到这里来。"

阿尔法银行总裁彼得·阿文佩戴着一块百达翡丽白金表，价值2万美元左右。现年54岁的彼得·阿文是当今俄罗斯屈指可数的金融寡头之一，也是俄罗斯最大私营银行阿尔法银行的行长，拥有15亿英镑个人资产。他在英国萨里郡温特沃斯地区金融业界人士聚居区购置的豪宅颇能显示屋主的职业风采——房子的安全性如同固若金汤的银行保险库。这座占地3.44万平方米的豪宅价值855万英镑，彼得·阿文更一掷1500万英镑对其进行改建。整座豪宅外围圈上了电子智能篱笆，任何细小的震动和声音，都将触发感应装置和监视系统，正门入口处是一栋两层的八边形警卫楼，仅仅安全报警系统就花费了150万英镑，恐怕连俄罗斯特工也难以侵入。这栋古典式城堡的外观虽然质朴，但宅内设施却非常奢华现代，其中包括六间卧室和多间特大套房、一个体育馆和一个盐水浴池。所有房间的内外采光系统都能自动控制。

到棕榈滩打马球 在英国，衡量“真正贵族”的标尺有三项苛刻的硬指标——家族是否享受世封的贵族爵位；是否参加马球运动；是否会抽雪茄。为马球神魂颠倒的，尽是那些声名显赫的人物——苏丹皇子拉集达、澳大利亚传媒巨头凯瑞·柏克、电影明星汤米·李·琼斯……他们层出不穷的马球逸事、心得，成为各大报刊时尚版面津津乐道的话题。而在美国商界流传的一句话似乎可以更好地诠释高尔夫和马球运动的区别：如果你年薪 2 万美元，那么来打高尔夫吧；如果年薪 2000 万美元，那么就来体验马球的滋味吧。

而马球到底有多贵？如果比较 F1、美洲杯帆船赛和马球这三种运动哪个更贵的话，排在第一的是马球，其次是美洲杯帆船赛，之后才是 F1。马球运动的费用比较高是因为马的使用成本很高。打马球时骑的马要求不能躲闪球杆，一般的马不行，有东西在眼前一晃马就惊了。所以要用纯种马，纯种马是选用赛马场上优秀的冠军马繁殖出来的，因此它天生具备快速奔跑的身体条件。纯种马非常昂贵。19 世纪末，一匹上等的纯种马价格在 10 万美元左右，仅仅过了 50 年，这个价格已买不起一条马腿了。在世界著名的泰德萨斯马匹拍卖行，一匹两岁的名门之后，成交价一般在 20 万英镑左右。如果一年以后，小马驹在国际一级赛上跑出头马，那么它的身价有可能翻到十倍以上。现在，在阿根廷，最好的马球马匹价格在 35 ~ 50 万美元之间。每匹马要训练三年以上才能在比赛上出阵，而且十匹接受训练的马平均最终能成才的只有三匹，平时训练、饲养的费用也大得惊人。

打马球的有三种人：一是各国王室成员与贵族，二是绅士富豪，三是职业运动员。对于王室或者巨贾来说，马球运动昂贵的费用很轻易地显现出他们所属的阶层。而这项运动也因此带上了浓厚的社交意义。从夏日南半球的阿根廷驰骋到北半球战况激烈的英国草地，马球都被定义为一项高贵的运动。马球是会让人上瘾的，当你骑在马上，自己驾驭马

2
SPAIN

匹，驰骋球场，快速、准确而又有力地击出那粒小白球时，心中会升起巨大满足感。

美国的棕榈滩是马球运动的胜地之一。棕榈滩岛是位于南佛罗里达迈阿密市以北65公里处的一个堰洲岛，西靠近岸内航道，东临大西洋，是靠近墨西哥暖流的陆地，气候宜人。到棕榈滩打马球是因为，在这里不仅有世界上最顶级的马和马球场，还有秀美的风光，更重要的是，在这里打马球能结识许多名声显赫的朋友。棕榈滩是富人的天堂，旅游旺季的时候，美国四分之一的财富在这里流动。

自1894年亨利·弗雷格勒将圣奥古斯丁的铁路延伸至棕榈滩并在岛上建起第一个酒店后，这里逐渐成为世界上最受欢迎，尤其受富人欢迎的度假胜地。继亨利·弗雷格勒之后，范德比尔特家族、洛克菲勒家族、卡耐基家族、梅隆家族、菲普斯家族、德雷塞尔家族、斯多蒂斯伯雷家族、摩根家族、慕恩家族、贝克家族接踵而至。这些显赫的家族将自己在棕榈滩上的风光代代相传，有的直至今天。旧的富豪走了，新的富豪又来，从未间断，而且来得越来越多。无论哪一个年代，凡是声名显赫的名字都能在棕榈滩找到。

马球，一个与王室、名流紧密联系的蓝血运动，时光推进，其所积攒与释放的英式风情愈加醇厚。在晴朗的一天，不妨到蓝天绿茵间，感受在明媚阳光下策马挥杆的激情快感。

西棕榈滩以西24公里的惠灵顿被誉为除阿根廷以外“世界上最好的马球运动胜地”。这里有15个顶级的私人马球场和6000匹骏马，其中最负盛名的是“美国棕榈滩国际马球俱乐部”。俱乐部位于佛罗里达州南部的良种马乡的中心地段，该俱乐部为来这里的球员和爱好者们提供了一流的设施。主路旁种植着两列高大的棕榈树，连绵起伏的青葱草地上点缀着各种热带植物。每年一月到四月的马球赛季，成千上万的人会聚集于此观看比赛。那时世界上最优秀的球员骑着顶级的骏马，纷纷施展出他们所掌握的这项古老运动的高超技能。此外，佛罗里达州波卡雷顿的皇家棕榈马球运动俱乐部也非常有名。这个现代化俱乐部拥有一个露天体育场、350个包厢和7个球场，占地面积65公顷。

QATAR
Cartier

明朗的蓝天白云，骄阳下的栗色纯种马，全副装备意气风发的马球球员，硕大平整充满活力的绿色草地和四周五彩缤纷的帐篷、凉伞、气球，还有贵妇小姐遮阳帽上轻盈的飘带，绅士们散发出的淡淡香水味，以及孩子们无邪稚嫩的欢笑声，马球场上一派动人的景象。

马球运动还有一个古老而有趣的特别程序——观众有一项义务：踏草皮！这些草皮是因为马匹的奔驰和急停而被蹬出的。当比赛第三巡结束的哨声吹响之后，坐在球场四周的观众便纷纷走上球场寻找那些翻起的草皮。接着，观众将草皮放回原处，尽情用力地踏实草皮，以使整个球场恢复平整。此刻，球场上一扫比赛紧张、激烈的气氛，取而代之的是球场上人们踏草皮的欢声笑语。踏草皮为人们提供了结识新朋友的机会。所以男士们喜欢带着家人来到棕榈滩，男人们在球场上冲锋陷阵，女人和孩子们在场外热情助阵，比赛结束后和新结识的朋友一同吃晚餐或者泡酒吧……这样有趣的运动，难怪皇室成员也对它迷恋不已。

拥有一个顾资银行的账户　百达翡丽男人为了管理他的财富，需要拥有一个或多个私人银行账户，找到一个好的私人银行就像找到了一位博学的密友，一个得力的管家，它提供的不只是理财产品，而是一整套完善的财务规划服务。英国的顾资银行拥有尊贵血统和高尚品质，它在喧嚣的财富世界里悄然独立。在顾资银行里，从门卫到管理层，所有的员工都是男性。他们都穿着双排扣长礼服，胡子刮得非常干净，仿佛一位位随时待命的管家。银行里的支票簿封皮是真皮做的，上好纸质的白色支票比普通支票的尺寸要大一些，上面盖着的银行戳是金色的，这一切让顾资银行隐隐散发着迷人的贵族气息。

总部位于伦敦的顾资银行创建于1692年，被称为欧洲最好的私人银行，在英国的私人银行排名第一，在世界名列前五位。这家原先只为英国女王一个人服务的银行有着超过300年的运作历史，管理着世界各地9.8万位富豪客户的资产，为客户打理的总资产高达450亿美元。顾资银行曾经服务过的著名客户包括英国国王乔治三世、威灵顿公爵、名作家查里·狄更斯、简·奥斯汀、作曲家肖邦、歌手艾尔顿·约翰，以及另外数十名重要的皇室成员、政治家和艺术家。目前，它依然全权为英国女王伊丽莎白二世打理着她的约4.5亿美元的资产。

顾资银行曾经为英国女王一个人服务，后来又专门为整个英国王室打理财富，现在，虽然它已经把服务对象扩展到全球的富豪阶层，但其客户资格仍然不是能够轻易取得的。在顾资银行，50万英镑是开户的底限。除了财富的底限外，它对客户的社会地位和家庭背景也颇为挑剔。著名摇滚乐队“绿洲”（Oasis）的主唱利亚姆·加拉赫到该行申请开户就遭到了拒绝，据说就是因为顾资认为他的背景不佳。

作为一家提供全方位金融服务的私人银行，顾资银行可帮助客户打理抵押贷款、进行纳税筹划等任何业务。顾资的每位客户都能享受到银行指定的一名理财经理和一名理财顾问共同为其服务，理财经理甚至可以提供上门服务。顾资银行推出的信用卡“世界卡”在世界上也享有极高的声望，只有身价超过500万英镑的顾资银行客户才有资格申请“世界卡”。持卡人除了能享受通常的VIP级服务外，甚至可以在午夜到喜欢的商场购物。除了所有典型的旅行升级和奢侈品服务以外，持此卡购买任何5000美元以下的物品，从购买之日起100天内丢失、被盗，可获得原价补偿。当然，这一切的梦幻服务意味着，客户必须向顾资银行支付比普通人账户总额还要多的服务费用。

■ 阿兹慕游艇

开着阿兹慕游艇去度假 在国外，特别是在欧美国家，玩游艇是很时髦的休闲娱乐方式，也是融入上流社会、捕捉

商机的一条重要途径。百达翡丽男人对游艇情有独钟，不光是因为迷恋大海和游艇本身，而是把拥有游艇当做实现其自我价值的一条快捷方式。阿兹慕是全球顶级的休闲游艇品牌，其摩登先锋的创新、锐意进取的研发和意大利卓越的工艺，一同构筑了品牌今天的辉煌成就。Atlantis 50 是为追求速度但不愿牺牲舒适度的运动型人士量身定做的：独特的全玻璃顶盖扫除了遮蔽蓝天的一切障碍，充分拓展了自由空间。这种玻璃顶盖具有一种“三明治”结构，两层 6 毫米玻璃面板中间嵌有隔离层，能阻挡 87%的紫外线和红外线。近年来，Atlantis 50 在全球众多顶级游艇杂志的封面上出现过，以至于人们给它起了“封面女郎”的称号。

Davidoff
10 Davidoff «Robus
Davidoff
Davidoff

享用大卫杜夫雪茄，打造品位生活 怎样才算高品质的生活？大卫杜夫雪茄告诉男人们，高贵的生活并不是住英国的房子、开德国的汽车、戴瑞士的腕表、穿意大利的衣服、吃法国的大餐……而是体现于生活的诸多细节中。正如享受雪茄过程中所能体会到的那种繁琐但又精致的细节，这其中蕴涵着一种快乐——精致细心的快乐，同时也是品质上的快乐。大卫杜夫所带来的是高品质的奢华生活方式，在人们享受愉悦精神生活的同时培养一种贵族式的生活态度。

如果说香烟是男人的生理需求，那么雪茄就是男人的精神需求。男人在雪茄生活里感悟了很多，也收获了很多。雪茄带给人的是成熟，是坚定，是睿智，是勇气，是豁然，是激情，是感悟，更是人生。雪茄不能改变人的性格，却能让人找到自我、调整自我，改变人生。

如果说雪茄代表着品位男人的奢侈与神秘，那么素有“雪茄中的劳斯莱斯”美誉的大卫杜夫则更完美地体现了这一理论。翻开全世界最畅销的男性杂志《FHM》，大卫杜夫的广告总是首先映入眼帘，看到那深红色外壳的大卫杜夫经典雪茄，百达翡丽男人就有了勇气继续宣扬自己贵族式的享乐主义。

大卫杜夫对全球雪茄王国的缔造有着不可或缺的作用，最初大卫杜夫雪茄都是在古巴生产的，后来因为不满意古巴烟叶的质量，品牌创始人季诺·大卫杜夫在1990年决定将雪茄转移到多米尼加生产。这一当时不被人看好的举动竟使大卫杜夫的名字越来越响亮，产品从雪茄扩展到一切与雪茄有关的奢华配备，并且其研发的香水等男士用品系列也成为全世界典雅男人的首选。至此，大卫杜夫已超越其产品本身，成为高雅男人的代名词。

大卫杜夫雪茄常被视为世界上最完美的雪茄，人们自始至终关注的是它口味之外的东西。季诺·大卫杜夫不仅是个商人，更是一个对艺术有着不懈追求的鉴赏家。他那贵族式的完美享乐主义赋予了这个品牌独特的内涵，那是从他内心深处释放出的一股冷峻。这种魅力延续了80年，充斥着处在城市生活金字塔顶端的男人的心。大卫杜夫一直坚信卖的不是产品，而是一种生活方式、一种人生理念。他们的品牌格言是“享受生活”，他们的目标是让大卫杜夫成为享受生活的代名词。这就是大卫杜夫雪茄所能带给男人的一切，而这一切已经包括了人生中所有的富足，因为精神上的富足足以替代一切。

LUXURY MEN 奢华解语

百达翡丽之格调

技艺精湛 在钟表技术上，百达翡丽一直处于领先地位。自1839年成立以来，百达翡丽共取得了70项专利，包括旋柄上发条、精确调节器、双重计时器、大螺旋式平衡轮、外围式自动上链转子，以及有关平衡轮轴心装置等。其专利之多，为名表中之最。百达翡丽勇于创新的精神，使其在表坛长期处于王者地位。

稀有珍贵 百达翡丽公司对表的产量有严格的限制，每款不会超过1万只。公司成立170年来，其总产量仅60万只。精品加限量，使百达翡丽表极具保值功能。

手工精制 目前百达翡丽是全球唯一采用手工精制，且可以在原厂内完成全部制表流程的制造商。百达翡丽坚守着钟表的传统工艺，瑞士钟表界称这种传统制造手法为“日内瓦7种传统制表工艺”，意即综合了设计师、钟表师、金匠、表链匠、雕刻家、瓷画家及宝石匠的传统工艺。百达翡丽深信，由这类工艺大师的巧手所制作出的名表皆为艺术珍品，而这也是百达翡丽钟表最值得骄傲的特色。

时间之于人类，曾只是一个抽象的概念，是钟表使它量化，成为清晰、精确的存在。而表在经历时空的洗礼之后，已超越了原始的划分时间的功能，演化为个性化的拜物符号、消费社会的图腾。人生走到尽头，时间依旧向前。生命的意义由后代血脉相传；而表传至下一代手中，继续与下一代一起守望时间。百达翡丽——瑞士仅存的独立制表商，对

出品这样的传奇之作充满自信，他们宣称“没有人能拥有百达翡丽表，只不过为下一代保管而已”。

百达翡丽的创始人安东尼·百达原为1831年波兰反抗俄国统治斗争中的革命者，波兰革命失败后他逃往法国，后在瑞士日内瓦定居，开始从事钟表业，1839年开设了百达钟表公司。1844年，安东尼·百达与简·翡丽在巴黎一个展览会中相遇。当时简·翡丽已经设计出表壳很薄而且上链和调校都不用传统表匙的袋表。这种袋表在展览会上甚受漠视，而安东尼·百达却深为其新的设计所吸引。两人经过一番交谈，立即达成合作的意向，就这样，简·翡丽加盟百达公司。

为保留最正宗的日内瓦传统，百达翡丽一直实行独立家族式管理，衣钵相承。世界瞬息万变，而在百达翡丽的保密

车间中，传统与创新、纯熟与精密的传统依旧，仿佛时光永远静止在1838年。这种精神在百达翡丽制表师的不懈努力之下，仍将世代延续，成就百达翡丽的永久传奇。

百达翡丽公司精湛的制造技术，造就了许多顶级名表。应美国汽车大王柏加德的订购，百达翡丽公司制作出了一只可以奏出他母亲最心爱的摇篮曲的打簧表。应纽约大收藏家格里夫斯的要求，百达翡丽公司用了5年时间打造了一款集时间、时差、星象图等于一身的袋表，其精妙绝伦，创下了钟表史上的里程碑。1985年，百达翡丽公司生产的940型号的多功能腕表，有全自动、日历、月相、闰月、自动跳日等功能，机身厚度仅3.75毫米，为同类腕表中最薄的。一只产自1933年、为美国银行家小亨利·格霍夫斯定做的百达翡丽金表，在1999年以1100万美元的高价成交，是自1999年以来世界上拍卖价格最高的腕表。这只表具有24种功能，设计时间花了3年，又用5年时间才制成。百达翡丽在日内瓦有个保密车间，百余年保持一个传统，即每年手工制造一只腕表，其价格在3000万元人民币左右，而谁要获得这只腕表，起码要耐心等待8至10年时间。

在百达翡丽的客户名单中，有100位国王、54位王后，另外还有爱因斯坦、居里夫人、夏洛蒂·勃朗特、柴可夫斯基等科学家、文学家、音乐家。百达翡丽不仅为皇族、国家元首所佩戴，一些商人、政治家也戴百达翡丽腕表，如俄罗斯能源动力公司总裁、私有化之父丘拜斯、阿尔法银行总裁彼得·阿文。当日内瓦的共产党员集资购买了一款百达翡丽敬献给斯大林时，当20世纪80年代初赴香港宣传的荣毅仁先生佩戴一只百达翡丽时，百达翡丽的名字，不再是一只腕表那么简单。

劳斯莱斯男人

Rolls-Royce & Men

劳斯莱斯是车中之王，无论时代如何变迁，劳斯莱斯始终是身份与地位的象征。

劳斯莱斯男人是人间领袖，是天生的领导者，他能镇定自如地依赖强大的自我权威操控大局。

“如果存在最好的，设法使它更好；如果不存在，就设法将它创造出来”是劳斯莱斯男人的共同使命。

如果你知道劳斯莱斯的价值观是对财富和地位进行奖赏，那么你就能理解为什么拥有劳斯莱斯的男人个个不同凡响。正如劳斯莱斯是万里挑一一样，劳斯莱斯男人同样不可多得。他们位于权力的中心，或正在努力靠近权力的中心。他们具有把握全局、长袖善舞的能力，喜欢作出决策，发布命令。自信、沉稳、雷厉风行是他们的一贯风格。

有些人生来就是领导者，他们的领袖风范与生俱来。至少劳斯莱斯男人相信这一点。他们并不在意自己的成长过程，因为最终的目标只有一个：山之巅，群之首。他们强壮、坚定、果敢、经验丰富且非常能干。但他们绝对不是那种自我膨胀的男人。诚然，当他们在社交舞会上的言行得到众多女性的青睐，或是在高级高尔夫俱乐部的第 18 洞前获得同伴的吹捧时也会暗暗高兴，但这些并不是他们所看重的。他们在社交上非常有造诣且相当聪明。如果你相信任何社会的精华都将处于社会的顶层，那么劳斯莱斯男人就是这一理论的典型例子。总之，他们毫不怀疑地认为，自己终将站在金字塔的塔尖上。

列宁就非常喜欢劳斯莱斯汽车，1910 年他在巴黎遭遇了一次车祸，当时撞到他的正是一辆劳斯莱斯。打赢了那场车祸官司后，列宁在给革命作家卢那察尔斯基的信中称赞劳斯莱斯是好车，并表示革命成功后一定会为党组织购买。1921

年，苏维埃代表团在访英时购买了 70 辆劳斯莱斯，包括三辆准备专供列宁使用的“银色魔鬼”，不过列宁只要求对其中一辆进行改装。

我们可以从列宁身上看到劳斯莱斯男人的一些共性，罗素这样评价列宁：“他很友善，没有一点傲慢的痕迹，与托洛茨基正好相反。在他的仪表或举止上看不出他是个大权在握的人。他眯着眼目不转睛地看着客人。他常常笑，起初是友善而高兴地笑，慢慢地人们就会发现他很严峻。他专制、冷静、无畏、毫不贪图私利，是一个理论的化身。历史唯物论是他的生命。他像一个希望自己的理论被人理解的教授那样，如果有人误解或不同意他的理论，他就会生气。”“卡夫丁峡谷”是荷马史诗《伊利亚特》中的一个典故。相传在那里曾发生过一场大战，希腊几十万大军就此覆灭。后来马克思、恩格斯就把“卡夫丁峡谷”比喻为不发达国家向社会主义过渡的巨大障碍。20 世纪初，列宁却率领着落后的俄国，第一个勇敢地跨越了“卡夫丁峡谷”，缔造了第一个社会主义国家。从这一点来看，劳斯莱斯男人无疑是伟大国家的缔造者。他们不畏惧挑战，而且有很强的控制欲，当然他们也拥有卓越的领导才能。无论是属于政治领域、经济领域还是文化领域，他们都是所在领域的“峰顶”。

劳斯莱斯男人严以律己，他们每时每刻都在培养自己的意志，任何时候，任何地方。他们对周围事物也坚持着最高标准，是典型的完美主义者，如果世界上真的存在无懈可击的人，那么他们就是劳斯莱斯男人。他们只喝手磨的蓝山咖啡，脚上的鞋子是量身定做的，他们不喜欢任何人造纤维的衣服面料，永远用配方保密的私人香水，即使腕上的手表没镶一颗钻石，也有可能价值数百万元。

劳斯莱斯永远都是典雅的，其车型鲜有变化，它不会追求时尚的颜色或者新奇的造型，一切花哨的东西都对它不适用。劳斯莱斯男人也是如此，他们只钟情于一两款经典雪茄，

从不戴造型夸张的眼镜，衣橱里挂的西装大多是黑色的，他们对普通人追求的潮流不屑一顾，他们有自己的标准。

劳斯莱斯男人是众人敬仰的目标，但也常常令人望而生畏，他们对事物敏锐的把握、卓越的社交能力以及有些盛气凌人的性格，给周围人带来了压力。他们有时言语尖锐，但那只是他们一种幽默的表达方式。无论如何，他们对成功的不懈追求以及永远走在他人前面的特点，是任何人都无法超越的。

男人志 LUXURY MEN

喜欢 劳斯莱斯的 男人们

新加坡前总理李光耀对劳斯莱斯情有独钟，李光耀现任新加坡内阁资政，被誉为“新加坡国父”。李光耀是一个非常有作为的领导人，他积极推动经济改革与发展，成功地使新加坡在 30 年内发展成为亚洲最发达的国家之一。李光耀在国际上也享有美誉，多位政坛名人如撒切尔夫人、基辛格对他廉明、高效率的政府表示赞赏。在生活中，李光耀崇尚运动，他每天坚持运动，如果哪天不做，他便感到懒散。不论在家还是出国，他每天雷打不动地坚持长跑 20 分钟。李光耀经常从事的运动项目除了跑步外，还有游泳、健身操和骑自行车。如果李光耀应邀去没有运动设施的国家开会，他的随身行李中一定携带着可折叠的健身自行车。李光耀认为，有了运动，还要有足够的休息才能健康，每天睡眠八个小时最理想，但通常他只睡六七个小时，因为睡眠质量好，他从不失眠。李光耀曾经很胖，喜欢吃炸鸡翅，喝啤酒和葡萄酒。他现在的好身体，都是努力进行体育锻炼的成果。

劳斯莱斯的车主名单上怎么少得了希腊船王奥纳西斯的名字？亚里士多德·苏格拉底·奥纳西斯是一个显赫的名字，他的创业经历是一个传奇，也是一个冒险的历程。从开始创业到去世的 50 多年中，他从一个到处流浪的难民成为身价达数十亿美元的世界富豪，经营着从航运到贸易，从商业到地产，从食品到矿山等领域的数百家企业，他拥有世界上最豪华的私人游艇。

与他的巨额财富相比，他的风流史更出名，“风流船王”的名声比“希腊战神”更加响亮。这位曾经以贩卖烟草起家的船运巨头在肯尼迪总统遇刺后娶回第一夫人杰奎琳·肯尼迪，让全世界都惊得目瞪口呆。这场以金钱铺就的爱情红地毯曾占据英美各大报纸的头版头条。奥纳西斯用数不尽的钞票抱得佳人归，让自视高傲的贵族们窃窃私语。奥纳西斯为杰奎琳与前夫肯尼迪总统的两个孩子建造了一座别墅——一栋有160个房间的度假别墅。他还专门为她一人租了一家大剧院，并深更半夜带她去听歌剧，让这位一度频频亮相于各国政治舞台的前总统夫人沉醉在财富的光芒中，心旷神怡。这位绝色佳人还能在早餐托盘上找到惊喜——有可能是一串价值连城的珍珠项链，也可能是一枚让伊丽莎白二世女王也要嫉妒的八克拉钻戒，或者是一只由法国最有名的设计师雕刻的金手镯。

尽管奥纳西斯王朝极其富有，却也悲剧缠身，这就是人们常说的“奥纳西斯家族的诅咒”。奥纳西斯最疼爱的儿子亚历山大在25岁时死于一场飞机坠毁事故，饱受打击的奥纳西斯从此一病不起，没多久也郁郁而终。他唯一的女儿克里斯蒂娜继承了所有的遗产，但过得也不幸福，四次婚姻都以悲剧收场，年仅38岁就去世了。现在奥纳西斯家族就只剩奥纳西斯的外孙女雅典娜一人。

李嘉诚拥有多辆名车，其中包括一辆劳斯莱斯，这辆劳斯莱斯已有近30年的历史了，市值数百万。李嘉诚坐劳斯莱斯完全符合其身份，但他自己绝不会坐，只有陪客时才劳驾它代步。虽然已年过八十，但是李嘉诚至今仍然坚持每天清晨6点起床，接着就是运动，然后便投身于一天忙碌的工作之中。李嘉诚富而不奢，虽说身价逾120亿美元，但他的衣食住行都非常俭朴简单，腕上还戴着26美元的廉价手表。李嘉诚有两艘游艇，已用了多年，现在已算不得豪华。人们有目共睹的是李嘉诚朴素的衣着：他常穿黑色西服，不算名牌，也比较陈旧。李嘉诚生活中唯一算是奢侈的项目就是打高尔夫，为了方便打球，他把自己的住宅建在香港深水湾的高尔夫球场附近，而这位亚洲首富经常会亲自开车去打高尔夫。

■ 李嘉诚

生活主张
LUXURY MEN

劳斯莱斯男人
奢华私享

在世界上最“苛刻”的高尔夫俱乐部打球 劳斯莱斯男人是极少数人，但是他们占用着最多的资源。从生活到游乐，他们用金钱和特殊地位构建了一种大众难以企及的生活方式。“资格审查”是他们生活中的一个必要程序，买车要经过资格审查，就连打高尔夫也需要。美国佐治亚州的奥古斯塔高尔夫俱乐部的资格审查程序比制造劳斯莱斯严格数十倍。这个俱乐部有70多年的历史，虽然没有苏格兰的圣·安德鲁斯皇家俱乐部的历史悠久，但它独特的历史和运作模式使其雄踞世界奢华俱乐部之冠，显示出丝毫不逊于皇家气派的尊贵。俱乐部目前只有300名会员，几乎将美国最顶尖的政治、经济界精英一网打尽。这些会员名单对外保密。只有在现有会员退出或去世的情况下，申请者的资格才能转正。到目前为止，泰格·伍兹也只是该俱乐部的荣誉会员，比尔·盖茨也在等候者名单中。

奥古斯塔俱乐部会员的会籍不是申请来的，只有经过会员的推荐以及俱乐部的邀请才能入会。对那些老会员来说，如果在9月份没有收到一份来自奥古斯塔的账单，那就意味着他不再被欢迎进入奥古斯塔高尔夫球场了，他的会员位置已经变成了一封发给另一个人的邀请函了。奥古斯塔高尔夫球场不对外开放，只为俱乐部成员专用。在俱乐部的警卫室里，门卫可以一眼认出会员，嘉宾则要在门外等着会员出来接他们进去。按照俱乐部的规定，一位会员最多可以带四位嘉宾进入。

奥古斯塔俱乐部实行非常私人化的管理，在其规章中，人们找不到任何明确限制女性会员的条款，可事实却是，还没有一位女士收到过加入俱乐部的邀请函。所以实际上奥古斯塔俱乐部只接纳男性会员。俱乐部的一些成员，如花旗银行的首席执行官桑福德·I.威尔和美国运通的首席执政官肯尼斯·切诺特已经在呼吁取消性别歧视。尽管在奥古斯塔的内部有不少热心人士，但俱乐部仍然重申了它的全男性标准。

奥古斯塔高尔夫俱乐部的创始人是个传奇人物，当时年仅 28 岁的鲍比·琼斯在 1930 年拿下了高尔夫四大赛——英国公开赛、英国业余赛、美国公开赛、美国业余赛的四个大满贯，创下高尔夫球史上一个傲视群雄的纪录后，出人意料地宣布封杆隐退。之后，他在南卡罗来纳州边境附近的一个山谷内，创建了之后声名卓著的奥古斯塔国家高尔夫球场。

1934 年，即球场建成后的第二年，琼斯决定通过邀请方式举办非正式巡回赛，称之为奥古斯塔国家高尔夫球俱乐部邀请赛。但这个名字的使用仅仅持续了四天，之后的 70 多年时间里，邀请赛一直被叫做名人赛，这一球场也成了美国名人赛的诞生地。美国名人赛至今已经成为高尔夫职业赛中的四大比赛之一，也是美国所有高尔夫比赛中水平最高、奖金最多的，包括伍兹在内的全球一流高手可以缺席其他比赛，但决不会放弃在名人赛上露脸的机会。同时，这项赛事也是四大赛事中唯一没有改变过赛址的比赛。

奥古斯塔的球道无疑是世界上最优秀的。在日本，有很多高尔夫俱乐部都在效仿奥古斯塔的球道设计。因为这个球

场是战略性设计的典范，以至于每一个来此的高尔夫球员都要认真考虑怎样打好每一杆。该俱乐部有一个 18 洞标准场地和一个 9 洞场地，在山脚下，穿越一片松树林后，在球场的拐角处坐落着 11、12、13 洞，它们被认为是世界上最难进的球洞，也被称为“阿门角”。这个名字源于著名的美国高尔夫作家荷伯·瓦伦文德，他认为球打到这里，唯有通过向上帝祈祷才能使球平安打过。在“阿门角”，击球的难度以及球在果岭滚动的迅猛速度，构成了奥古斯塔球场的最大特点，也使之成为考验高尔夫球员水平的重要标志。

奥古斯塔国家高尔夫球俱乐部的每一个洞都是以生长在球场的树、花和灌木命名的。沿着第 15 洞的球道和果岭盛开的木兰花正是第 15 洞的名字。球场上最为苛刻的第 12 洞，被命名为“金钟花”。那些美丽的开花树木、灌木丛以及细心呵护的球场边缘，与精心修剪的球道和果岭相映成趣。球道看起来非常吸引人，果岭宽阔而且生机勃勃，而沙坑只是零星可见。奥古斯塔球场近年来又有了很多改进，但是球场的总体规划设计风格在 70 多年间的变化都遵循了琼斯的基本设计观念——尽可能多地利用这里的天然条件而不必依赖于人工设置的障碍，以使比赛变得生动有趣。

建造一个像爱敦阁一样的豪宅 劳斯莱斯男人的一切都要最好的，他们的房子要以伦敦的“爱敦阁”（Updown Court）为样板。爱敦阁是《福布斯》杂志评选出的全球最贵的豪宅，楼价高达 1.39 亿美元。从价格上讲，比尔·盖茨为其位于西雅图华盛顿湖的豪宅花了 1 亿美元，比这个“世界之最”还少近 4000 万美元。按照《福布斯》排行榜，美国 2004 年售价最高的房产是 TRIAC 公司董事长纳尔逊·派尔茨位于佛罗里达州棕榈滩的房子，其开价也仅为 7500 万美元，比爱敦阁少 6400 万美元。

位于伦敦西南郊、建于 1924 年的爱敦阁曾是埃及王子萨米·加耶德的别墅，2002 年，莱默投资集团主席莱斯利以 2000 万英镑买下爱敦阁，并进行了为期五年的大规模修葺。建成后的爱敦阁被称为“英国 19 世纪后建造的最重要的私人住宅”。爱敦阁坐落在23.4万平方米装饰精美的园林中，室内面积4645平方米，共有103间房间，22间大理石浴室，5个游泳池，还有宴会厅、室内壁球场、保龄球场、50个座位的私人电影院和以24K金箔贴制地板的图书馆等等。该豪宅还附设应急避难室、酒窖、两幢宾客副楼、马厩、可加热的大理石车道、直升机降落坪等，极显其富丽堂皇，名副其实是帝王式的私人住宅。无论规模或豪华程度，都使英国女皇居住的白金汉宫相形见绌。

单是这些，爱敦阁就够得上一个顶级的俱乐部的标准了，更加豪华的还有通往客厅上方平台的楼梯，它原样复制了已故时装设计师范思哲位于迈阿密海滩家里的楼梯。主人房里配有一部电梯通往楼下的游泳池，另外还有8间带浴室的套房。

世界上只有一个爱敦阁，但买得起它的亿万富翁能叫得出名字的就至少有600位。所以，即使不能入住爱敦阁也没关系，因为劳斯莱斯男人有足够的实力以爱敦阁为样板建造一个属于自己的豪宅，也许他们的作品比爱敦阁更加豪华。

除了建筑本身，更令人着迷的是爱敦阁建筑后面占地280亩的树林绿地。蓝天白云的映衬下，林地看上去多少有些法国凡尔赛宫园林的味道，也许还更多一些野味。

穿布莱奥尼西装 和劳斯莱斯一样，购买布莱奥尼西装也需要经过严格的客户筛选程序，以保证其顾客是真正有地位的人。根据一项来自纽约奢侈品消费调研机构的报告显示，布莱奥尼被美国富豪评为十大顶级奢华男装品牌之首，在排他性、社会地位和自我提高性上均遥遥领先。

布莱奥尼结合了出类拔萃的裁剪、缝纫技术以及灵感丰富的地中海风情。意大利的顶级西装从裁剪和制作工艺上可按地域分为三派：米兰派、罗马派和那不勒斯派。米兰派西装裁剪上和英式西装非常接近，肩部有一定斜度，用较薄的垫肩，胸部附全衬，腰部线条柔和，一般上衣单排两粒扣款式居多，开双衩，裤子一般一个褶。米兰派西装轮廓上较圆润，以卡勒塞尼品牌为代表。那不勒斯派西装比较罕见，最

■ 皮尔斯·布鲁斯南

鲜明的特征是著名的那不勒斯肩。罗马派西装肩部较高，袖子上端常常高出肩部。驳头位置较低、稍窄。上衣不开衩或开单衩，较短较瘦，以单排三粒扣款居多，口袋等细节都较通常的尺寸按比例缩小10%～20%，以布莱奥尼为代表。布莱奥尼是力量型的西装，穿起来犹如罗马帝国的战士盔甲，胸衬和垫肩把穿着者的身体完全撑起来，宽肩细腰的款式，加上剪裁讲究的做工，无不渗透着权威的力量。因此，布莱奥尼成为一些地位显赫的人物的首选，联合国前秘书长科菲·安南、美国最具知名度的房地产商唐纳德·特朗普等名人都是布莱奥尼时装店的常客。

布莱奥尼一直强调其服装是真正的定制，而非一般的量

雅恩·德贝莱·德蒙巴尔

体定制，因为这里除了考量个人身形和品位外，更为注重客户的职业、个人细节及种种无以言说的细微需求。在布莱奥尼，有5000多种不同的布料可供顾客选择，大量不同款式的暗袋、独特的花式扣眼以及终身服务都让布莱奥尼在业内称得上与众不同。通常在布莱奥尼定制一套西装需两个月时间，最少185道工序，布莱奥尼以充分了解顾客的需要以及周到耐心的服务成功俘获了包括科克·道格拉斯、皮尔斯·布鲁斯南、丹尼尔·克雷格在内的25000名顾客的心。

虽然定制一套布莱奥尼西装需要8000美元到5万美元，并等待两个月的时间，但这对劳斯莱斯男人来说不算什么。布莱奥尼男装首席执行官翁贝托·安杰洛尼曾经说过：“如今全世界能够购买高级定制时装的人只有千人左右，其中包括王公贵族、商界巨头以及影视明星，而布莱奥尼拥有大部分的客户。他们之所以青睐布莱奥尼，那是因为布莱奥尼是真正的量体裁衣，当然每套高级服装的价格相当可观，且每套衣服都需要经过若干次试装……总之，布莱奥尼象征着财富与地位。”

每季布莱奥尼都会推出200款不同尺寸和风格的西装，而每位客户在每季都会定制上2~3套，据说一位苏丹的顾客曾在一月内订购了100套布莱奥尼西装。

定制款约翰·罗布皮鞋 从19世纪至今，约翰·罗布一直是英国皇室指定的皮鞋制造商，这种鞋的外观很普通，但价格极其昂贵。约翰·罗布皮鞋从头到尾都是手工制作，一年的产量只有500双。劳斯莱斯男人向来偏好高贵典雅的东西，约翰·罗布的黑色牛津鞋是他们所喜爱的。在《福布斯》杂志评选的“男人一生中必备的10双鞋”中，牛津鞋位列榜首。此款鞋样式庄重老派，穿着舒适，英国上流社会人士视其为传统身份的标志。除了英国王室、贵族，多国元首亦是牛津鞋的爱好者。

LUXURY MEN 奢华解语

劳斯莱斯之格调

苛刻产量 劳斯莱斯汽车的年产量只有 1000 ~ 2000 辆，即使是劳斯莱斯汽车销售最好的年份 1990 年，产量也不过 3000 多辆，连世界大汽车公司产量的零头都不够。

个性选择 劳斯莱斯可以在最大范围内满足客户的个性化需求。顾客可以根据自己的喜好挑选车身颜色、内饰质地和设备，就连一些阿拉伯国家王室成员提出的所有金属件必须用黄金打造这样的要求，也得到了满足。所以除了特别委托，劳斯莱斯几乎没有生产两辆一模一样汽车的可能。

精良做工 劳斯莱斯最大的特点在于它大量使用了手工劳动。其工厂车间的生产线每分钟只移动 15 厘米，每辆车需要 16 到 20 个星期才能完成。直至今日，劳斯莱斯的发动机还完全采用手工制造，高昂的人工费用也是劳斯莱斯价格惊人的原因之一。

自从 1907 年劳斯莱斯公司推出“银色魔鬼”轿车后，劳斯莱斯这个名字在世界各国的名流圈里就如雷贯耳。而英国王室对劳斯莱斯的垂青和偏爱，推动了劳斯莱斯奢侈品牌的形成。第二次世界大战时，菲利普亲王曾经试驾过一款劳斯莱斯生产的装配有直列八缸发动机的轿车，并对其给予很高评价。二战后，劳斯莱斯专为英国王室生产了“幻影Ⅳ”，菲利普亲王的影响使得爱德华八世、伊丽莎白公主、玛格丽特公主、肯特公爵等众多王室成员都将劳斯莱斯作为出行座驾。1952 年，女王伊丽莎白二世登基，在无数大英帝国的子民面前，一辆劳斯莱斯载着女王缓缓驶过，车上的女王徽章闪亮夺目，从此劳斯莱斯成为英国王室的御用专车。1955 年劳斯莱斯受权使用英国王室专用徽章。此后，英国女王无论走到哪里，座驾一定是劳斯莱斯，各国元首和各地贵族富豪竞相效仿，以拥有劳斯莱斯为荣。

同时，劳斯莱斯作为英国王室历史的一部分，也是重大活动必然出现的角色，无论是查尔斯王子的世纪婚礼还是王太后的百岁诞辰，劳斯莱斯总是在人们的注目礼中缓缓驶过。而在英国王室新闻中，它也是不可或缺的要素，比如戴安娜王妃乘坐劳斯莱斯去医院看望艾滋病儿童，威廉王子坐劳斯莱斯去伊顿公学上学等。不论什么时候，劳斯莱斯总是向世人传递着这样一个信息——我是王室的一部分，因为我是贵族。很多国际明星和富豪也想以拥有劳斯莱斯这种“世界上最好的轿车”来展示自己的身份和财富，但是，他们必须通过厂方对其身份、地位、文化教养、是否染指黑社会及经济状况的综合调查。就连美国超级歌星“猫王”埃尔维斯·普雷斯也要在经过多次努力后，才取得购买一辆普通级劳斯莱斯轿车的资格。所以劳斯莱斯轿车非常稀少，普通人很难在街头遇见它，而遇见黑色劳斯莱斯的可能性近于零。因为早先黑色劳斯莱斯只卖给元首、王室成员以及有爵位者。平民拥有再多的财富也难以拥有黑色劳斯莱斯。

劳斯莱斯作为财富、成功和艺术的“专属者”，百年来，已经跨越单纯的汽车概念，成为一种奢侈品的代名词。

卡地亚男人

Cartier & Men

卡地亚是奢华权威，是绚丽的传奇。它高傲地我行我素，而世间的名流都愿与之为伍。

卡地亚男人野心勃勃，王者的霸气同绅士的内涵在他们身上结合为一个整体，卡地亚男人如此嚣张、冷静。外表形象张扬，精神内核低调。

他们是不朽的传奇。

卡地亚男人是世界上最富有也最有能力的男人，他是某一个超级帝国的缔造者。卡地亚男人有一种帝王之气。当别人迷茫时，他有着决断力；在充满疑虑的前景下，他愿意去把握每一个机会；面对困难，他必定顽强对抗，不胜不休。

“皇帝的珠宝商，珠宝商的皇帝”。在奢侈品王国里，这一充满霸气和高贵感的尊称，只有赠予卡地亚方为实至名归。对于卡地亚男人来说，卡地亚的王者之气比其产品本身更具吸引力。换言之，即使卡地亚的腕表不如劳力士精准，即使卡地亚的钻石不如海瑞温斯顿的颗大，他也会毫不犹豫地选择卡地亚，他在意的，是卡地亚客户名单上那一长串的帝王名字，以及卡地亚席卷全球的摄人气魄。当然，以上的假设并不存在，卡地亚完美无缺。

卡地亚男人的性格特点在诸如亨利五世、拿破仑、亨利福特、成吉思汗、亚历山大等名人身上都可以看到。在古代，他是罗马人为之欢呼致敬的恺撒，是让奴人俯首称臣的阿提拉，是南非祖鲁族之王夏卡。在现代，他是21世纪最强有力的竞争者，他冷酷却有胆识，聪明而具攻击性。是什么造就了这样的男人呢？是什么让他野心勃勃？他的头脑中到底在想些什么？所有这些疑问逐渐演化成大量的传记和传奇故事。他们的行为和功绩就像神话传说一样让人熟知却无法靠近。

CARTIER

从1904年到1939年，卡地亚获颁15张委任状，成为众多欧洲王室的珠宝供应商。为卡地亚颁发委任状的人包括英国国王，西班牙国王，葡萄牙国王，俄罗斯沙皇，希腊国王等。从巴黎到伦敦，从欧洲到亚洲，从珠宝领域到钟表、香水、皮具、配饰领域，卡地亚似乎永远都不会停下扩张的脚步。这正是卡地亚男人欣赏这个品牌的原因。卡地亚男人永远野心勃勃，充满动力，他不相信命运，不依赖他人，不迷信权威，只相信自己。他将睡眠控制在短暂的时间内，睡前最常做的就是计算一天的利润和损失。他的助手必须24小时随叫随到。他的口头禅是："把我的财务顾问找来，马上！"他认为："人必须超越自己的极限，否则要天堂有何用?"

我们可以从美国前国务卿亚历山大·黑格身上发现卡地亚男人的性格特征。在《时代》杂志1981年一个标题为"教皇掌权"的封面故事中，乔治·邱吉写道："没有一个新上任的国务卿能像56岁的亚历山大·黑格那样，以罕有的高速控制外交政策。在水门事件中最黑暗的日子里，他是白宫参谋长，也是前北约司令，他拥有着自己铁一般的意志和无可比拟的惊人自信。马萨诸塞州的民主党参议员保罗·宋加斯，在1月份黑格任命听证会临结束时说：'他会运用自己的才华领导和主宰这个机构。'"在里根12月份宣布对他的任命后不久，黑格就以解散学习外国政策的过渡小组来示意他的决策权；他将小组极其沉闷的报告全送进碎纸机。在里根进行就职宣誓后仅几小时，黑格交给总统顾问爱德文·密斯一份备忘录，建议重新修改外交政策决策程序，以使国务卿拥有至高决策权。在此之前两个星期，里根同意了一项命令，给黑格所要的大部分权力，尽管不是所要求的全部。比其他任何内阁成员都要快得多，黑格挑选一组近乎完备的下属小组……这里可以找到典型的形容卡地亚男人的词汇，包括：灵活、控制、司令、自信、强烈意志、主宰、掌权决心、托付、重组、决策程序、至高无上、指令、权力、更

快、完备。

卡地亚男人在生命的早期就已经表现出一种野心勃勃的欲望，当他从婴儿床的围栏向外望的时候，他已经开始计划何时能从其母亲那里取得权力。有了这样的霸气，问题不是他是否愿意控制，而是他在何时会控制。所有组织、商业机构都需要卡地亚男人去帮助他们作出决定，因为他具有与生俱来的意志力和工作能力，在其他人举棋不定时，他能及时作出决定。尽管不是每个人都欣赏他的霸气和野心，但他会解决问题，并且节省时间。

卡地亚男人只和最亲近的人待在一起，参加秘密准备和严密设防的聚会。他们的朋友一定是那些有助于其实现野心的人，他们对自身的爱超越一切。最重要的是，他们从来都只相信自己。聪明而且自我的卡地亚男人在情感上似乎略显迟钝，但是他们追求无限荣耀的心脏却永远都有力地搏动。

男人志
LUXURY MEN

喜欢卡地亚的男人们

要数清亿万富翁拉克希米·米塔尔拥有多少件卡地亚珍藏，似乎是不可能完成的任务，这位被称为“印度的财富之神”的男人，不仅自己佩戴卡地亚饰品，还经常馈赠他人。拉克希米·米塔尔是钢铁业巨头，其产业遍及世界各地。米塔尔是一个非常有自制力的富翁，他一度沉溺于打高尔夫球，几乎每天都打。后来有一天上午，他开车去高尔夫俱乐部，突然发现自己正在上瘾，于是他掉转车头，开回了家。从那天之后，他再也没有拿起过球杆。

米塔尔于1995年移居伦敦，他支付1.3亿美元购得的肯辛顿宫殿花园是一座三层楼的豪宅，拥有12个卧室和土耳其浴室、一个舞厅、一个美术陈列室和一个装饰有宝石的露天游泳池——每天早晨，这位超级富翁都要游上一段时间。

2004年，米塔尔花费5500万欧元为女儿打造了全世界最昂贵的婚礼。他邀请了1000名宾客住巴黎五星级酒店，参加5天盛大的庆祝活动，并且花了9.6万欧元租下了昔日路易十四大摆宴席的王宫——凡尔赛宫，又用5万欧元租下维孔宫和杜伊勒里花园，并在杜伊勒里花园里举办了盛大的烟火

■ 杰克·韦尔奇

晚会，其光华甚至照亮了埃菲尔铁塔。婚礼上，整个宴会共喝掉5000多瓶法国木桐堡葡萄酒，仅此一项就花掉150万美元。印度发行量最大的《展望》杂志则以“爸爸，给我买下埃菲尔铁塔吧”为题报道这场婚礼，暗指米塔尔的一掷千金。

经常佩戴卡地亚腕表出席酒会的企业家杰克·韦尔奇被誉为“全球第一CEO”。1981年，46岁的杰克·韦尔奇成为通用电气历史上最年轻的董事长和CEO，在他的领导下，通用电气发展成为全球赢利能力第一的企业。40多年来，杰克·韦尔奇执行的原则就是好好工作，好好享受，花一点时间来当父亲。当杰克·韦尔奇在世界各地演讲的时候，他最常被问到的问题是:“你怎么会有那么多的时间去打高尔夫球，还能继续干好CEO的工作?”杰克·韦尔奇的生活理念就是：无论参与什么，都要尽可能地投入，包括工作和生活。工作的时候全情投入，娱乐的时候就全身心地享受。对于所选择的工作与生活平衡之外的要求和需要，要有勇气说“不”。

杰克·韦尔奇坦诚地表示:“照我说的那样做，但不要学我本人。”他是个工作狂，他承认过去40多年选择的平衡对于他的家人和工作伙伴都有不利的影响，例如，他的孩子们主要是由母亲独自带大的，他甚至在度蜜月的沙滩上与新婚妻子谈的不是枕边情话，而是业务工作。退休后，韦尔奇的幸福生活才刚刚开始，因为他有更多的时间周游世界。韦尔奇与他的第三任妻子苏茜过着“梦幻一样的生活”。当然，韦尔奇夫妇并没有沉溺在悠闲的生活中，两人一直在勤奋著书。工作之余，夫妻二人会一起在家附近散散步，寻找一些新灵感，或者对沿途的商店作番研究，想想有没有办法让这些地方赚更多的钱。除了写书，韦尔奇还经常画画，每周三次的飞行训练也是必不可少的，这是他保持旺盛精力的方法。以前韦尔奇还喜欢在自家的高尔夫球场上打发时间，不过他现在更乐于跟苏茜一起驾驶吉普车到野外去游玩。正像韦尔奇自己说的那样：退休生活幸福与快乐的支点在于相信人生的舞台永不落幕。

生活主张 LUXURY MEN

卡地亚男人 奢华私享

在世界上最难订位的餐厅享用晚餐 有这样一家餐厅：每年的订座人数达50万人，但只有8000人能如愿以偿。人们提前预约，得到的回答往往是全满……可偏偏米其林的“星星”和餐饮界权威杂志都对之追捧有加，把能在此用餐当做是种天大的享受和荣誉。这就是曾被英国《餐厅》杂志评为“世界50家最佳餐厅”之首的西班牙斗牛犬餐厅。卡地亚男人当然不会错过在这家顶级餐厅用餐的机会，虽然这是世界上最难订位的餐厅，请相信，卡地亚男人总有办法弄到位子。

《时代》杂志曾写道：“为什么那些吹毛求疵的批评家们也承认：斗牛犬餐厅已经变成了世界各地的美食爱好者们的朝圣地，它激起了令人眩晕的体验冲动。”斗牛犬餐厅有许多迷人而对立的特质：未经过专业训练的厨师，玩最先进科技的厨艺；位于荒僻之地，却是世界最知名的餐厅；古老的房子里，有最前卫的电子酒单；一位不会说英文的大厨，却是全球传媒争相采访的对象……

斗牛犬餐厅位于巴塞罗那东北约150公里的滨海度假小

■ 西班牙斗牛犬餐厅花廊

镇科斯塔布拉瓦，这个餐厅不但低调，简直是遗世独立。从外表看，它只是一栋并不起眼的白色房子，周围种满松树、仙人掌、天堂鸟等花草，有典型的南欧地中海气息。当2002年“世界50佳餐厅”的榜单第一次在人们眼前展开时，斗牛犬餐厅就拔得头筹。在接下去的三年中，这家由美食大师费兰·亚德里亚经营的餐厅从未离开过榜单的三甲之列。

有来自世界各地的40名优秀厨师在此工作。餐厅每年只在四月到九月营业，其余的半年时间，厨师们要“闭关”研究新菜式。这些来自各地、来自各种不同文化背景的厨师，每年进行约5000个试验，找出约500种新做法。这里的厨房其实更像“实验室”，化学试管到处可见，干冰的冷烟不断冒出。空气中尽管还是飘着厨房应有的香味，眼前的画面却是说不出的奇诡怪异。比如，小台灯下，两个年轻厨师正聚精会神地弄出一颗颗荧光绿的小囊球，难怪《葡萄酒观察家》杂志形容这里像是美国太空总署。

在斗牛犬餐厅吃晚餐，每吃一道菜都是对客人智商的考验。没人能从外观猜测盘中之物是什么：一块能让舌头缓缓麻痹起来的牛奶饼干、一个立刻吸走舌头上的水分的扁平方块，藏着一粒榛果做珍珠的生蚝等……给用餐者的建议是：与其枉费力气猜测每道菜是什么，不如带着毅然冒险的决心听从侍者的指挥。只有这样，你的大脑才能百分百感受主厨精心调制的美味，而不必在“这是什么”或者“能吃吗”这些问题间思来想去。

斗牛犬餐厅以“分子烹饪法”闻名美食界。简单说，“分子烹饪法”就是用科学的方式去理解食材分子的物理、化学特性，然后创出“精确”料理。餐厅的大部分菜品都是“非实体”——泡沫、气体、汤汁，味道也绝不是你眼前所见之物的味道。每一道菜都只有一口或两口大小，光从外观无法猜出味道或食材。红色缎带纸片是加了酸醋的甜菜，酒红色的小圆盘是覆盆子口味的，黑色夹心饼是黑橄榄苦鲜奶夹心饼……这里从不提供详尽的菜单，厨房做什么顾客就吃什么，每桌只有完全一样的核心菜单，具体的菜式和菜量将会依据就餐的人数增加或减少。即使是同一样菜，有时候你和邻桌吃的也会略有不同。不管你是生客还是熟客，也不管你是否有所忌口，餐厅会一如既往地为每晚50位客人奉上令人惊喜的1300道不同菜式。

在斗牛犬餐厅品味的不仅是美食，更是文化和优雅的情调，甚至幽默和顽皮。例如有一道“橄榄油汤”，首先侍者送来几个白色气球，然后突然剪断气球的一端，一股气流便溢了出来，带着怒放的橘子花香，使餐桌立即漫溢着香气，就像在塞维利亚乡下种植的橘子花盛开一样。这道汤有一种醇厚的橄榄油口味，但并不发腻，并且点缀着血红色的橘瓣。这不仅是美食，更充满当地文化的精髓和生命的活力。

餐厅的主厨是费兰·亚德里亚，他被世纪大厨乔尔·罗布松誉为“地球上最好的厨师”，更多人称他为“厨艺界的达利”。20年来，不少天才厨师靠“分子烹饪法”成名，但表现到最极致的只有费兰·亚德里亚一人。他不仅仅只是用科学方式去烹调，也用精密科学仪器来处理食材，用前所未有的温度、质感来表现味道、口感。冷的换成热的，液体变成固体，鹅肝碾成粉末，橄榄化身胶囊……他从本质上颠覆过去人们对食物的观感，把无法想象的东西带到眼前，将食物彻底“异化”了。

一般套餐就是三道菜，高级餐厅会有五六道以上，可是在斗牛犬餐厅，主厨费兰·亚德里亚提供一个共30道菜的晚餐，这个晚餐要吃6个小时。每年慕名而来的食客有几十万，但是因为餐厅每年只营业半年，每天只做晚间生意，每晚只有20桌、50个座位，所以每年只能招待8000名顾客。故有人笑说，想要到斗牛犬餐厅吃晚餐，可能要等上50年。

买一架雷神私人飞机 在名车、游艇、豪宅之后，拥有私人飞机、享受私人飞行的梦想，正变得越来越现实。天空是人类永恒的向往，不过，即便是躺在头等舱宽敞的睡床上，也逃不开航班晚点的命运。在这个信息化的时代，赢得时间就是赢得先机，每一秒钟的决策延误，都有可能导致巨大的损失。就这样，卡地亚男人们被“诱惑”出了头等舱，坐进了私人飞机。私人飞机成为了他们的卧室、会议室和社交场所。

2004年俄罗斯富豪阿布拉莫维奇耗资近10亿美元，打

造了当今世界最豪华的“阿布拉莫维奇天空”号。甲骨文公司的前董事长拉里·埃里森拥有一架价值3800万美元的“湾流V型”喷气机。即便是生性节俭的比尔·盖茨也是乘坐着6000万美元的庞巴迪环球快车公务机到北京看奥运。难怪有人戏言：“未来，富豪们的‘江湖’是空中的‘江湖’。”

“阿布拉莫维奇天空”号是由一架波音767-300飞机改造而来的，对它进行“脱胎换骨”改造的就是瑞士巴塞尔的飞机内部装修巨头Jet Aviation公司。除了一套价值约为80万英镑的反导雷达系统装备，阿布拉莫维奇还特意要求在这架飞机上安装一套导弹预警系统。因此若论安全程度，“阿布拉莫维奇天空”号足可与当时美国布什总统的“空军一号”相媲美。与当时的俄罗斯总统普京从前任叶利钦手中接过的两架“伊尔”型总统专机相比，同样也难分高下。为了保证机舱内合适的湿度，“阿布拉莫维奇天空”号上还专门配备了瑞典制造的一种名为“带状舒适”的空调系统。

“阿布拉莫维奇天空”号飞机内部最为抢眼的是可供30人同时进餐的豪华餐厅，在这儿主人阿布拉莫维奇可以与其他乘客尽情享受烛光晚餐，而紧挨着餐厅的厨房其豪华程度也堪比宫廷厨房——就连洗手池也是用纯金铸造的。至于室内的摆设以及墙壁上的镶嵌物则处处彰显出一种沙俄宫廷特有的高贵典雅。主人的卧室中，在铺有绣花地毯的地板上摆放着一张宽大舒适的双人床，而墙上悬挂的一部大屏幕等离子显示器则随时播放着精彩绝伦的电视节目。为了打造这样一个“空中宫殿”，飞机内部原有的350个固定座位被全部拆除。

这样一架超豪华的私人飞机如果要保持24小时随时待命，其每英里运行成本将高达100英镑，这其中包括飞机燃油以及其他各种维护费用。也就是说，从莫斯科到伦敦单程飞行一趟就得花费30万英镑。

当你驾驶着自己的飞机，真正像一只鹰一样自由地在苍穹间翱翔，与白云相拥、与轻风亲吻时，空灵的心就像微风掠过湖面，你完全抛却了沉郁和烦闷，全身的每一个细胞似乎都舒张开来。当飞机飞越熟悉的地方，从舷窗看下去，一切都显得别有一番情趣，此时你便能生出与地面截然不同的人生感悟。

世界上没有几个阿布拉莫维奇，对于大多数卡地亚男人来说，买一架雷神（Raytheon）私人飞机是比较可行的。Ray来自法语，是“一束光”的意思；theon来自希腊语，是“来自上帝”的意思。所以雷神是“来自上帝的光束”之意。雷神飞机公司是原比奇飞机公司和雷神商务喷气飞机公司于1994年合并而成的，为全世界商界、民航通勤市场和各种特殊任务提供飞机和多种航空服务项目。买飞机和买汽车最大的不同在于——有足够经济实力的人谁都可以买辆车，但并不是谁都敢买飞机。雷神飞机公司生产的飞机目前最低价格为70万美元，最高可以达到1900万美元。购买雷神的“首相一号”大约需要5000万元人民币，一年的养护费用接近100万元，而如果购买其“豪客800”这类比较豪华的私人飞机，其费用接近1亿元人民币。也许价格并不是最重要的，因为卡地亚男人买雷神飞机并不是用来炫富的，而是为了过上另一种简洁高效的生活。

定制亨利·普尔西装　卡地亚男人的理念是：拥有上百件一线名牌服饰，也抵不过一件量身定做的高级西装——手

■ 查里·狄更斯

工定制西服为了确保合身，一般客人会被要求两到三次试身。在缝制过程中，每一道工序完成后裁缝师傅都会进行熨烫，顾客满意后再继续下一步。量身和剪裁完毕后，还有一道锁扣眼的工序。这样缝制的西装是独一无二的，说是艺术品也不为过。

英国曾有“绅士不付裁缝账”的传统。裁缝认为，来做衣服的都是绅士，他们十分看重自己的名誉，所以不用追讨制装费，绅士们迟早都会付钱。但是，也有例外，据说，大文豪狄更斯去世时还欠着萨维尔街15号亨利·普尔（Henry Poole）时装店的制装费，不过，这并不影响狄更斯的形象，反倒成了亨利·普尔时装店的美谈。

对于欧美男士而言，穿上亨利·普尔时装店定制的服装已是一种奢侈标志。亨利·普尔自1806年创立，迄今已有200

多年的历史，它以为世界各地的王公贵族、政要财阀、明星等定做名贵服装而闻名于世。打开它的顾客名单，可以看到一长串星光闪耀的名字，威尔士王子、埃及国王、拿破仑三世、丘吉尔、戴高乐等各国政要都曾是它的顾客。

自 1856 年亨利成为法国皇帝的御用设计师以来，至今普尔店已拥有数十个国家的皇家授权，在亨利·普尔一楼的展示厅内，随处可见欧洲各个国家授予的奖状。50 年前，美国《华尔街杂志》对普尔店大方地送出自己的溢美之词："31 块皇家颁发的金黄色奖状，古色古香的棕木地板，一切都如狄更斯年代那样风格依旧，公司还弥漫着优雅的气氛——永恒而灿烂。"

想要穿上一件亨利·普尔定制西装，必须要有足够的耐心，除去定制服装所花费的钱之外，来回飞行的机票也花费不菲。在亨利·普尔店，最便宜的一套西装要 2500 英镑，比较高的有 1.5 万英镑一套。普尔店几乎不做广告，对它而言，作品和口碑是最好的广告。19 世纪 50 年代，亨利·普尔开始向域外扩展，英国顶级定制服装的魅力开始征服美国，摩根集团上层几乎都是普尔店的顾客。摩根总裁朱尼厄斯·塞宾斯·摩根自 1854 年第一次穿上普尔店的西服后，就再也不去光顾其他品牌。1857 年，他的儿子，20 岁的约翰·皮尔庞特·摩根也成为亨利·普尔的忠实顾客。许多人对亨利·普尔品牌的喜欢都是能够保持一生的，他们的衣橱内挂满了亨利·普尔品牌的衣服也不足为奇，事实上，许多人的确如此。

LUXURY MEN 奢华解语

卡地亚之格调

坚持传统 卡地亚有今天的成功，是品牌坚持和发扬传统风格的结果。不同历史时期的时代元素一直渗透在卡地亚作品中，这样的作品永远不会被遗忘和抛弃。所以，到了今天，卡地亚创造出的不仅是精美绝伦的经典作品，更是一直以来匠心独具的优质生活品位和方式。

名人效应 自卡地亚诞生以来，卡地亚始终是世界皇室贵族、影坛巨星和社会名流的梦想，卡地亚与名人近百年的情缘已成为一个个浪漫的典故，在时光中流转，被世人追随。卡地亚通过不断锻造产品的传奇故事，使品牌能够轻松地找到撬动地球的支点，最终为自身赢得了无上荣耀。

无限灵感 卡地亚从来不畏惧设计上的创新，无论是材质还是造型。卡地亚的继承人并不仅仅满足于在华丽的店铺接待尊贵的宾客，他们不断游历世界各地，搜珍猎奇。卡地亚产品深受俄罗斯、埃及、波斯、法国巴黎等地文化的熏陶，特别是东方色彩的灵感启迪，通过几何图形形成完全抽象的设计，将异域文化的特征通过特殊途径表达出来。

在欧洲，卡地亚被赋予“奢华艺术家”的称号，令人难以置信的价格暗示了它不是属于大多数人的消费品。英国皇室曾向卡地亚订购27顶皇冠作加冕之用。此外，西班牙、葡萄牙、罗马尼亚、埃及、法国奥尔良王子家族、摩纳哥王子及阿尔巴尼亚的皇室亦委任卡地亚为皇家首饰商。150多年的历程中，卡地亚为无数皇室贵族、当红巨星和各界名流们实现了他们瑰丽奢华的梦想。在卡地亚的所有业务中，最具传奇性的是高级珠宝特别定制服务，客户任何异想天开的要求，卡地亚都能将其实现。在创作过程中，客户起着绝对的主导作用，他们将爱注入到珠宝中，通过卡地亚完整地表达出来。如果细细研读卡地亚高级珠宝特别定制的故事，就像是在阅读一部神话故事总集。卡地亚的设计师们那源源不断的设计灵感，赋予每一件作品无限的构思和创意。

因为所要面对的客户形形色色，有像让·考克多那样要求将代表着友谊、爱情与忠诚的三种颜色合而为一的诗人，也有像印度帕蒂亚拉邦主那样委托卡地亚制作一条极品礼仪项链的贵族……所以，卡地亚的特别定制遇到的挑战可想而知。曾经有一位运动员的未婚妻为了给自己未来的丈夫一个惊喜，决定用铂金和钻石打造一个哑铃来取代该运动员原先使用的哑铃，而且她还要求这一切要在未婚夫不知情的情况下进行。卡地亚的设计师费劲心思找到了该运动员的教练，在得知该运动员所使用的哑铃的形状与重量之后，最终顺利地完成了任务。

在更多的时候，卡地亚都承担着爱的使者的身份，它或是用各种手法使情感物化，或是将刻骨铭心的爱情雕刻在珠宝上面，例如温莎公爵夫妇的浪漫蜜月之旅就刻在镶嵌贵重宝石的金制烟斗上，卡地亚就这样见证了一段段美丽的故事。

卡地亚不仅是皇室的最爱，还是大银幕的宠儿。早在1926年，卡地亚就在古装电影《酋长的儿子》中登上银幕，男主角手腕上佩戴的就是他本人珍爱的卡地亚腕表。随着好莱坞影视业的发展，许多制片人开始致力于提高影片的气质和地位，而卡地亚也就有了更多登上大银幕的机会。现在，卡地亚的珠宝、腕表成为影坛巨星和社会名流的理想装备，佩戴着融合精美设计和精湛工艺的杰作使他们寻求优雅生活的美梦成真。而卡地亚商业帝国的建立，也使更多的人得以在这个梦中游弋、徘徊。

登喜路男人
Dunhill & Men

登喜路来自绅士之都英国伦敦，它周身散发着优雅的气息，它崇尚传统但不失现代感，沉稳中饱含潇洒，杰出而不失圆滑。

登喜路男人是彬彬有礼的绅士，和保守的老派绅士不同，他是一匹沉默的狼，暂且藏起爪子，含蓄微笑，温文尔雅，而内心却激流澎湃，充满了冒险精神。

他们恒久且出类拔萃。

绅士是从英国世袭贵族演变而来的一个特殊群体。后来则演变成即使不是贵族，但是如果被称为绅士，在古老的大不列颠，仍然会受到贵族般的尊重。登喜路男人是典型的绅士，如果他们生活在 18 世纪的英国，他们一定手拿文明棍，头戴大礼帽，身着笔挺的西装，足蹬锃亮的皮鞋。

登喜路男人出类拔萃，风度不凡。无论何时他们都彬彬有礼，待人谦和。他们谈吐高雅，知识渊博。作为绅士，登喜路男人的最大特点是尤为尊重女性，他们以女士优先为礼仪原则。这种尊重女性传统源于骑士精神。骑士精神由来已久，在 17 世纪中叶的西欧，绅士是由充满侠气与英雄气概的骑士发展而来的，后在英国盛行并发展到极致。骑士尚武，崇尚光明磊落，作为骑士要正直、真诚。而骑士对于情人的崇拜又发展成了以后绅士对女性尊敬的传统。登喜路男人会优雅地为女士开车门，扶其下车；为女士推开房门，自己侧立一旁再紧随其后；温柔地替女士拿脱下来的外套；就座时替女士拉出椅子，待女士举起餐具后再动手；在女士面前讲话语气谦和。为了博得女性的好感，他们甚至会特别锻炼以弥补自己的不足。

人们对登喜路男人的认识存在一个误区，人们通常认为他们崇尚老派作风，注重表象忽略内在。其实不然。绅士风度是由深厚的文化累积沉淀而来的。绅士精神的具体特质就

■ 英国影星裘德·洛

是沉静自信、诚实正直和愿意为公众服务，但这并不妨碍绅士们拥有一种冒险精神，而这与登喜路的品牌精神非常接近。登喜路品牌创始人阿尔弗雷德·登喜路本人就是一个冒险家，他酷爱飞车运动，从100多年前登喜路第一家汽车配饰产品专卖店开始，到21世纪赞助国际汽车赛事，这种无畏的冒险精神贯穿了登喜路发展的全程，并成为登喜路的风格和特点。所以，喜爱登喜路的男人敢于挑战，即使面临困境依然镇定自若。

阿尔弗雷德一生都疯狂迷恋于速度、精准和烟草，这个英国男人性格倔强、富有才华，他是商业天才、钢琴家、驾驶好手，在他的一生中，辉煌的事业和高品质的生活都奇迹般地被这个男人所拥有了。阿尔弗雷德的卓越创造力体现在一连串的发明创造上：防风烟斗、白点标志、手调烟草等等，他将登喜路的风格定为始终有骑士影子的绅士产品：从烟草烟斗、皮具、绅士服装、腕表、香水到男人需要的一切精巧的小玩意。绅士不等于四平八稳或一成不变，登喜路的很多产品皆以奢华而惊险刺激的跑车为设计灵感，表达了真正的绅士骨子里桀骜不驯的气度。

登喜路男人是在任何时刻都能保持沉稳心态的男人，他能精准地掌控自己的生活，并自在于所处的环境中。当他伫立于敞开的窗前，面对着水晶般纯净的天空，他身上白色亚麻衫随风翻飞着，他深吸一口气，饮一小口红酒，以绝对优雅的姿态面对所有的挑战。

男人志 LUXURY MEN

喜欢登喜路的男人们

登喜路所获得的皇家委任状是由“不爱江山爱美人”的温莎公爵颁发的。温莎公爵是英国王室成员中最后一位对潮流趋势和时尚品位带来巨大影响的人物。当年的温莎公爵就好像是将詹姆斯·邦德和大卫·贝克汉姆等人的优雅风度和时尚品位集于一身，虽然这在目前看来似乎是不可能的。但在第一次世界大战之后，大西洋两岸的时尚男士们都痴迷于追随和模仿年轻的王储在穿着方面的所有喜好，从公爵的领带到他裤子的翻边等所有的穿衣细节。他们到公爵所光顾的购物场所去购物，当时他最常去的地方就是登喜路的精品店。

在温莎公爵作为英国国王爱德华八世的数月之中，他的婚姻问题引发了英国的宪政危机，他的政府、人民和教会均反对他迎娶辛普森夫人，所以，他选择了退位，成为了英国和英联邦历史上唯一一位自动退位的国王。温莎公爵不爱江山爱美人的事迹，几成千古绝唱。温莎公爵给世人的另一项馈赠就是他的服装品位，他的代表风格有：改良西装、针织、温莎结、威尔士亲王格纹，温莎公爵与夫人被认为是“本世纪最时髦的夫妻”。当年法国时装大师皮尔·卡丹曾经对肯尼迪总统说：“总统先生，这个世纪在男性时尚领域内，只有一位真正的大人物，那就是温莎公爵。我能使您成

■ 温莎公爵

为第二位。”

天性浪漫的温莎公爵从小就对艺术活动情有独钟。第一次世界大战期间，有媒体说，威尔士王子闲暇时以“编织”打发时间。婚后，公爵夫人所有的刺绣、字徽，也有不少出自温莎公爵之手。他在《温莎公爵自传》中坦言：“刺绣是我私爱且难以戒除的癖好。”幼年时期，温莎公爵的生活深受苏格兰传统影响，他经常协助母亲玛丽皇后编织格子布，将一捆捆的细纱缠绕在纺锤上。也许他对刺绣的兴趣，就是从那时开始产生的。

1937年，巴勃罗·毕加索走进巴黎登喜路专卖店，买下一款银色打火机，在打火机上雕刻了情人朵拉·玛尔的肖像。作为20世纪西方最重要的艺术大师，毕加索的艺术和生活都充满了传奇色彩。毕加索“喜欢像一个有钱的穷汉一样生活”，尽管他很富有，但他的生活却十分简朴。他房间里的家具只有一张写字台、一把靠椅、一个木柜和一张床，床头有一个光秃秃的灯泡。毕加索就是在这种看似杂乱无章的环境中按照自己的节奏有序地生活着。他不拘小节，我行我素，把喜怒哀乐都表现出来，全然不管别人说什么。

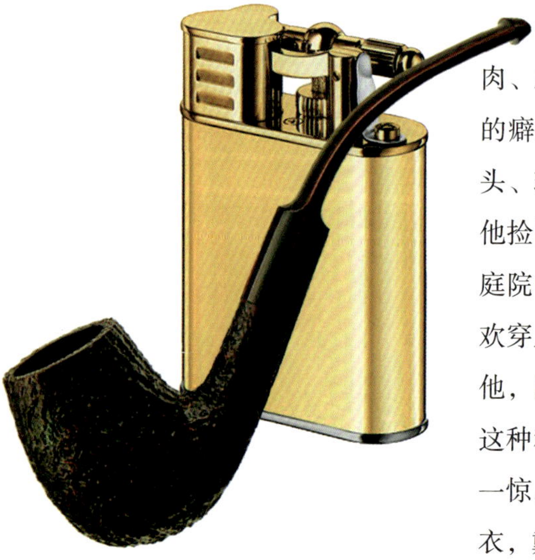

毕加索的养生秘诀就是坚持散步，他的养生食物有牛肉、水果、蔬菜、鲽鱼和纯净水。毕加索还有一个收集破烂的癖好，他的所有画室和住所里，到处堆满了破烂，有石头、玻璃碎片、鸟笼、破自行车零件、破陶瓦等，只要是被他捡回来的东西，就决不会再扔掉。孩子们和动物们在他的庭院中自由地玩耍而无所顾忌。有时，当他心情好时，就喜欢穿上小丑的服装和孩子们一起嬉戏玩耍。孩子们都很喜欢他，因为他能很容易地进入孩子们的奇异世界。有时他也把这种和孩子们玩的游戏带到他的朋友中去，让他的朋友大吃一惊。他非常喜欢模仿，为了让朋友发笑，他有时穿上紧身衣，戴上滑稽的帽子，或者穿上卓别林式服装突然出现在朋友们中间，他幽默的表演和诙谐的笑话常常惹得朋友们捧腹大笑。毕加索还喜欢玩字谜游戏，每当他获胜时，他就像个小孩子一样高兴得手舞足蹈。一直到晚年，毕加索仍然保持着童心，这也许是他保持旺盛创作力的秘诀。

写下《月亮和六便士》的英国小说巨匠威廉·萨默塞特·毛姆对登喜路产品亦情有独钟，登喜路店铺中至今还保留着与毛姆有关的纪念品。毛姆的一生，许多时间是在路上度过的。在文学史上，像他这样热衷于周游世界的作家并不多。在他的年表上，我们不停地读到这样的记载：往西班牙、意大利游历，赴南太平洋游历，赴锡兰、缅甸游历，往西印度群岛游历，赴远东游历，他先后到达日本、越南、柬埔寨、泰国、缅甸、远东、美国、欧洲和北非，前后达数十年……直到86岁高龄，他还进行了一次长长的世界之旅。他说：“我喜欢旅行，因而周游列国。我喜欢美味佳肴，也不介意难吃的甚至单调的饭菜。我喜欢每天能在不同的地方过夜，环境好坏并不重要。我喜欢结识各种各样的人，包括那些我不愿再见面的人。”毛姆一生不停地游走，从南走到北，从白天走到黑夜。也许，他已经知道，他的远行是徒劳的，他永远也不能使他的灵魂找到泊地。但，他还是要上路。因为，除了寻找的欲念在驱动着他而外，他发现，走在路上是体验人生的一种最佳方式——自古以来，就有许多文人是以这种方式来体验人生的。

生活主张
LUXURY MEN

登喜路男人
奢华私享

拿起猎枪去狩猎 狩猎是登喜路男人生活中不可或缺的一项内容。狩猎作为英国贵族的一项传统活动已有几百年的历史了，这使得狩猎在英国具有了特殊的文化含义。在英国，常常留给人这样的狩猎印象：一位高贵的绅士，穿着猩红的猎装，白色的裤子，黑色的马靴，头戴黑毡帽，优雅地端坐在一匹骏马之上，缓缓踱步于一条曲折的乡间小路之上，前面则是十几只兴奋的猎狗开道。

与普通意义上的狩猎不同，贵族们狩猎的目的不是为了获取食物，而是为了娱乐与运动，在狩猎时必须遵循许多原则。例如为了公正地对待作为游戏对象的猎物，追逐和杀戮受伤的动物或藏匿在饮水区等待猎杀猎物等，都被认为是不光彩的行

为；而射杀那些反应迟钝的动物也被认为是以强凌弱。如此种种都被认为是在狩猎运动中必须具备的绅士精神。

今天英国绅士们最大的嗜好仍然是狩猎、射击和垂钓。道格拉斯·萨瑟兰是一位伯爵的后裔，他在自己撰写的一本幽默而富有启迪意义的书中，介绍了他自从出生之日起，类似的运动在绅士生活中占据的重要位置。书中说，从保姆那里所学的儿歌中，他就开始学习乡下打猎的规矩。比如：

绝不能，绝不能把你的枪口，

指向任何一个人……

所有的野鸡都是一点点养大的，

死人的损失无法弥补。

这些儿歌实际上在暗示，孩子们成年之后将会参加像这样的狩猎活动，他们也会像其他英国绅士那样，毫不费力地学会使用猎枪。如今，狩猎在发达国家已演变成一种高档消费形式和少数人从事的运动休闲项目。要想真正融入这个游戏的圈子，成为真正资深的狩猎爱好者，财富是必要条件，但不是唯一条件。狩猎花费不菲众所周知，一些狩猎俱乐部VIP会员的入会费是10万元。在这里，枪支是允许使用的，会员要支付枪支、子弹、资源使用费，以及导猎、装备费用，猎杀猎物也需缴纳相应的费用。此外，狩猎还需要一系列的顶尖装备，包括特殊的鞋、猎装、枪支弹药、越野车，甚至是GPS定位系统。一天狩猎下来，全部费用少则几万，多则十几万。

非洲南部是世界著名狩猎区。这是一个宽广的大型野生动物狩猎区，它以“五霸”和26种羚羊享誉世界，“五霸”指象、狮、非洲豹、野牛和白犀牛。南非各省每年发表狩猎规则，一般的猎季都在冬天，从5月到7月。在猎季里，大部分的野生动物都不禁猎，但猎者除了必须持有猎场主人的亲笔信函，还必须向有关野生动物保护单位申请许可证才可以打猎。参加狩猎比赛的海外人士必须遵守全国统一发布的

狩猎规则，狩猎者也必须由持有证书的职业狩猎员陪伴；狩猎比赛必须经由狩猎公司安排，不能自行到场参加。

现在，最有名的狩猎俱乐部是由博福特公爵家族组织起来的，博福特猎狐活动所在猎场是现存为数不多的私人猎场之一，当然，它目前主要靠订金维持，而不仅仅是靠博福特公爵家族维持。他们家族的所作所为印证了特罗洛普的断言，那就是作为狩猎活动的主人，“没有财富就不会受到欢迎，而且如果他不准备花钱让其他人满意，也就不要奢望这个位置”。博福特猎狐俱乐部大约有 250 位客户，他们每周带着猎犬狩猎四次，而那些猎犬非常有名。一只猎犬的家谱可以追溯到 1743 年，也就意味着在此期间 54 代猎犬纯粹为了猎狐被系统驯养着。这些猎狐犬非常强调嗅觉、毅力和品质。然而，博福特猎狐活动绝非是孤立的，英国大约有 40 个狩猎协会、个人或狩猎团体拥有 318 个猎犬群。

登喜路男人喜欢体验在狩猎中获得的成就和荣耀感，为此他们要有技巧，有耐心，有经验，有体力。他们可能有意外的惊喜，也可能没有打到所期望的猎物。他们会努力追逐，但也需要运气。所以，狩猎场是登喜路男人们的战场，也是舞台，他们在这里接受挑战，收获荣誉。

■ 加拿大帝后饭店餐厅

餐桌上的精致生活 有的富豪似乎最乐意在吃上面一掷千金，他们喜欢价格昂贵的进口鱼翅、鲍鱼。与之相反，登喜路男人所在的绅士群体喜欢吃自己土地上出产的东西：一点乡下养的家禽肉、野味和鱼肉，还有自家花园出产的新鲜蔬菜、自家果园生长的水果。他们用餐的过程却非常正式：21 世纪的绅士们不再穿戴白色的领结、黑色的燕尾服，取而代之的是相对随便的黑色领带（结）、简式无尾礼服。除了一些特定场合，比如一些豪华饭店或者传统的自视高档的餐馆，它们要求男士穿戴黑色领带或领结、简式无尾礼服，女士身着晚礼服之外，现在已经很少有人在晚餐上那么穿戴。

如今搭乘一架直升机抵达米其林蓝星级餐厅，已经取代了系着领带、着装整齐的赴宴。

正宗的西式晚餐有七道内容，包括汤、鱼、果汁冰糕(通常是柠檬味，有助于清理人舌面上的味蕾，以便更好地品味鱼肉的鲜美)、牛肉或家禽肉、干酪和（或）色拉、甜点、咖啡。假如缩减到五道或者三道，先后次序仍然会保持不变。从前，这些食物都有相当的水准，绅士们喜欢这为数不多的菜肴，直到现在，这些菜肴仍为很多登喜路男人喜爱。比如温莎汤，这在伦敦俱乐部的菜单上可以找到，在一些高档餐厅却并不常见。在今天多元文化环境中，餐桌上的食物也更加国际化，印度、中国风味浓郁，而从地中海沿岸的法国、意大利菜肴中所吸收的东西也相当多。不过，俱乐部、饭店和留存下来的乡绅人家则提供更传统的菜式：罐装小虾、多佛比目鱼、松鸡馅饼、半熟的烤牛排、正宗的英印咖喱肉汤，还有像夏日布丁（用面包、新鲜浆果制成）之类的甜点。

登喜路男人会在自家酒窖里存放着一些好酒。吃牛肉的时候，他喜欢喝香槟；吃鱼的时候，他喜欢喝一些红葡萄酒。他不大喜欢那些招摇惹眼的东西，比如用酒架将酒瓶平放在桌面上，或者倒酒的时候用餐巾绕着酒瓶瓶颈。他们不会用喝红葡萄酒的玻璃酒杯喝白酒，也不会用喝白葡萄酒的玻璃酒杯喝红葡萄酒。喝酒前，他们举起酒杯在灯下细细观察，靠近鼻子细细地感受，然后优雅地举杯一饮而尽。登喜路男人喜欢在琴声中享受这种精致与繁复，在缓慢节奏中体会优雅、浪漫和华丽。

驾驶捷豹汽车　在四轮世界中，捷豹汽车是与登喜路“性格”最相近的品牌。它高贵、优雅、雍容，拥有皇家气派，在全球车迷心目中树立了典雅高贵的英国绅士般的形象。另一方面，正如它的另一个中文译名美洲豹所表达的，运动基因才是捷豹的骄傲。走近一辆捷豹，扑面而来的是其儒雅的气质，而驾驶一辆捷豹，真正感受到的是一种速度与激情。这和登喜路男人的气质不谋而合。也许是英国独有的历史文化酿造了登喜路，也酿造了众多与其气质风格如出一辙的英伦经典品牌。所以，登喜路男人身上永远散发着迷人的英伦魅力。

捷豹已经成为世界领先的跑车与豪华汽车设计制造商，捷豹商标为一只正在跳跃前扑的美洲豹雕塑，矫健勇猛、形神兼备，具有强烈的时代感与视觉冲击力，表现出向前奔驰的力量与速度，象征这个品牌如美洲豹一样驰骋于天地之

■ 托尼·布莱尔

间。在其将近一个世纪的传奇历史中，它不断将新技术融合于汽车制造当中，将人类智慧、品牌价值、卓越性能与出色驾驶体验完美结合。

翻开捷豹的车主名单，你一定会惊得目瞪口呆，在名单上，长长的一串都是政要和明星，包括英国王室、英国首相、迷人的玛丽莲·梦露、个性生活偶像拉尔夫·劳伦、政界名人卡尔·罗夫……在伦敦唐宁街 10 号的首相官邸里，英国前首相托尼·布莱尔的爱车是优雅低调的捷豹 XJ8。由全铝车架制成的 XJ8 具有房车外形、跑车魅力，那份饱含激情的典雅正是英伦跑车的经典格调。奥斯卡影帝尼古拉斯·凯奇最大的爱好是收集摩托车和跑车。在他的所有收藏中，最昂贵的当属一部 1955 年出品的捷豹 D-type XKD 546。网球名将蒂姆·亨曼的银色捷豹跑车 XKR 无疑表现了他在赛场上动感与优雅并存的气质。捷豹历史上出现的名人不计其数，不知应该说是捷豹成就了驾驶人的非凡品位，还是名人们成就了捷豹的高贵印象。

男士手帕　一个真正的绅士会注意每一点细节，西装和领带是必需的，而西装上衣口袋的手帕更是绅士随身必备的东西。举止优雅的男人，从口袋中掏出一块洒着古龙水的丝绸手帕，会马上吸引周围人赞赏的目光。虽然当今越来越少的男人有携带手帕的习惯，但是作为绅士，登喜路男人一定会随身携带手帕，这不仅可以避免不必要的尴尬，同时也可以随时为身边的女士效劳。名品手帕一般由天然材料制作，如棉、麻、纱等，所以高档男士手帕洗过后需要熨烫平整备用。

LUXURY MEN 奢华解语

登喜路之格调

绝对奢华　创立伊始，登喜路就采取奢华路线，创始人阿尔弗雷德认为世界上总有一些人愿意为产品的卓越品质而支付额外的费用，如果登喜路能够完全满足上层人士的期望，相对于卓越的品质，高昂的价格并不那么重要。21世纪，登喜路重新装修了其在伦敦的旗舰店，并推出了一系列独一无二的奢华服务，包括：世界顶级的绅士理容室、独立的高级定制服务贵宾室、精彩的皮具世界和闻名世界的雪茄室。登喜路优质、昂贵，毋庸置疑。

优良定制　定制服务往往最能体现品牌的精髓，登喜路拥有定制衬衫与西服服务，以及奢华的定制皮具服务。登喜路专业技师会为客人作细致入微的测量、记录，并就种类繁多的面料和其他选择与客人商讨。登喜路传承至今的专业英式衬衫精湛的制作工艺体现于每个细节。其最新的定制西服是英式剪裁的又一点睛之笔。

男人帝国　登喜路的世界是男人的世界，一个新时代绅士的一切物质渴望都可以在登喜路那里得到满足。登喜路高级男士用品系列享誉国际，从皮具、服装、首饰、腕表、眼镜、香水，到香烟、雪茄、烟斗、威士忌及男士香水，当中更以书写工具、男士饰物及打火机最受推崇。

■ 登喜路形象媒体总监

雅恩·德贝莱·德蒙巴尔

每一个男人都希望喷洒登喜路的香水，享用登喜路的雪茄，通过登喜路的腕表来知晓时间，用登喜路的钢笔和文具给亲朋好友们写信。登喜路是男人心中的神话。

20 世纪初，登喜路与众多的王室贵族和名流雅士建立起深厚而良好的友谊，登喜路拥有一个忠实而尊贵的顾客名单，其中每一位都是当时流行时尚的引领者，其中包括年轻的威尔士亲王，以及随后向登喜路颁发皇家委任状的温莎公爵。除英国王室外，许多其他国家的王室成员亦是登喜路的尊贵顾客，比如西班牙阿立方索国王、挪威国王乔治六世奥拉夫的兄弟肯特公爵、暹罗（现为泰国）国王、荷兰王子贝恩哈德、喜好娱乐的埃及国王法曾克、以及印度库奇比哈大公等等，这些显赫人士均以身为登喜路的客户为荣。

登喜路在战争时期最为著名的顾客当属英国前首相丘吉尔。成功的实业家伯纳德·多克先生委托登喜路为其专门定制了一个名为“水族馆”的雪茄盒，作为送给丘吉尔首相的礼物。这个雪茄盒看上去就像是一个大鱼缸，带有两个与之相配的打火机。如今，人们可以在丘吉尔的故居一睹这一超凡独特的登喜路古董作品的风采。

美国一代歌王“猫王”也是登喜路的顾客，登喜路的罗拉格斯（Rollagas）打火机是他的最爱。但是，由于他总是穿着极其合体的紧身衣，所以他的口袋里什么也不能放，即使是这款他最喜欢又离不开的罗拉格斯打火机。所以，他总是不得不请别人帮他拿着。被“猫王”慧眼看中的这款罗拉格斯打火机是登喜路经典性的革新产品，由于用丁烷代替了汽油，使这款打火机的体积大大减小，一改以往的笨重，造型非常简洁轻盈，易于携带。自从上个世纪50年代在巴黎上市以来，罗拉格斯打火机畅销了半个多世纪，已经成为登喜路标志性的产品之一。可以想象，如果“猫王”能亲自体验一下这款扁平娇小的打火机放在自己裤袋里的美好感受，恐怕他就不会考虑衣服有多么紧，而是再也舍不得取出来了。

作为一种带有历史感的英国绅士风度的标签，一直在男士用品领域悉心经营的登喜路，其服装与腕表都曾被许多讲究绅士作风的偶像级人物所钟爱。即使时尚前卫如英国大导演盖·里奇，也在与麦当娜的婚礼上身着定制于登喜路的西装。而被誉为好莱坞最性感英俊的男演员裘德·洛，在2004年的第76届奥斯卡颁奖典礼上选择的依然是登喜路西服与腕表。第二年，主演《加勒比海盗》及《指环王》的奥兰多·布鲁姆身穿别致考究的登喜路礼服出现在颁奖典礼上。

百余年来，登喜路不断将英伦绅士文化融入到其产品设计生产中，时至今日，它已成为男性世界的经典，绅士生活的代言人。

万宝龙男人
Montblanc & Men

在飘逸的线条和书写的沙沙声中，万宝龙记录着历史，传承着文明。以手写心，万宝龙表达着丰富的情感，挥洒出泉涌的文思。

万宝龙男人是深情的男人，他的目光如秋水般深邃，他的气质如文竹般淡雅，所有的人情味道都沉淀在他心里，化作口中的坚定，笔下的执著。

他们相信，字由心生，认真写字的人，也会认真生活。

古代男人选择佩剑，现代男人选择佩笔。万宝龙男人手握的不只是优雅的书写工具，更是文字历史深根的基础，还有放缓脚步，享受生活的人生态度。

“见字如面”——是很久以前，人们用钢笔写信时开篇惯用的四个字，温暖而沉静，平淡而从容。还记得那些写信的日子吗？每每收到信，迫不及待地展开精美的信笺，默默地揣想文字背后的熟悉或陌生的脸，嘴角不经意地上扬。“见字如面”，这么温暖的四个字，还有那真挚的期盼，是从什么时候开始离我们远去了呢？大概，是从遗失钢笔的那一天开始的吧。时代在前进，现在有电子邮件、MSN、手机、电脑、传真，还有各式各样的一次性圆珠笔，在这样一个遗失手稿的年代，我们不禁要问：“现在有谁还需要一支钢笔呢？”

万宝龙男人会回答：“我们需要！”

万宝龙男人对钢笔的迷恋就像女人对口红的迷恋，无论笔的种类如何繁多，最传统的钢笔一直是他们难以舍弃的。也许他们在香港和英伦繁华城际间行走，也许他们身上有鲜明的新时代烙印，但他们偏偏就恋着那抹残留的旧时月色，他们说时代太新太冷太浮躁，他们相信钢笔那种或刚或柔的笔锋是便捷的圆珠笔无法企及的，他们固执地认为只有钢笔笔尖画出的墨迹才叫写字。这种男人会完好地保存着旧照片、陈年的信件或是尘封的日记本，他们从这些触景生情的旧物

里寻找成长的印迹。虽然他们现在的所用之物比以往更加昂贵，做工更加细腻考究，使用更加便捷，不过他们认为记忆中的那些过往更加异彩纷呈。如此依恋过往的人实在不多，也实在珍贵，所以用钢笔写字的男人让人多少有敬畏之心。

雨果是深情而执著的万宝龙男人，他用万宝龙钢笔写完了《悲惨世界》，还有无数封浪漫的情书。雨果在30岁时邂逅26岁的女演员朱丽叶·德鲁埃，并坠入爱河，以后不管他们在一起或分开，雨果每天都要给她写一封情书，直到她75岁去世。50年来，雨果写了将近两万封。“我的命运里有阴暗的一面，是你以美妙的光辉照亮它们。跟你在一起，我无所不能；没有你，我甚至没有存活的勇气。”这是雨果在75岁时写下的情书。年至古稀的老人，依然深情款款地期待永恒的爱情，这便是万宝龙男人。

笔的姿态就是男人的姿态，那斑驳的墨迹往往承载着历史。笔不可消亡，或因为墨迹不可复制，或因它是品位、地位、趣味的象征，或因它承载了太多的情感，又或者只是因为我们觊觎那墨迹未干的历史。

《花样年华》里，梁朝伟用老旧的信笺纸，滑爽的老式钢笔为心爱的女人写情书，诉说着自己隐忍的爱情。字由心生。笔画细密的男人细心谨慎，笔力遒劲的男人自信豪放。同一个人，同一支笔，心境不同，笔迹亦有异。心情舒畅时笔迹行云流水，矛盾忐忑时错漏百出。每个人的字迹，连同自己的样貌个性，都是世上独一无二的。无论娟秀还是刚劲，无论规整还是张扬，它都只属于一个人。一个以认真的态度对待书写的人，是从容沉静的人，是不会迷失的人，时间愿意为他们停留。

万宝龙钢笔价格不菲，很多男人用它显示自己的身份和尊严。使用万宝龙钢笔是一种境界，游刃有余、品位独具，而在这背后，却是一个男人多年的历练与沉积。万宝龙男人挑选钢笔是没有功利心的，他们看重的是万宝龙蕴涵的书写艺术，而不是奢侈品的光环。在一支价格过万的万宝龙钢笔上，可以看到人类用时间磨砺出的精神光芒，看到一段沉淀了近百年的文化，看到“放缓脚步、尽享生命”的生活哲学。这样一支钢笔，除了带来笔尖和纸张契合的乐趣，还有

■ 约翰·肯尼迪

男人丰厚的内涵，更有那种气定神闲的意境。

下一次，若遇到一个万宝龙男人，暂且不要赞赏他的笔，单纯地欣赏他的字吧，即使他的字不那么好。不好又有什么关系呢？用心做的事情总是很美。

男人志 LUXURY MEN

喜欢万宝龙的男人们

万宝龙公司保存着一张珍贵的照片，照片上，美国前总统约翰·肯尼迪接过别人赠送的万宝龙笔，从此肯尼迪成为万宝龙的最尊贵客户之一。这位美国第35任总统是美国颇具影响力的肯尼迪政治家族的一员，他被视为美国自由主义的代表。约翰·肯尼迪是历代美国总统中最热爱游艇生活的。在东西德分裂，“柏林墙”修建的当日，作为美国总统的肯尼迪正在一艘游艇上逍遥自在地享受自己的周末时光。1962年是肯尼迪生命中的倒数第二年，就是在这一年，他拥有了颇具传奇色彩的木制帆船“神灵号”。“神灵号”的第一位主人是一位来自所罗门群岛的巨富，他不惜重金精心打造

“神灵号”的初衷，就是满足自己可以泛舟五大湖的愿望。25年之后，“神灵号”被肯尼迪钦点为总统专宠的“水上白宫”。肯尼迪很喜欢在游艇上过周末，在那个还没有网络的时代，肯尼迪总统惬意地开动这艘爱船的身影，一时间常常占据各大报纸的大幅版面。肯尼迪的最后一个生日派对也是在游艇上庆祝的。1963年11月22日，肯尼迪遇刺身亡，这一事件在其后数十年中一直影响着美国政治的发展方向。

日本明仁天皇喜欢使用万宝龙笔签署文件。明仁天皇一家的皇室生活很奢华，每年需要花费1.5亿英镑，仅天皇一人就有4名24小时候命的医生，5名专门负责侍奉他更衣的服务员，11名专门帮他准备日本国教神道教典礼的工作人员。服侍整个皇室家族的工作人员总数超过1000人，其中包括一个24人组成的乐团、30名园丁、25名厨师、78名水暖工、电工和其他工人等。由于皇室生活的繁文缛节，明仁天皇和美智子皇后居住的皇宫里配备了160名用人。用人的分工也很严格，负责擦桌子的女仆绝不能兼擦地板。天皇一家每个月的水费就高达5万英镑。皇室成员每年还花4800万英镑雇用961名特警保护他们的人身安全。此外，皇宫里新修建了一个造价14万英镑的葡萄酒窖，里面储存了4500瓶名酒，包括11种白葡萄酒和7种红葡萄酒。南非前总统姆贝基2001年访问日本期间，皇室为他准备了1982年的法国穆顿酒庄名酒，这种酒现在每瓶售价在300英镑以上。另外，姆贝基还享用到了1992年产的唐·贝利农香槟酒，这种酒被称做“香槟王”，也是酒中极品。明仁天皇还拥有一片约252公顷的大农场，专为皇室提供新鲜的牛奶、肉类和蔬菜。

明仁天皇的生活虽然奢侈，但是这并不意味着天皇过着幸福的生活，他的生活非常单调，有如“金鱼缸里的生活”，天皇夫妇曾坦言“希望有一件隐形斗篷，把自己藏起来出门走走。”

生活主张
LUXURY MEN

万宝龙男人
奢华私享

向吴哥窟倾诉心中秘密 《花样年华》的结尾，梁朝伟把心中的秘密说给吴哥窟旁的树洞，然后以草封掩。据说从此以后，不会有人，包括他自己，能记起那不堪回首的往事。这是吴哥窟留给人们的一个神秘侧影。万宝龙男人是念旧的人，是深情的人，然而无论往事多美，也要学着放下，才能体味当下的快乐。心事太重时，到吴哥窟去倾诉心中的秘密吧，然后，一切云淡风轻。于是，承载了太多秘密的吴哥窟，即使美丽，也总带着淡淡的哀愁。

公元 802 年，国王嘉亚娃曼二世统一了高棉王国，将首都安在洞里萨湖的北岸，定名“吴哥”。吴哥王朝先后有 25 位国王统治着中南半岛南端、孟加拉湾以及越南的部分土地。

历代国王大兴土木，建造宫殿与寺庙，使吴哥逐渐成为整个高棉人的宗教以及精神中心。可在 1431 年，曾经繁荣一时的王朝却随着泰人的入侵而画上句号。弃城而逃的高棉人远赴 241 公里之外的金边建立了新的首都。殊不知泰人的目的只在于掠夺，对于那座高棉人久居的古城并没有兴趣。当他们怀揣着吴哥的数亿珠宝返乡之后，那些俯瞰历史尘烟的神的宫殿、佛的寺庙，便被深深地埋藏在洞里萨湖湖畔的绿色荒芜里，成为被遗忘的过去，开始了沉默的光阴。四百年过去了，吴哥窟几乎被丛林完全掩盖，痛苦黑暗的生活几乎让柬埔寨人遗忘了这座让人瞠目结舌的文化遗迹。直到 1860 年法

■ 吴哥窟

国人发现了这座古城，之后又经过一百年才大体弄清楚它的规模。

作为世界七大奇迹之一，吴哥窟有着数不清的寺庙、城堡、宫殿与花园，经过近千年的风雨，那些建筑大部分已是残垣断壁。如今，保存最为完整的寺庙就剩下小吴哥。进入小吴哥，精美的壁画、长长的回廊、恢弘的石塔、满脸沧桑的柬埔寨老人……数不尽的风景在诉说着800多年前吴哥的辉煌。在吴哥的三重回廊中，处处是精美的浮雕：从欢乐的天堂到悲惨的地狱，从至尊的国王到平凡的庶民，天神的欢愉、史诗的传说、光荣的圣战、市井的欢闹，都活灵活现地呈现在褪去了色彩的墙上。

在大吴哥，历史上曾有的宫殿已经坍塌，但是中心寺庙巴戎寺上的54个佛塔却依然完好，每座塔的四面都雕琢着巨大的微笑着的脸庞，那是闻名于世的“吴哥的微笑”。这个神秘的宫殿到底掩藏了多少秘密？吴哥笑而不答。吴哥的微笑无处不在，无时不有。在吴哥行走，你会感觉时时刻刻都被微笑感染着、呵护着，于是你怎么也不会想象到，这里曾经发生了无数次的战争和杀戮，这里曾经血流成河，尸横遍野。可是吴哥却总是这么淡定，保持着微笑。无论王朝更替，还是天灾人祸，它总是这么微笑着。这种淡定和泰然，是万宝龙男人的期盼。

世人担心吴哥再次被大自然收回，回归丛林。生长旺盛的热带雨林正用自己的盘根错节把吴哥的一切慢慢割裂，撕碎。吴哥似乎又在渐渐离世人而去，退隐回茂密丛林。消失数百年后再度重现的吴哥更像一份自然的礼物。自然是它的主宰，由她决定什么时候再次收回这个奇迹。著名建筑家路易·康曾说过：“贝多芬写出第五交响曲之前，没有人觉得需要它，可是一旦杰作问世，人们就再也无法想象，没有它世界会怎样。”没有吴哥的世界是怎样的呢？也许吴哥其实是不在意的吧，即使被丛林掩埋，它依旧安然微笑。这就是吴哥能带给万宝龙男人的感觉，安详、挣扎、无助、哀伤、释怀……万宝龙男人，把心事留给吴哥吧，让它帮你埋藏秘密。然后，带着清洁的躯体，回到尘世中来，从此云淡风轻，从此拥有吴哥般的微笑。

收藏阿什顿烟斗　对物质的欲望仍然旺盛的男人一般不会抽烟斗，烟斗是一种恬淡的东西，也是种深刻的东西。世界上爱好烟斗的男人大都是一些深沉的、专情的男人。美国作家马克·吐温说：“如果天堂里没有烟斗，我宁愿选择地狱。”万宝龙男人喜欢烟斗，烟斗是他们的宠物，它给人一种成熟的美，使男人更具有男人的味道和性格。

烟斗作为一种顶级的精神享受，已经越来越被富人所看重，在财富500强行列中，有一半以上的男人属于烟斗客的圈子。世界顶级烟斗生产地主要在德国、英国与荷兰三个国家。英国的阿什顿烟斗被许多人称做世界上最好的烟斗，于1983年问世。其创立者阿什顿·泰勒开启了经典英式烟斗制造的复兴运动。

不懂行的男人常常会产生这样的疑问：为什么阿什顿烟斗的表面不如其他烟斗光滑，而其价格却遥遥领先？当年泰勒在制作烟斗时最头痛的问题莫过于如何将油处理技术改进到最好。经过数月的实验，泰勒最终研制出了一个独门工艺：首先将烟斗料浸透在油中至完全饱和，接下来是14天的不断加热和冷却过程，使油能够更好的浸透于木料之中。14天之后，烟斗料从各种残渣中完全分离出来，并被清除了树液及其他的残留物。这种工艺最终会使许多的木片爆裂并损失。尽管这些损失令人惋惜，但这种工艺使烟斗内的阻滞物减少了，这就减少了烟斗潜在的熄火的可能性。实质上，油处理过程有助于淘汰不是太适合的木块。处理的另一个结果就是在烟斗表面增加了额外的小沙坑，原来的小沙坑则在处理后更明显，所以阿什顿烟斗的表面光滑度低于其他普通

处理的品牌。即使有光滑度的缺陷，极品阿什顿烟斗依然十分罕见且价值连城。

烟斗的不同材质影响着享受烟草的效果，影响着把玩烟斗的乐趣。制作烟斗的材料有很多种，最珍贵的是海泡石和石楠木。丘吉尔在他的《第二次世界大战回忆录》里写道："这是我一生中值得纪念的一刻，我右边坐着美国总统，左边是苏俄的主人。"这一刻，即德黑兰会议期间的一个夜晚，而就在这个值得纪念的时刻，丘吉尔手里握着一支结实的石楠根烟斗。阿什顿·泰勒仅从意大利两三个特定的地区选购原材料，数量取决于当年的具体情况。他与其他人的看法一致，他认为意大利卡拉布里亚地区出产的石楠根最为坚固耐用。一般意义上，由于材料独一无二的特性，他偏爱用那里的石楠根制造光滑的烟斗。他也会采用托斯卡纳的石楠根，它比卡拉布里亚的要略微柔韧，更适于进行深入的雕琢处理工艺，这恰是阿什顿的特点。当感觉质量相当好时，泰勒有时也会选利古里亚的石楠根，因为它在一定程度上类似于托斯卡纳的木料。

闲暇时，万宝龙男人拿出烟丝罐，慢条斯理地把烟丝一小撮一小撮塞入烟斗中，动作轻柔优雅。装满填实后，他或者悠然上火点烟，在丝丝清淡的香雾中沉思冥想片刻，或者随手翻起一本书，边抽边读，当然也可以倒一杯威士忌，或泡一壶茶，寻求不同形式的芳香撞击而起的惊喜。

在香气中缅怀往事　香水就如音乐或回忆，在脑海中留下一幅画。香气无形、无色、无属性，却能永远地捕捉住某一时刻或某个人。它是一种情绪、一种态度、一种安静的表达。深情的万宝龙男人无法抵御雅诗兰黛霓彩天堂男士香水的诱惑。霓彩天堂男香是一款独特、集结男性阳刚气质以及迷人魅力于一身的香水，它拥有来自伊甸园天堂般的七彩旖丽瓶身以及独特的香氛配方，令人目眩神迷。多彩棱光的瓶身，拥有多种渐层式色彩与色调香氛，从深蓝色、紫色、绿色到红色，透过四大色调的完美组合，一一创造多重感官的冒险新体验。霓彩天堂男香前味是活泼开朗的清新缓香、中味是源源不绝的活力能量、后味则是迷人男性的感官气息，无疑是一款集结了梦想、大自然、高科技的新时代男性香氛，唤起男人们内心深处的卓绝品位。

LUXURY MEN 奢华解语

万宝龙之格调

最优品质　万宝龙钢笔从设计、选材到工艺，每一个过程都精益求精，即便是小小的18K金笔尖，也要经过25道工序，其中绝大部分工序需要经验丰富的工匠手工完成，包括为笔尖雕刻精致高雅的花纹。

神秘配方　万宝龙笔杆采用的高级树脂，来自一种全世界仅有的配方。正是凭着这种神秘的配方，万宝龙的笔杆历经世代依然能够保持莹润的光泽。

完美笔嘴　每一支万宝龙笔嘴都经由大师之手一一测试。在万宝龙笔嘴检测室内，没有一丝声音。没有机器轰

鸣，没有喧哗扰攘，没有窃窃耳语，只有笔尖游走于纸面所奏响的流利旋律。即使是最富有经验的检测师，也需要绝对的静默，以倾听完美笔嘴发出的天籁之音。训练有素的双耳，敏感的指尖，细细地听取与感受最微小的瑕疵。

海拔 4810 米的勃朗峰，在法语中意为银白色山峰，它位于法国和意大利边界，是西欧的最高峰。1906 年，德国技术工程师奥古斯特·艾伯斯坦和他的合作伙伴阿尔弗雷德·奈赫米亚斯开了一家名为“小红帽”的简陋制笔公司，许下了合作生产世界上质量最好的墨水笔的愿望。1910 年，他们借用勃朗峰的名字注册商标，万宝龙笔头上的六角白星，恰似从空中俯瞰勃朗峰的形状，而每支笔尖上的“4810”字样，正是勃朗峰的高度。

笔是很复杂的东西，名贵的笔就更是如此。在爱笔人的眼中，它不仅是一个书写工具，还是一件艺术品，需要精心爱护。一支名贵的笔，材质、工艺、品牌都必须是一流的，这些元素就像钢琴上的琴键，只按住一个，并不能弹出优美的音乐。为了保证工艺的一流水

平，万宝龙发给工匠的薪水是按小时计算的，不要求他们一天一定要做多少，而要求他们的工艺必须做得最好。就拿笔嘴来说，一只小小的18K金笔嘴的制作，需要多达20余道工序，其中绝大部分工序需要经验丰富的工匠手工进行。每一个笔尖都用高纯度的黄金制作，最后雕刻上精致高雅的花纹。在打磨笔尖的过程中，工匠师会用他的耳朵去听，来判断笔尖是否磨好；打磨完成后，再亲手去试，这个过程完全凭着工匠几十年来积累的纯熟感觉。正是出于这种高品质，近百年来，万宝龙一直是书写艺术的代名词。万宝龙笔可以像珠宝一样世代相传。

在德国万宝龙总部的员工餐厅里有一间贵宾室，墙上挂着许多黑白老照片，画面都是国际条约的签署仪式。照片中有美国前总统肯尼迪、苏联前总书记戈尔巴乔夫、教皇保罗二世、英女王伊丽莎白二世等，这些大人物都不约而同地手执万宝龙。古巴领导人卡斯特罗只用万宝龙签文件；1984年，邓小平与英国首相撒切尔夫人在《中英联合声明》签约所用的那支钢笔，也是万宝龙；海明威创作的源泉都汩汩流自万宝龙笔尖；雨果写《悲惨世界》时用的万宝龙笔；日本明仁天皇和巨星史泰龙都手握万宝龙钢笔。一直以来，万宝龙不仅跟世界名人联系在一起，而且成为世界上很多重大政治事件的见证。

过去几年，万宝龙的产品拓展到了高雅的书写配件、华贵的皮具和皮带、珠宝、眼镜和钟表行业。无论在哪个领域，万宝龙一贯的信念是以传统的技艺制造有永恒价值的艺术品，追求高贵之感更甚于高科技，它的执著精神为奢侈品界增添了光辉的一笔。

奔驰男人
Mercedes-Benz & Men

梅赛德斯－奔驰的名字代表着权威、先锋和不容置疑。无论时光如何流转，也无论将来有什么新的传奇诞生，在人类汽车发展史上，奔驰所奠定的地位是任何其他汽车品牌都无法撼动的。

奔驰男人是稳重成熟男人的典范，他话不多，却字字珠玑；他行事低调，却牵动着最广泛的关注。无论身处何地，他都是众人目光的聚焦点。

他们不动声色地改写着我们的生活，我们的历史。

奔驰男人是成熟的男人，他们经历了思想波动的青春期，不会坠入非此即彼、非黑则白的极端思考陷阱，而体会到世事往往在两极端之间有一系列的中间状态。他们知道人性中有光明的一面和黑暗的一面，并有容忍和谅解的胸襟，所以他们不会冲动地宣布和一些异己不相往来，也不会毫无戒心地与朋友合作。他们懂得拿捏尺度。

奔驰男人拥有大智慧而不是小聪明。他们读书，接受新事物新信息，不断丰富自己的内涵。但他们不张扬，从不随便高谈阔论，他们会把握适当的沉默，他们的才华只在必需的时候才展现出来，他们决不会为了满足虚荣而刻意卖弄。他们如醇厚的酒，越品越有味道。

坐上奔驰汽车，你的心里会满溢着安全、踏实的感觉，奔驰男人给人的感觉也是如此。责任心是奔驰男人的骄傲，也是女人喜欢和奔驰男人交往、男人喜欢和奔驰男人共事的原因。他们绝对不会轻易许诺，他对自己的每个承诺都相当重视，在许诺之前周密考虑，不能兑现的事情决不承诺。只要他们许下承诺，就会言出必践。他们的每一句话都让人觉得放心、可信任。

作为外在的表现形式，奔驰男人在着装上不会求奇求怪，他们不可能仿效“朋克”或“嬉皮士”乃至“雅皮士”。他们留最适合自己的发型，下巴干净没有胡茬，没有耳环和

文身。衣服不一定件件名贵，但得体大方。他们喜欢奔驰，因为奔驰正统、经典，有现代感，但不奇特。表情上他们大多有一些严肃，即便不是沉重也谈不上轻快。但这严肃与古板无关，严肃背后起关键作用的是责任心。当然，他们非常懂得幽默的重要性，而他们的幽默是最能打动人心的。

康拉德·阿登纳是二战后德国第一位总理，也是奔驰 300S 的狂热爱好者之一，他不管在任还是离任都坚持使用奔驰 300S，以至于人们习惯将这款奔驰誉为“阿登纳奔驰”。2003年，德国人投票选举出 10 位“最杰出的德国人”，最后康拉德·阿登纳的票数超过了马丁·路德、卡尔·马克思、爱因斯坦等人，位列首位。康拉德·阿登纳是联邦德国的奠基人。在他的领导之下，德国在政治上从一个战败国到重新获得主权，进而成为西方有影响力的国家；经济上面对遍地瓦砾，满目疮痍的战争创伤，仍出现了有目共睹的经济奇迹。人们甚至把阿登纳的在职时期称为“阿登纳时期”。

我们可以从阿登纳身上看到奔驰男人一些共同品质。他们行事有主见、有原则，不以别人的喜恶作为自己行事的标准。在任何情况下，他们都能根据当时的处境处事，而不是根据自己的心情处事。战败的西德百废待兴，在国际上没有地位。阿登纳上台后以超人的毅力和灵活的处事原则，努力使西德一步一步地脱离困境。他有着特有的为人处世方式，当内阁会议讨论问题陷入僵局时，他有时会将辩论中断片刻，把一瓶葡萄酒传递一圈。在几杯酒和友好的闲聊之后，再重新开会，那时，反对派就不太坚决了。奔驰男人就是这样，他们有处变不惊的心理素质，他们一旦确定自己奋斗的目标，就会朝着它努力，遇到挫折，他们分析原因，吸取教训，及时修正方向，但决不轻易言败。当然他们不是只知道工作的机器人，他们懂得用业余爱好来调节自己紧绷的神经，这使他们富有情趣。

奔驰男人的稳重不意味着古板，他们也可以是浪漫的男人、幽默的男人。他们会在情人节里给情人送花，尽管脸上挂着的是含蓄的笑容；他们会在假日里带家人去野外露营，有他们陪伴的夜晚是最安全的夜晚；他们有时候甚至会出其不意地给妻子写上一封长长的情书，使她在这情书抵万金的年代里感受一份别样的温馨。

男人志 LUXURY MEN

喜欢奔驰的男人们

俄罗斯总统德米特里·梅德韦杰夫对奔驰汽车尤为喜爱，他的座驾是一辆奔驰600。梅德韦杰夫行事低调、不张扬，但是他的生活却是非常健康与时尚的。他每天早八点起床，不过一般要到凌晨两点或者更晚才睡。每天早晚，他必定要游一个小时的泳，他还喜欢力量训练。年轻的时候，梅德韦杰夫曾是皮划艇运动的爱好者。酷爱体育的他也喜欢看足球赛和冰球赛。他更喜欢驾驶沙滩汽车和雪地汽车，当然，梅德韦杰夫的警卫可不赞同他从事诸如此类的冒险运动。闲暇时，他还喜欢射击，他的家中就安放了一台射击训练器，猎枪也收藏有数支，但他打猎的瘾不是很大。梅德韦杰夫也喜欢上网冲浪，他每天早晨会上网浏览新闻，也会兴致勃勃去看一下博客。这位总统还是个音乐迷，酷爱重金属摇滚音乐，收藏有大量唱片。他喜爱的乐队有“深紫”、“黑色安息日”、“齐柏林飞船”等。

■ 德米特里·梅德韦杰夫与戈登·布朗

梅德韦杰夫最近几年不再出国度假，而是选择俄罗斯的度假地。他经常前往的度假地点包括阿尔泰山区、远东地区和伏尔加河，还有里海之滨的阿斯特拉罕。在总统大选结束后，梅德韦杰夫前往南方的索契山区度假，他在那里的主要休息就是滑雪。俄罗斯的很多政坛人物喜欢滑雪。当从山坡上高速滑下来的时候，身心都处于高度紧张的状态，大脑完全被滑雪占据，本能地考虑如何安全滑至山底，不可能去考虑其他问题。这样，大脑得到放松，可以从日常琐事中解脱出来。

苹果公司 CEO 史蒂夫·乔布斯的座驾是一辆银灰色的奔驰轿车。乔布斯笃信佛教，“佛教徒没有夜生活”是他常常挂在嘴边的话。但是乔布斯很会修饰自己的形象，没有人关心他买了什么豪宅，也没有人关心乔布斯穿什么品牌的衣服，因为在乔布斯的生活哲学中，这些物质消费品并不需要过分奢侈，他反倒更热衷收藏诸多另类的藏品。譬如苹果公

史蒂夫·乔布斯

司 20 世纪 80 年代的前台休息室就摆放着乔布斯钟爱的宝马摩托。乔布斯的 60 年代反传统风格悄悄地成为今日“酷”的注解，一双穿旧的跑步鞋，一件套头的深色线衣，一条磨旧的蓝色牛仔裤，只有乔布斯敢于穿着这样的装束参加商业活动。现在，年过半百的的乔布斯过着与世无争的生活，每个周末他都腾出时间免费接待小学生到家里玩耍。2007 年的万圣节，他早早等在大门口接待这些孩子们，并亲自榨胡萝卜汁给他们喝。当孩子们表示感谢时，乔布斯指着一个孩子胸前的 iPod MP3 播放器，微笑着说：“谢谢你购买 iPod，我理应为客户服务。”

史蒂夫·乔布斯大多数时候是随和的，只是他极其厌恶按钮或纽扣，他只穿圆领 T 恤衫，因为它没有一个纽扣。他认为过多的按钮对电子产品来说是画蛇添足，会影响其“干净的美感”。在他周围，你很少见到按钮或纽扣。在苹果公司内部的一次会议上，乔布斯还公开嘲弄微软公司的媒体中心电脑，它的遥控器上有 40 多个按键，而苹果电脑的遥控器上只有 6 个按键，照样可以实现媒体播放功能。

生活主张
LUXURY
MEN

奔驰男人
奢华私享

开着法拉蒂游艇去度假 当人生进行到一定阶段，你是谁，决定了你过着什么样的生活、和什么样的人在一起。和圈子里的其他富豪一样，奔驰男人将豪华游艇视为专有的收藏品，这些豪华游艇已经超越了船的意义，更像是一件精美的艺术品。这种“水上行宫”般的顶级奢侈品具有魔幻般的吸引力，它是名副其实、逃避世俗喧嚣的终极旅行平台，尝试一次就足以上瘾。在欧美、澳洲等国家和地区，超豪华游艇向来是顶级富豪、社会名流以及“蓝血贵族”不可或缺的娇宠。

破风斩浪，速度带来的刺激、自由驾驭的快感，只有亲自驾驶游艇才能体会。除此之外，冲浪、潜水、游泳、滑水、垂钓……甚至什么都不做，只是躺在甲板上晒太阳，也是一件浪漫的事情。游艇的存在，让人与水亲密接触，体验到另外一种新奇的生活方式。更重要的是，游艇有一般的私人物品不具有的交际功能。一艘豪华游艇内部装潢富丽堂皇，客厅、主人房、客房、厨房、酒吧、舞池、卡拉 OK 音响等设备一应俱全，各种高科技装备、通信及卫星导航系统也是应有尽有，极尽你的想象。高昂的购置费、养护费、泊位费用等，也构建出财富、身份的分水岭。作为一艘游艇的主人，你的成就与地位早已与其尊贵融为一体了。游艇是最能彰显身份与实力的东西，有种很强的交际功能，比买高档别墅、豪华跑车更能体现实力。如今，游艇已经成为成功人士的一个衡量指标，也是船主个性和风格的最佳体现。

在国外，拥有一艘游艇是融入上流社会，捕捉商机的一条重要渠道，也是体现自我价值的一条捷径。游艇业被称为是“漂浮在黄金水道上的巨大商机”。把商务会谈、合同签署、项目谈判等活动，从沉闷的会议室或酒店，转移到晴朗的海上，会使双方心情愉快、头脑清晰。游艇上的商务会谈有出奇高的成功率，相信这就是为什么世界富豪都热衷于游艇的原因吧。就连骄傲的豪华车品牌宾利和劳斯莱斯也认为，他们的竞争对手不是哪一家汽车制造商，而是制造游艇和私人飞机的企业。

就像人们谈论名车，必然联想到劳斯莱斯一样，谈论游艇，首先要提的就是意大利法拉蒂集团。法拉蒂集团由法拉蒂兄弟于1968年创办，起初兄弟俩的作坊只做帆船，随后转而建造机动游艇。这一变革为世界游艇市场引入了许多新标准：船尾操舵、打通沙龙与船尾甲板空间的折叠窗、由沙龙通向飞桥的内部阶梯……如今法拉蒂游艇已成为全球豪华游艇的代名词，意大利总理贝卢斯科尼、西班牙国王、中国富豪李嘉诚、荣智健等等都是法拉蒂的客户。

Ferretti 880是法拉蒂游艇公司的高档产品。这艘长27米的豪华游艇带来了宽敞而舒适的空间、私密的氛围以及无可比拟的性能。在“家庭游艇”的设计思想指导下，Ferretti 880展现了法拉蒂以往游艇设计风格与创新的完美平衡。它外围的简洁而高贵的线条与船首落地的玻璃窗为乘客提供了让人沉浸在忘我的海天美景的空间。游艇的驾驶室好像锋利的刀刃劈开了空气，让人无法怀疑它开起来的速度。进入船舱，首先映入眼帘的是一个能容纳8～10人的圆桌。再往里走是一个舒适的沙龙，有两个沙发与数把椅子供乘客交谈时使用。船舱的其他部分包括一个厨房和一个餐厅。而Ferretti 880上的休息空间更是让船主惊喜，休息区域的内部装饰极尽奢华，大屏幕电视和音响设备一应俱全，丝毫没有因为是船上的房间而节省空间。

奔驰男人爱游艇，爱它的新鲜与刺激。但这毕竟是暂时的。新鲜过后，更能吸引人的，是温暖如家的感觉。游艇与汽车不同，车仅仅是交通运输工具，空间狭小；而游艇则是流动的房子，是家的空间延伸，以及和睦的家庭时光的延续。从地上到海上，男人决定品牌，而女人决定内部装饰。一艘设备完善、功能齐全的游艇，可以演绎另一种家庭幸福。奔驰男人可以在甲板上安装一个多人圆形按摩浴池，和

家人一起一边享受日光浴，一边进行水疗，或者在船上举办一个小型家庭聚会。在水上自由驰骋，享受碧波荡漾，是何等的写意！

入会私人领海俱乐部 对于奔驰男人来说，入会终极富豪俱乐部——私人领海俱乐部的意义绝非奢华享乐那么简单，私人游艇俱乐部的会员资格是一种资历证明，证明他是全球前100位名流之一。顶级会所客户群体只限于“金字塔尖”，该会所用高昂的入会费用和苛刻的审核措施来保证客户的“纯粹性”，会所本身拥有一个非常高端的会员团体，这是个很特殊的商业交际平台，并由此形成了一个能量巨大的交际圈，可以为其会员带来许多商业机会。

私人领海俱乐部被誉为“终极富豪俱乐部”，该俱乐部会员人数全球只有100个名额，会费高达80万英镑。其会员大都是王室成员、政治家及企业家，会员一律是富有兼社会地位高的人士。私人领海俱乐部与顶级游艇、尊贵的马球场和乡村俱乐部联系在一起，会员可享用水上皇宫般的豪华游艇，随时到地中海、加勒比海、美国等全球最贵的度假村度假。俱乐部不仅有自己的专用海港，而且与全球各地最豪华的娱乐休闲机构均有合作关系，你一旦成为私人领海俱乐部会员，全球最豪华的酒店、马球场和乡间俱乐部等就会向你敞开大门，比如与英国温莎城堡毗邻的御林军马球俱乐部——这个欧洲至尊高尚的运动场地也能让你自由出入。

私人领海俱乐部是由希腊船业巨贾拉特希斯家族创立的，集团掌门人施皮罗·拉特希斯是希腊的船业大亨、石油巨头和大银行家，他在2003年其父、希腊船王约翰·拉特希斯去世后接过家族生意，拉特希斯家族的资产预计达24亿英镑。约翰·拉特希斯本人就是一个行事低调、喜爱隐世生活的富翁，或许他创立私人领海俱乐部的初衷，也正是想为他同样富有的朋友们创造一个不被窥视、无人打扰的绝对私

怎样才能让奢侈生活显得别具一格？富翁们不再追求浮华闪亮的东西，独特、惊奇、幽默甚至私密，才是真正的奢侈。所以真正的奢侈总是远离公众视野之外的，高级会所更是富翁们可以随意“畅游”的“部落”。在这里，除了可以保护隐私，还能够跟财富旗鼓相当的富翁成为朋友，可谓一举两得。

■ 御林军马球俱乐部

人休闲空间。

俱乐部的各种活动都顾及会员的安全及隐私。俱乐部最重要的工作任务不是保证客人享受到顶级服务，而是一流的保密工作。在这里，绝对见不到记者的踪迹。正是这一原因，俱乐部吸引了如此多名人。俱乐部的会员包括各国王室、国家元首、资深政客、企业家和摇滚巨星等。这里面，有些是公众熟知的名人，但也有不少是很低调的富豪。尽管会员资料绝对保密，但英国媒体还是从中挖到了几名会员的名字，他们分别是摩纳哥国王阿尔伯特二世、瑞士伯爵表老板依芙·伯爵，以及摩纳哥地产商巨擘维克托·帕斯特。人们目前无法得知英国王室成员是否也入了会，但约翰·拉特希斯是英国王室成员的好友，查尔斯王储一直以来都是拉特希斯家族的座上宾，经常受邀乘坐 120 多米长的“亚历山大号”超级豪华游艇出海游玩。提起全球第四大游艇“亚历山大号”，爱好游艇的人都知道它的鼎鼎大名，它拥有 41 间高级包房，能容纳 60 位宾客和 60 名工作人员。船上小型潜艇、直升机、水上摩托车和录音室等设施应有尽有。加入私人领海俱乐部的会员可从20艘豪华游艇中任意挑选租用，“亚历山大号”就是其中一艘。会员可以乘着它畅游地中海及加勒比海，享受奢华假期。

由于俱乐部名额只限定了有限的100个，在入会资格上必须优中选优，正是因为这一点，私人领海俱乐部成为入会制度最严格的俱乐部。除了拉特希斯家族的老朋友外，其他以个人名义申请入会的人至少需要等待八年。这八年，俱乐部要对他进行严格甄选，俱乐部在会员品质上也有近乎到苛刻的要求，那些人生有污点，或名声不好的人，想要入俱乐部是不可能的。即便你是顶级富豪，在物质上足以有入会的资格；即便你是当红巨星，世界上每一个国家的民众都可以叫出你的名字，但如果你曾经与吸毒等不检点行为沾边，或者财富来源不正当，是绝对通不过俱乐部甄选的。在私人领海俱乐部并不长的历史中，就曾经接连拒绝了好几位名人的入会请求，这同样是一份重量级名单，当中有美国著名说唱歌手，也有超级球星。那些财源不明的申请者也被俱乐部理所当然地拒绝——因为，对于一个在相当程度上更在乎趣味和品质而非会费的超级私人俱乐部来说，他们实在不必接纳这种钱财和这种富豪，从本质上来说，这同样关乎一个人的品质。

LUXURY MEN 奢华解语

奔驰之格调

王者至尊　每一个品牌都自己的定位。在众多的汽车品牌中，宝马车强调的是“驾驶的乐趣”，丰田宣传的是“跑车外形”，菲亚特的定位是“精力充沛”，而奔驰的定位则是“高贵、王者、显赫、至尊”，那句让奔驰引以为傲的广告语人人皆知，那就是——“世界元首使用最多的车”。

品质至上　为保证奔驰汽车的完美品质，公司在每款新车投产前，都需要经过五年的研究设计和改良，新车要在由计算机控制的试验台上进行各种路面及极端条件中行驶的试验，确保汽车性能和耐用程度达到最高水平时才正式投产。在生产过程中，奔驰车厂的工程师更是严格选用材料，凭借先进设备和精湛工艺进行精加工。“坚持完美，宁缺毋滥”，一直是公司恪守的信念。

严格限制产量 虽然奔驰公司声名远播，产品供不应求，但公司深谙“物以稀为贵”之道。因而，奔驰车绝不粗制滥造，对产量实施严格控制。虽然每辆奔驰汽车的售价是一般同类型汽车的两倍多，但消费者仍不惜高价求购，在他们心目中，奔驰永远是最具诱惑力的品牌，拥有一辆奔驰轿车是令人自豪的。

毫不夸张地说，汽车的故事就是梅赛德斯-奔驰的故事。回首梅赛德斯-奔驰的百年历史，可以用八个字来概括，即“百年不衰，经典演绎”。现在的梅赛德斯-奔驰是两大汽车巨人的合作，一百多年前，卡尔·本茨和戈特利布·戴姆勒先后发明了汽车，并以自己的姓氏为名分别创建了汽车公司，从那起，他们的历史就成为了汽车的历史。在汽车界公认的事实是，不仅现代汽车来源于奔驰，而且，现代汽车技术的每一项进步都隐藏着奔驰的名字。

像艺术家一样生活，想政治家一样工作，是对奔驰男人生存状态最好的描述，而奔驰汽车恰恰成为连接这两种状态最好的载体。

梅赛德斯-奔驰的名字始终和世界上最尊贵的名字联系在一起。梅赛德斯-奔驰从 1930 年就开始生产教皇车。1930 年的夏天，戴姆勒-奔驰公司把 Nurburg 460 轿车作为礼物送给教皇庇护十一世。在接下来的几十年里，梅赛德斯-奔驰为罗马教皇提供了几款改装的超级豪华轿车、敞篷轿车和越野车作为教皇的专用车。在将近一个世纪里，奔驰汽车与罗马大主教们紧密地联系在一起。

一百多年来，梅赛德斯-奔驰一直象征着技术可靠、时尚、富贵乃至奢华。来自世界各地的国家元首用车的订单向斯图加特纷至沓来。阿拉伯酋长们甚至大宗地购买昂贵的特制汽车，东方的魅力由此为梅赛德斯-奔驰品牌涂上神话般

的色彩。在奔驰众多车型车系中，S级轿车是尊贵的典范，上承梅赛德斯-奔驰一百多年来的精湛造车艺术，下启源源不绝的科技革新，是令人信赖的超级优秀座驾。奔驰S600L是奔驰S系列的顶级型号，德国前总理科尔、巴基斯坦前总理谢里夫、俄罗斯前总统叶利钦、柬埔寨首相洪森、印度尼西亚前总统苏哈托、波兰前总统瓦希涅夫斯基、希腊前总理西米蒂斯、新加坡前总理吴作栋、菲律宾前总统拉莫斯等40多位国家元首都选择它作为座驾。

除了世界知名品牌的号召力外，真正的法宝是它高质量的保证。质量是取胜的关键。这是奔驰百年的承诺，也是闪闪发光的三角星的真正内涵。少而精的奔驰轿车总是供不应求，所以从订货到提车经常要等候几个月，接到提货通知的买主，分批来到奔驰公司的接待处，在这里，他们享受到真正“上帝”的待遇，不但有住宿款待，还有专门的接待小姐引导参观，先看介绍公司的录像，然后观看轿车装配的每一过程，在装配线上，每一辆轿车上都标有买主的名字。车体颜色和内饰等，都严格按照买主所选择的模式进行装配，“个性化”鲜明地体现在每一辆奔驰车上。在装配线上没有两辆车是完全相同的，满足客户的每一个要求，是奔驰永远的标准，所以奔驰车的每一个买主都能开上自己心中的汽车，都能体会到“上帝”的感觉。车在卖出后，都立档案，所以买了奔驰车，也就成为了奔驰家族中的一员，可以受到无微不至的全方位服务。奔驰公司仅在统一前的西德就有1700个维修站，这意味着买主只管开车，一旦发生故障，打个电话，半小时内维修员就会赶来处理。

1909年，戴姆勒公司登记了三叉星作为品牌标志，这个标志象征着陆上、水上和空中的机械化。1916年，在它的四周加上了一个圆圈，在圆的上方镶嵌了四个小星，下面有梅赛德斯“Mercedes”字样。“梅赛德斯”是幸福的意思，意为戴姆勒生产的汽车将为车主们带来幸福。事实也的确如此。

劳力士男人
Rolex & Men

劳力士内敛、尊贵、精准无比，暗藏着摄人心魄的霸主气势，如时间一样恒久。

劳力士男人是懂得享受生命的成功者，他的幸福不是来源于财富，而是来源于豁达的心态。

他们相信，所有的一切，时间自会证明。

劳力士男人是能够拨开云雾，看到事物本真的男人。他们是快乐的，这种快乐不是一种状态，而是一种能力。他们不追求虚名，他们不在乎声名，他们活得真切，他们笑得真诚。面对一个劳力士男人，与他寒暄，或言不由衷地称赞他的西装都是不明智的，不如拍拍他的肩膀，说一句“走，打球去”来得实在。

在众多名表品牌中，劳力士以其独特的庄重、实用、不显浮华的精致设计，赢得了成功男士的青睐。我们不能否认第一印象的重要性。无论一款表的机芯多么精密、技术多么复杂、工艺多么考究，人们最先关注的还是它的造型设计。不了解劳力士的人，第一眼看到它时很难被它吸引。简单的蚝式表壳，普通的直线条表针，单一的表链，它看起来一点都不华贵。和江诗丹顿、伯爵等众多华丽的腕表相比，劳力士总是以一块光秃秃的不锈钢背面展现在人们的面前，而就在这块光秃秃的表壳之下，隐藏着全世界最精准、最耐用的机械机芯。劳力士不卖外表，不标榜奢华，它专注于机芯的精准，劳力士男人也是如此。男人不是用来看的，一个好男人需要有才华，而这种才华并非一定要显山露水，一种蕴藏在表面下的秀气和才气是一个好男人所应该具备的。

劳力士是唯一使用 904L 钢材的表厂。这种钢材可以承受各种严酷的环境，同样情况下使用一年的腕表，劳力士的

■ 乔治·克鲁尼与布拉德·皮特

表面划痕是最少的。男人需要磨炼，风平浪静打磨不出男人的本色，而这种磨炼需要的是一副铮铮铁骨。经过岁月磨炼的劳力士男人已经学会了用感恩的心对待生活中的每一点感动。他们的心态都比较平和，是那种经历了种种挣扎和种种不如意之后的醒悟，是那种经历了种种辉煌和绚烂之后的宁静和安详。

劳力士公司将大量收入用于慈善事业。劳力士男人也是有爱心的，这种爱心并不和刚强冲突，这种爱心也不仅仅表现在对待爱情上。一个拥有爱心的男人是可爱的，一个拥有爱心的坚强男人更是可以去爱的。劳力士的形象代言人布拉德·皮特被《新闻周刊》杂志授予“使美国伟大的15个人物”的荣誉称号。他被授予此荣誉的原因是，他用自己“兆瓦特的星光照亮了非洲某些被忽略了的地方”。如果不是因为布拉德·皮特，也许很多美国人永远都不会听说纳米比亚这个地方，可能也不会知道在南非还有那么多患有艾滋病的孤儿，也不会知道陷入窘境的海地儿童。皮特作为一个好莱坞明星，没有单纯地用他的明星效应促使社会公众扶贫救灾，而是把喜欢紧追不舍的记者队带到最需要世界关注的地方，并和妻子安吉莉娜·朱莉以400万美元的高价把女儿的第一张照片卖给《人物》杂志，然后把这笔收入全部捐给非洲慈善机构。皮特改变了世界对影星的看法，他不单是荧幕前闪烁的巨星，也是心怀大爱的慈善家。布拉德·皮特只是一个劳力士男人的缩影，这些可爱的男人在世界各地默默地奉献着，世界因有了他们而显得更加温暖与充满爱。

劳力士男人的另一个共同特点，就是都还保持着一份对生活的兴趣和新鲜感，一份有点奢侈的闲情雅致。他们喜欢旅游，喜欢听音乐会，喜欢和朋友一起泡泡咖啡馆或茶室。他们喜欢美食，已经有了比较固定的口味，比较固定的馆子，吃什么可以随便，但是不吃什么则非常明确。饮食上讲究一点营养，不刻意，但是一定要清淡。他们讲传统但是不保守，讲时尚但是不激进。就像他们的穿着，他们注重品牌和质地，非棉、毛、麻、丝之类纯天然的不上身，在不经意中流露出刻意。

劳力士男人对人对事的评价都已经形成了自己的标准，但是并不拘泥于固有观念；他们有自己的思考，但是并不追求深刻。对别人已经开始学会宽容。理想还在，但是已经不再是追求完美的理想主义者。他们知道世界是有缺憾的，人生是有缺憾的，尽力做好自己那份，随缘就好。

不懂得生命的人，生命对他来说，是一种惩罚。劳力士男人是懂得生命的，所以他们能够享受生命，享受生活。

男人志 LUXURY MEN

喜欢劳力士的男人们

罗曼·阿布拉莫维奇可以说是最富有的劳力士男人了——投资近5.6亿英镑打造的当今世界上最豪华的私人飞机“阿布拉莫维奇天空”号；一艘长169米、拥有导弹探测系统、可以停放两架直升机的世界最大私人游艇；一座位于莫斯科、占地40公顷、招待过普京总统的庄园；一座仅仅为了满足偶尔的滑雪兴趣而购买的巴伐利亚城堡；一支被数亿美元烘托的英超联赛球队切尔西队；一幢法国南部价值1000万英镑的别墅，一栋在英国苏塞克斯郡价值1500万英镑的休闲居所；一个拥有数十万居民的俄罗斯自治区……这一切，都属于俄

■ 切·格瓦拉

罗斯富豪罗曼·阿布拉莫维奇。在2008年3月《福布斯》杂志的全球富豪排行榜中，阿布拉莫维奇以235亿美元身价位居第15位。俄罗斯有句俗语说："你永远不会知道自己明天会不会受穷，会不会进监狱。"阿布拉莫维奇一定深谙其道，所以他一直习惯低着头。敏于事而慎于言的独特风格使他在俄罗斯的暴富阶层中显得尤为突出。虽然金融危机让阿布拉莫维奇损失了130亿英镑，但他仍然决定出资3亿英镑建造世界上最大的私人游艇。阿布拉莫维奇常为自己的安全担忧，而这艘安保措施严密的游艇也许正是在他的这种恐惧感中酝酿出来的。

在南美丛林中鏖战的切·格瓦拉佩戴的是劳力士的"潜行者"腕表，他留下的影像资料里有不少是他戴着这款表的模样。即使身为一个能和民众同甘共苦的革命斗士，格瓦拉并没有放弃他对腕表质量和品位的坚持，一如身受哮喘痼疾所苦的他，不曾放弃对古巴雪茄的热爱一样。切·格瓦拉作为无产阶级的领袖，他很时尚：喜欢抽雪茄、摄影、打高尔夫球，而且风流倜傥。虽然身患哮喘病，但切·格瓦拉最喜欢打身体冲撞最激烈的橄榄球，在他看来这是一项属于男人的运动，切·格瓦拉曾说:“我喜欢打橄榄球，即便有一天这项运动会让我死掉!”切·格瓦拉是一个堂吉诃德式的传奇人物，总是不经意间给世人以惊奇，用自己的生命书写着一段悲壮的历史。

著名俄罗斯电影导演尼基塔·米哈尔科夫戴着一块价值一万多美元的劳力士腕表，很多尼基塔·米哈尔科夫的影迷为了模仿他也开始佩戴劳力士。尼基塔·米哈尔科夫是俄罗斯前总统普京欣赏的导演之一，在米哈尔科夫 60 岁生日之际，普京不仅发了贺信，还亲自到米哈尔科夫家表示祝贺，普京送给米哈尔科夫一幅画有教堂风景的画，并祝酒说道：“我和俄罗斯成千上万的人一样，喜欢尼基塔·米哈尔科夫，喜欢他的创作，喜欢他本人。他是我们的偶像之一。当然，他出身于俄罗斯最大的艺术创作之家，但是，他做的一切都是他本人做的。这正是他获得所有胜利的主要原因。”在其生日之际，普京还签署总统令：授予米哈尔科夫“对祖国贡献二级勋章”。

生活主张 LUXURY MEN

劳力士男人
奢华私享

加盟欧洲最好高尔夫俱乐部 绿草如茵的高尔夫球场上，穿着高档休闲服的劳力士男人潇洒地挥杆，和生意伙伴谈笑风生。打高尔夫是品位的象征，一个高尔夫俱乐部的会籍是身份的证明。劳力士男人不喜欢到美国棕榈滩那些热闹繁华的俱乐部打球，他们只想安安静静地打一场好球，而非利用这个机会结识名流，西班牙的马拉加是他们喜欢的地方。因为地理位置偏僻，加上交通也不是很方便，位处西班牙南方临地中海海滨度假区的马拉加，在许多欧洲人的记忆中并不是个重要的地方，但是在欧洲的高尔夫界，马拉加这座城市却因为有瓦德拉玛高尔夫俱乐部而声名显赫。

从 1927 年开始的欧美莱德杯对抗赛，只要是轮到欧洲队做东，比赛的地点一直都在英伦三岛内的球场轮流举办。所以在 1994 年 9 月，当莱德杯主办单位宣布 1997 年莱德杯将在西班牙的瓦德拉玛举行时，全球没有几个人知道瓦德拉玛在哪里，更无人知晓这球场有何特殊之处，能够担当此重责大任。然而就是这项史无前例的选择，让原本默默无闻的瓦德拉玛从此跃上国际舞台，成就璀璨辉煌的一页。而1997年9月28日，在欧洲队与美国队的对抗中，瓦德拉玛球场令美国队员吃足苦头，在欧洲队获得美好的胜利后，没有人再用怀疑眼光来审视瓦德拉玛，球场一炮而红，“瓦德拉玛”的名字也深深烙印在球迷的心中，世人终于认识到，欧洲除了英国之外，还有一座顶尖的球场，它叫瓦德拉玛。瓦德拉玛球场更因此赢得“欧洲的奥古斯塔”美誉。时至今日，瓦德拉玛还特别将1997年莱德杯的标志彩绘在会馆外的墙壁上，作为球场的纪念图腾。

瓦德拉玛坐落在地中海海滨的一片橄榄树林中，树干上斑驳的树皮诉说着橄榄树的古老，也诉说着这片土地的历史。这个多次获得欧洲本土第一封号的球场，是由出身于富豪之家的米·奥提兹·帕汀诺完全依自己的理想兴建而成的。瓦德拉玛是一个非常贵族化的私人高尔夫俱乐部，非会员根本无法进场击球。就连曾经为球场进行改造的巴雷斯特罗斯，还在西班牙公开赛期间召开记者会抨击瓦德拉玛是全世界最贵族化的球场，甚至比美国的奥古斯塔还过分，可见瓦德拉玛对会员的管制是特别严格的。

■ 瓦德拉玛高尔夫球场

目前瓦德拉玛仅有300多名的固定会员，每个会员的身份背景都非常显赫，不是欧洲的王公贵族就是世界各国政商名流，荣誉会员则包括了英国安德鲁王子和美国前总统布什，而经过层层的考核才能成为会员的特殊规定，更彰显出瓦德拉玛尊贵的身份。瓦德拉玛球场贵族化与重视会员的程度，在其举办比赛期间经常关闭会馆商店也可看出端倪。来自世界各地的媒体和成千上万的高尔夫球迷，每一个人都想要趁比赛期间买些瓦德拉玛球场的纪念品。然而面对这样赚钱的大好机会，俱乐部却丝毫不为所动，会馆里的商店经常是大

门深锁。球场所持的理由竟然是不希望瓦德拉玛的纪念品大量流入非会员的手中。

曾有一位高尔夫球迷特地绕道造访瓦德拉玛，但是作为非会员，他无法进入球场。这位高尔夫球迷用尽浑身解数，好话说尽，终于打动了门房，获准进入会馆外面迅速参观。他用同样的方法进入会馆商店参观，他本想买一些纪念品，可惜另一位眼尖的售货员发现他穿着牛仔裤。按规定，穿着牛仔裤是不可以进入会馆商店的，所以他最后还是被请了出来。所以，有一天如果真有机会到瓦德拉玛，别穿牛仔裤，要不然肯定会抱憾终生。

■ 著名导演罗杰·米歇尔与哈尼夫·库雷

享用马爹利干邑 对于劳力士男人来说，自信而独立地挑战生活和事业上的一个个目标，已经成为了一种毋庸置疑的行事风格。而马爹利精神正是源于男人对生活和事业的勇敢追求和不懈开创。马爹利是世界上三个最著名的白兰地品牌之一，也是世界上最古老、最驰名的白兰地酒。

干邑小镇是法国最著名的葡萄产区，这里所产的葡萄可以酿制成最佳品质的白兰地。法国政府规定：只有采用干邑区的葡萄酿制的白兰地才能称为“干邑白兰地”。法国独特的艺术气质和“生命之水”创造出的干邑文化完美地融合在马爹利干邑的每一滴琼酿之中。每一款马爹利干邑都凝聚了浑然天成的酿造与调配艺术。它和传世的艺术精品一样，都是值得人们细细品味和鉴赏的杰作。

干邑代表着时间、传承和品质。马爹利平均需要一百年才成熟，这是其他干邑达不到的。而马爹利干邑正是秉承其创始者让·马爹利追求完美与创新的酿制哲学而倾心推出的一款口感调配及外观设计均非凡出众的干邑。独特的拱形瓶身、非凡的口感享受，是睿智与灵感的象征。

许久以来，深远代表着马爹利干邑独特的品质。作为一个引人入胜和不断进取的品牌，它留给人们更多的是探索与发现。历经几个世纪的不断钻研与探索，马爹利形成了独一无二的酿酒专长，造就了芳香飘逸、回味深远的卓越口味。马爹利干邑对历史与酿酒专长的不懈秉承和激情奉献，也造就了它独树一帜的卓然品位和启发灵感的独特个性。

马爹利有多种类型，但它们都有一个相同的特征，那便是有酒香、有微妙又强烈的贵重性格。专为独具慧眼的鉴赏家而酿的马爹利蓝带，融合了大香槟区的强劲力度和马爹利特有的优雅精致口感享受的马爹利 XO，独具时尚风格、令人愉悦的马爹利名士，高雅祥贵、荣耀不凡的马爹利金牌，马爹利家族最荣耀辉煌的醇酿之一的马爹利金皇，以及至雅至柔、悠远珍贵的马爹利银尊……无论过去、现在、还是未来，马爹利干邑，这独一无二的“流动的艺术”，都为无数的干邑鉴赏家们所称颂和钟爱。

在巴厘岛宝格丽度假村闲度夏日　劳力士男人是最懂得享受生活的男人，在寒冷的冬天到日本赏樱花，在炎炎夏日到巴厘岛度假，是他们休闲生活的一部分。如果说巴厘岛是一个传奇，巴厘岛宝格丽度假村就是传奇中的传奇！它是意大利著名珠宝品牌宝格丽于全球推出的第二家酒店，坐落在美丽的金巴兰湾。在悬崖和海洋之间，长达 1.5 公里的海滩只能通过度假村独有的倾斜电梯到达，更显得这里犹如天上仙境般难得的幽静神秘。整个酒店共有 59 座独栋海景别墅，曼延在断崖而建，每个房间都视野绝佳，从屋里就可以俯瞰整个印度洋美景。原汁原味的巴厘岛文化，众多精美的巴厘岛古董和异国风情的艺术品，点缀着整个度假村。无论是大堂墙壁上悬挂的手工雕刻的火山岩石刻，庭院里散落的巴厘岛竹制帐篷，房间里独特的木制结构，还是墙壁上精致的丝织壁挂，甚至雕花果盘，瓷器和织物等各类家具和装饰细节无一不体现出当地古老瑰丽的风貌。在这美好的人间仙境中，远离喧嚣和纷扰，闲度一个夏日假期，是多么美妙的事。

LUXURY MEN 奢华解语

劳力士之格调

原创精神 原创精神是设计的灵魂，只有与众不同才能打造经久不衰的品牌。蚝式表壳是劳力士的命脉，这种表壳造型历经半个多世纪的考验，成为喜欢挑战极限人士的最爱。无论是南极、北极、珠穆朗玛峰还是马里亚纳海沟都能见到劳力士蚝式腕表的飒爽英姿。而劳力士首创的恒动表、泡泡背腕表以及日历窗也成就了劳力士的辉煌。

精准哲学 虽然劳力士几乎从来都不制造复杂功能的腕表，但其耐用性、机械的精准度绝对是世界一流的。精准，自劳力士品牌创立之日起，就是其首要宗旨。

保值优势 准确和耐用的特性为劳力士带来了保值优势。劳力士常规表款的保值能力已经很强，稀有表款更是经常成倍升值，为收藏家们带来惊喜。

1905 年，德国人汉斯·威尔斯多夫与英国人戴维斯在伦敦合作开办了 W&D 公司，这就是劳力士公司的前身。这是一家主要负责销售腕表的公司，但也研发自制腕表。1908 年，威尔斯多夫在瑞士的拉夏德芬注册了“劳力士”商标，“W&D”由此改为“ROLEX”。那时候，腕表工业界的各个厂家往往只注重外观装饰，内在质量特别是走时准确性不足。这大大影响了腕表对怀表的竞争力和市场占有率。威尔斯多夫以此为突破口，精益求精，在走时准确和外观质地上同时把关，苛求质量，终于在 1914 年、1915 年连续获得由英国

丘天文台颁发的走时精确的A级证书，这是英国这一知名天文台从未颁发过的奖项。从此，劳力士即代表了精确。

第一次世界大战结束后的1926年，劳力士推出了世界上第一只防水防尘表，即著名的劳力士蚝式表。1927年，一位英国女游泳运动员戴着这种防水表横渡英吉利海峡。在水中整整浸泡了15个小时15分钟后，那只劳力士表仍旧分秒不差，运转如常。当时，这件事被英国媒体称为“制表技术最伟大的胜利”、“创造了一直认为难以实现的奇迹”。劳力士由此奠定了在腕表防水技术上的领先地位。

1931年，劳力士制造出了后来风靡一时的恒动表，给钟表业带来了一场革命。这种自动表的中轴有一个摆锤，能把手腕摆动的轻微动作转换为腕表的动力，因而无需人工上弦。这在当时被公认为最精确可靠的腕表自动上弦技术。1945年劳力士推出全球首只可以自动转换日期的腕表，其后又发明了飞行员腕表，以便人们在不同时区测量精确的时间。劳力士也为深海潜水员研制了潜水表，其防水深度达到100米。

劳力士腕表一向以专业功能见长，因此深得全世界专业人士的推崇。1953年，登山家爱德蒙·希拉里戴着劳力士腕表登上了珠穆朗玛峰。雷诺夫·费因的南极探险队戴着劳力士表征服了极地。1960年，深海探险家雅克·皮卡德潜入马里亚纳海沟1.09万米深处时，潜水艇外就挂着一只当年刚研制出来的劳力士深海潜水表。1978年，雷因荷·梅纳斯不用氧气装置征服珠峰时戴的是劳力士腕表。劳力士宣称为那些各个领域创造伟大功迹的先驱和巅峰人士而造，并设立“雄才伟略”奖，激励那些为人类造福的远见者和行动者。

切·格瓦拉在玻利维亚打游击战时，一直佩戴着劳力士腕表，直至被捕。首任香港特别行政区行政长官董建华，长期佩戴的也是一只端庄的劳力士腕表。赋予劳力士腕表生命力的，绝不仅是表本身非凡的制表工艺而已，唯有佩戴者丰富多彩的生命历程，才能刻画出腕表真正鲜明的非凡魅力。

瑞士和阿拉伯国家外宾造访中国时，曾送给当时中国两位最高领导人毛泽东和周恩来两只特别定制的劳力士腕表。腕表上日历盘所显示的竟不是阿拉伯数字，而是汉字。仅凭这一细微差别，就足见劳力士工匠的用心良苦。戴过劳力士的名人巨富何止数以万计，但能在劳力士表厂下订单定制腕表的人为数不多。所以，这种带汉字的劳力士非常珍贵。

时至今日，制表工艺已从单一工匠的个人领地，发展到了精湛技师的专业合作。每一只劳力士腕表都如同一首精准的交响乐；表匠、设计师、珠宝师、化学家分别贡献出自己的专业技艺和艺术演绎。劳力士，恒动精神，传世经典。

ROLEX
OYSTER PERPETUAL
SUPERLATIVE CHRONOMETER
OFFICIALLY CERTIFIED
COSMOGRAPH
SWISS
MADE

路易·威登男人
Louis Vuitton & Men

路易·威登是奢侈品中的奢侈品，经典中的经典，时尚中的时尚。

路易·威登男人在各个方面都能成为人们的偶像，他游刃于事业、生活的两极，在一场场博弈中找寻成功的快感。

他们让魅力停驻，让时光继续流逝。

如果有一个舞台，聚光灯下，最有风范的必然是路易·威登男人。他们沉稳、冷傲、坚毅、睿智、内敛、自信、果敢、神秘。举手投足间，他们将成熟男人的魅力演绎到极致。

路易·威登男人仿佛在任何方面都能成为人们的偶像，他总是那么从容，没人能够一次看清他的所有底牌，只能通过一点点蛛丝马迹去猜测，并为每一次的猜测而欢呼。事业上，他们睿智、果断、精明强干，能够力挽狂澜，出其不意。他那沉着自信的表情，深邃冷静的眼神，坚定有力的步伐，无不散发着一种王者气度，就连对手也会对他肃然起敬。生活中，他机智幽默，热爱休闲运动，精力充沛，强健有力。很多男人一心扑在事业上，创造了辉煌的成就，但是却分不出时间和精力来享受生活；有的男人恰恰相反，他们是花花公子式的人物，他们知道世界上最美味的鱼子酱，他们能品出红酒的年代，了解世界上最新潮的电子产品，但对于事业却没有野心。很少有人像路易·威登男人这样，既是鼎鼎大名的实业家，又是生活的鉴赏家。在家人面前，他感性、温和、亲切，表情中蕴涵着深藏不露的柔情；在朋友面前，他永远是值得信赖的伙伴；在下属面前，他有大度的胸怀和和强烈责任感，并能以强大的决心和乐观的态度激起下属的斗志。在路易·威登男人身上，人们看到了坦率、乐天和对生命的热诚。

路易·威登男人的统帅在哪里？在LV王朝的幕后！作为全球最大的精品公司，LVMH集团总资产高达330亿欧元。而集团总裁伯纳德·阿诺特持有该公司47.5%的股份，是LVMH最大的个人股东。国际精品界一直流传着一种说法：在贴在伯纳德·阿诺特身上的所有标签中——“法国首富”、“精品界的拿破仑”、“时尚人”等等，有一个可能更适合这位高深莫测的法国企业家：一匹穿着开司米衫的狼。

20世纪80年代末经济不景气，阿诺特得以非常低的价格大量买进LVMH公司的股票。他利用该公司管理层之间的权力斗争，经过一场颇为艰苦的官司后，终于如愿以偿地把LVMH这家已成功的公司纳入掌中。他构建了一个庞大的精品帝国，不仅包括精品时装，而且还有名牌腕表、高档葡萄酒等等。好像没有什么东西能阻止阿诺特不断地攫取。建立LVMH帝国的过程中，阿诺特以难于对付、严酷、冷静和机警而著称，一如别人封给他的外号“狼”。

■ 雅克·希拉克

阿诺特只是千千万万路易·威登男人中的一个，他们在世界上各个国家和地区创造了无数为人称道的奇迹。事业上的成就感为路易·威登男人带来了生活上的优越感。一流的工作生活环境，从头到脚的顶级品牌，自信内敛的笑容，他们的无限信用卡的消费记录更多地发生在境外，伦敦、巴黎、米兰以及纽约是他们最集中的消费地。当然他们的生活少不了路易·威登。地位和自我奖励是奢侈品消费的两个最突出的消费动机。而路易·威登适时并恰如其分地给出了色彩鲜明的标签，提供一种公认的奢侈。

人们爱路易·威登卓越的品质，更爱它通过各种营销渠道建立的品牌形象。未必每个人都知道路易·威登的历史背景，但是，没有人不知道路易·威登是地位和财富的象征。LV 的 LOGO 作为通往理想国的通道，具有一种神圣的象征意味。路易·威登销售的不仅是商品，更多的是人们的欲望和自我认同感。尽管购买它未必就是购买一种生活方式，而更多的是一种情感体验。在商品社会时代，购买力即是影响力，世界各地的富豪无一例外都会通过这种方式展示自己的成功。正如电影《欲望都市》里一句台词说的那样，“当拥有 LV 包的那一天，就是我出人头地的那一天。”

男人志 LUXURY MEN

喜欢 路易·威登的 男人们

法国前总统雅克·希拉克对路易·威登青睐有加。生活中的希拉克体魄强健、精力旺盛。他是一个狂热的相扑迷，连家里的马耳他狮子狗都取名为“相扑”。希拉克平日里最大的休闲活动就是一边喝墨西哥啤酒，一边反复看从日本购买的相扑比赛录像带。希拉克曾经对法国一家体育报纸说，如果他的人生重来一次，他愿意成为相扑选手。此外，希拉克也是一个“中国迷”，希拉克如果出门的话，要么是去一些中餐馆吃饭，要么就是去珍藏中国和其他亚洲国家艺术珍品的巴黎奇迈博物馆参观。希拉克甚至能准确判断中国青铜器的历史年代，背出李白、杜甫的诗，讲出隋朝历史上有几个皇帝。希拉克每天只睡三四个小时，每晚睡觉前必定要读关于中国考古的杂志，他把这当做是一种消遣。

政治人物中少有美食家，因为他们很难平心静气地享受一顿美食。希拉克则不同，美食对他而言是莫大的享受。他的上一任总统密特朗在一次出行时，惊异于自己接班人的食量："真是个大肚汉啊！"希拉克喜欢的美食五花八门，包括蜗牛、烤羊羔肉、烤鸭等，他还经常光顾麦当劳和肉饼店。希拉克任巴黎市长期间，曾和夫人贝尔纳黛特花费200多万欧元收集各种年代的葡萄酒，他们的收藏也可谓是欧洲最奢侈的收藏之一。为此，在纪念《罗马条约》签订50周年的欧盟首脑峰会上，德国总理默克尔不得不亲自出马，挑选德国最好的葡萄酒，以满足希拉克挑剔的口味。因为参加过多次欧盟峰会的希拉克曾"批判"过别国食物，称芬兰食物是欧洲最差的食物，英国的食物紧随其后。

■ 谢尔盖耶维奇·戈尔巴乔夫

奢侈品请美女模特拍广告不足为奇，找政治人物代言则非常罕见。2007年，路易·威登找来一手促成苏联解体的前苏联领导人戈尔巴乔夫担任箱包形象代言人，以不一样角度和诉求凸显品牌形象。戈尔巴乔夫的晚年生活过得多姿多彩：出回忆录、拍广告、评论时政、热心公益与慈善事业……可以说，戈尔巴乔夫从来没有在人们的视线中消失过。

戈尔巴乔夫下野后的生活并不富裕，1991俄罗斯政府每月发给他4000卢布的退休金，这个数目在当时非常可观，并且政府为他终身提供别墅、汽车和警卫。但是后来俄罗斯发生通货膨胀，戈尔巴乔夫原来很可观的退休金到1994年只值2美元，所以他积极地依靠自己的力量努力赚钱。拍片、录制音乐专题、讲学、著书，甚至为"必胜客"做广告。戈尔巴乔夫还曾经在一个电视节目中当过主持人，许多国家政要在戈尔巴乔夫的节目中亮相，如美国前总统布什、巴勒斯坦前领导人阿拉法特、南非前总统曼德拉及柏林墙倒塌时的德国外长根舍等。戈尔巴乔夫在镜头面前是一个真正的表演者，他是一个很有天分的演员。年过古稀的戈尔巴乔夫过着一种大部分年轻人都渴望的充满魅力的生活，他的日程表排得满满的，这也许象征着这位前苏联领导人正在迎来自己的第二个春天。

欧美流行乐坛教父艾尔顿·约翰每次巡回演唱都带着40多件路易·威登行李箱过海关，以展示个人气派。艾尔顿·约翰不仅是知名的流行音乐家，还是无人不晓的摇滚乐艺术家，在20世纪70年代中期的舞台上，他被其他演员不同程度地效仿。艾尔顿·约翰在自己的形象方面从来不吝惜花钱，他所置办的服装总价值已经超过了150万欧元。同时，他还收集鞋子、衬衫和眼镜，仅墨镜一项，就收藏有1000多副。艾尔顿·约翰以生活奢华著称，如果他在家里接待客人，他一定会大宴宾客，置办丰盛的宴席。这个摇滚巨星还特别喜欢鲜花，他每星期都会让花店送250束鲜花到他的寓所中。为了给自己办一场像样的婚礼，艾尔顿花费了150万欧元，其中15万欧元用来购置白色的百合花。

生活主张
LUXURY MEN

路易·威登男人
奢华私享

像拿破仑三世一样度假 路易·威登男人好像勇猛的战士一样，始终在事业上冲锋陷阵。但最好的战士也需要休息，当一场“战役”胜利后，路易·威登男人应该用一个浪漫的假期调养一下疲惫的身心，再次回来的时候，他们会更具威力。

法国是一个不错的去处，在这个神奇的国度，你能找到各种你想要的快乐。如果你喜欢浪漫、奢华，那就去巴黎；如果想看明星，那就去尼斯和戛纳；如果热爱葡萄酒，就去波尔多；如果追求真正的身心宁静，那就去南部的比亚里茨。这个坐落于法国西南部湛蓝海岸线上的小镇是欧洲贵族们最青睐的度假胜地。毗邻大西洋的地理位置赋予比亚里茨特有的情怀——坐拥皇宫酒店，留下古往今来无数名人的足迹，还有带不走的贵族气息。

■ 皇宫酒店

在中世纪，比亚里茨只是一个小渔港，然而，随着海水浴的流行，一切都改变了。欧也妮皇后将它推向聚光灯，使它成为欧洲最时尚的旅游胜地。1852 年，欧也妮与拿破仑三世相遇，并在第二年结婚。1854 年夏天，在欧也妮的坚持下，拿破仑三世陪她来到了她记忆中的童年乐园——比亚里茨。没想到，拿破仑三世也被这里的景色深深地吸引了。于是，他购置了一块能俯瞰大海的土地，并开始建造宫殿。六个月后竣工的宫殿被命名为“欧也妮别墅”，也就是现在的皇宫酒店。

欧也妮别墅建成后，拿破仑三世和欧也妮皇后每年夏天都会来这里享受清新的海水和空气，很多王公贵族也随着帝王夫妇在此留下他们的足迹，他们是：西班牙的伊莎贝尔女王、比利时利奥波德二世国王、热罗姆·波拿巴亲王、巴伐利亚的阿尔布莱希特亲王、瓦莱夫斯基亲王、梅特尼赫亲王、作家普罗斯佩·梅里美和奥克塔夫·佛耶，还有正热恋着的迷人的奥尔洛芙公主、著名的“铁血宰相”俾斯麦……

随着世界大战的硝烟战火，变迁的是历史，永恒的是欧也妮别墅的辉煌。欧也妮别墅在 1880 年被巴黎银行收购变成了一个赌场，后来在 1893 年又变成了皇宫酒店，如常地夜夜笙歌。这是它的黄金时代，豪华的排场丝毫不亚于从前，新贵们照样蜂拥而来：英国维多利亚女王、康诺特公爵、亚历山大二世沙皇的平民遗孀、汉诺威国王、哈布斯堡的维克多大公、瑞典的奥斯卡二世国王、茜茜公主，甚至还有法兰西共和国的总统萨迪·卡诺。1906 年，西班牙国王阿方索十三世与英国维多利亚女王的外孙女巴腾堡郡主维多利亚·尤金妮亚在此相遇，后来结成佳偶。现在，茜茜公主、比利时国王利奥波德二世、英国国王爱德华七世在欧也妮别墅的故居，都已经成为皇宫酒店中最受欢迎的皇室套房。

今天的皇宫酒店是世界上最美丽的酒店之一，在这里可以俯瞰法国美丽滨城比亚里茨的沙滩和湛蓝的海水。皇宫酒店的建筑代表了一个时代，即第二帝国的风貌，树立了“沙滩女皇比亚里茨”和“国王的沙滩”的美誉，直至今天仍别具一格，既不冷落，也不张扬，情调典雅，在世界上独领风骚。奢华且永恒的魅力伴随着周边杰出的体育设施，皇宫酒店成为了各国度假者和体育迷们心中的麦加。

比亚里茨海水浴疗养胜地的角色因为岁月的累积而更显突出。18世纪中期，这里的海水浴因为据说可治愈各种疼痛而大为出名，以至比利时和葡萄牙的国王、俄罗斯大公、西班牙和英国的贵族纷至沓来。比亚里茨早期吸引的客人中最著名的就是维克多·雨果，他还断言：“比亚里茨将成为时尚之地。”目前，比亚里茨的海水理疗已颇负盛名，慕名前来的游客占度假游客总人数的15%。

比亚里茨海滩延伸越过两座峭壁圣马丁山峰和拉塔拉亚高地的前端，向北与以惊涛骇浪而闻名的“爱之星”海滩接壤。每年夏天都有大批的冲浪爱好者来到比亚里茨，迎着海风，踏着海浪，冲向沙滩。这里是欧洲的冲浪中心，设有八所冲浪教学中心，许多欧洲重要的冲浪比赛也在这里举行。

高尔夫运动在比亚里茨同样非常盛行。从1888年灯塔高尔夫俱乐部的成立到现在，比亚里茨市中心20公里范围内就有10座高尔夫球场。此外，比亚里茨还与享誉盛名的名人赛举办地美国奥古斯塔结为姐妹镇，其中最负盛名的当属灯塔高尔夫俱乐部。有百年历史的灯塔球场距离同样百年历史的皇宫饭店仅咫尺之遥，每年众多国际知名的高尔夫巡回赛选手都要到这里一显身手。

当地还有一座年轻的球场——阿康哥。这里是阿康哥家族的私有领地，1990年以前这里主要用于农作物生产，但收益甚微，于是该家族决定建一座高尔夫球场，球场也因此以家族姓氏命名为阿康哥。球场里有一座近200年历史的城堡，阿康哥家族现在还住在城堡里。直到现在，包括城堡和球场在内的一切都还属于私人财产，不过幸运的是球场对公

比亚里茨是一座真正的城市，还是一个出自于任意驰骋的想象而诞生的幻境？亲自感受一下它的附属装饰，触摸一下高高的海浪尖上的白色浪花，让细沙轻轻地从指间滑落……或许你还会感到疑惑：所看到的到底是海市蜃楼，还是电影中的仿真布景？

众开放，城堡也会在每年的七八月份供游客参观。

象征皇室爱情的皇宫酒店，法式风情的高尔夫胜地，宁静与时尚共存的海滨小镇，比亚里茨，雨果笔下的这颗大西洋沿岸的明珠值得期待。

玫瑰人生芳香 SPA 的逍遥禅 如何才能摆脱忙碌疲惫的生活，让自己睁开眼睛时能欣慰地发现，迎接自己的不是没完没了的工作和应酬，而是轻松如同音乐一样的生活？当路易·威登男人开始意识到需要寻求一条捷径来舒缓压力调理身心时，芳香 SPA 无疑是最好的选择。

芳香 SPA 的主角是精油，精油自古便有安顿身心的神奇功效。在古埃及与古希腊，帝王们都盛行涂精油的仪式，以洁净身心，并增强帝王们的精气神，而经过此仪式后，帝王们也才能以圣洁隆重之尊来主持重要的节庆与祭典。

ALIN DÉ ROSÉ
精油芳疗专家

芳香SPA是SPA和芳香疗法的完美结合，这种结合将精油魅力更好地体现出来，使这个几千年的古老艺术得以最完美地展现，让男人们体会这种大自然的精灵带来的无尽欢乐和享受——静静地躺在漂满鲜花的古木浴池之中，温暖的山泉水微波荡漾，亲吻着你的肌肤，耳边水声潺潺，鸟儿轻唱，一缕缕花香随着呼吸轻柔地浸入身体，沁入肺腑，直灌心田，似雾、似酒、如醉、如痴—— 一袭芳香SPA过后，身心犹如新生般放松。

在众多精油品牌中，玫瑰人生被誉为精油专家，提供最齐全最高等级的精油产品，以及个性化芳香疗法方案。而在众多精油品类中，玫瑰精油是最安全、最无毒性的精油之一。在远古时代，玫瑰不仅因其外表的美丽而备受重视，它的价值还在于能当医药及食品使用，古埃及人将玫瑰视为能治疗百病的良方。目前世界上最好的玫瑰精油为保加利亚玫瑰精油，保加利亚的玫瑰花瓣圆润，品质上乘，100千克鲜花才可以生产出50克精油，所以玫瑰精油被誉为“液体黄金”。而这些稀有的精油，绝大部分被用来制作男性及女性的香水、香膏，只有少部分用来制作成芳香疗法用的玫瑰精油。玫瑰人生旗下的保加利亚特级玫瑰精油5毫升价值近900美元，比黄金尤珍贵数倍。这种昂贵的精油的神奇之处不仅仅在于一滴精油耗费了一千倍以上体积的鲜花原料，它的芳香疗法自古以来就被沿用，一直被人们称之为“抚慰心灵的处方”，很多时候人们享用它也仅仅只为获得那一刻的心灵滋养。对于在事业疆域驰骋的男人来说，还有什么比芳香SPA更好的犒劳呢？

拥有一款可以当收藏品的手机　路易·威登男人需要这样一款手机：它不仅像路易·威登一样象征着身份和地位，而且购买它的同时，还能将享受到品牌提供的管家服务，只要一按手机上的客户专键，手机便会直接连接到24小时服

务总台，不论想要查询各种手机服务资料，还是交通、娱乐、饮食、酒店等资讯问题，都会有专人为你解答疑难，而且服务遍及全世界各个大城市，简直是一个超级贴身秘书。这种手机便是全球奢华手机的代表——沃图。

自从诺基亚推出全球最贵的手机沃图以后，我们走进了连电子产品也可以成为收藏品的时代。“Vertu”，这个起源于拉丁文的单词原意即为“高品质、独一无二”。作为2002年创立的尊贵手机品牌，沃图的宗旨就是替世界各地的富翁量身定做手机。由于该品牌手机的独特性，想要定做手机只有在预约情况下或者在特定的专卖店才能得到沃图手机。

在沃图手机的七个系列中，有一款非常特别，其所有铃音均由奥斯卡最佳配乐奖获得者、作曲家达里奥·马利安那利专门为沃图谱写，并由伦敦交响乐团演奏，其中所有长笛独奏均由世界顶级长笛演奏家安德烈·格里米内利担纲。在此之前，还没有人专门为手机铃声谱写过乐曲，而且这些乐曲还是由全球最优秀的交响乐团演奏，并且不会在网上传播。这就是沃图签名版手机，独一无二的铃音优势使得签名版手机具有无法抵挡的诱惑力。此外，签名版手机表面所采用的“蓝宝石水晶之海”是在2000℃高温的熔炉内加工了两个多星期才完成的，这种材质再经过这样加工，使得手机表面的硬度之高令人惊叹，任何刮蹭都不会轻易留下印记，只有金刚石才能在上面留下刮痕。签名版纯黄金和铂金手机获得瑞士检验局的认证，这是唯一获此殊荣的电子产品。签名版手机的专利键盘配有共计4.75克拉的红宝石轴承，每一颗红宝石都经过精心切割与镶嵌，如珠宝般精致。签名版包括标志性的白金、黄金、精钢和铂金四种款式，其中铂金版的价格为47.8万元人民币。

在签名版中，出于“创造全世界罕见的精美手机”的理想，沃图推出了签名版镶钻限量款手机（Signature Diamond）。每个手机共包括388个机件，申请了74项专利保护。其精妙复杂，几乎无从仿制。为了确保键盘的完美触感，八位设计师共耗费了四年的制作工时，全手工组装，整个流程极其复杂精密，即使是专业技师也需要三年的培训时间，才能独立组装出一个成品。18K 黄金和 18K 白金全密镶钻石机型更是精品中的精品，它由 729 粒白钻和 205 粒稀有黄钻镶嵌而成，全球限量 20 部，分别价值 70.2 万元和 75.2 万元。

LUXURY MEN 奢华解语

路易·威登之格调

严格品管　路易·威登具备传世实力的秘诀在于不脱线、不变形的严格品管。路易·威登巴黎总店地下室设有测验室，装满三公斤多重物的皮包被机械手臂反复举起丢下达四天之久，以测试皮包的耐用度；测验室里还有一台仪器专门用紫外线对皮包进行曝晒，以检测其外表的褪色情况；甚至还有专门检测拉链开合的测试机，拉链被拉开关闭次数也达 5000 次之多。

贵族气质　有 150 多年历史的路易·威登，一开始就专攻皇室及贵族市场，其主要顾客都是皇室贵族或社会名流，例如法国皇后、香奈儿夫人、印度皇后和法国总统。这种贵族意识后来逐渐延伸至好莱坞及全世界的娱乐圈。饰演公主的奥黛莉·赫本在电影《罗马假日》中拎着一个 LV 旅行箱出走；很多大牌明星都是 LV 的热衷者。这种高端定位也是路易·威登屹立不倒的原因。

传统与创新结合　在路易·威登品牌创建初期，很多旅行人都习惯用拱顶箱子，那样下雨就不会被淋湿，但是这种箱子不能罗列，携带非常不方便。路易·威登一直在考虑如何把旅行箱做成既防水又可以改成平顶。虽然这是一个小小的改变，但改变了很多人的旅行理念。150 多年来，路易·威登一直在传统中寻求创新元素，在传统的手工艺中引领当今的流行。

1912年“泰坦尼克”号沉没海底，一只从海底打捞上岸的路易·威登硬型皮箱竟然没有渗进半滴海水；多年后，一个法国人家中失火，衣物大多付之一炬，唯独一只路易·威登箱子外表被熏黑了，内里物品却完好无损。从此，路易·威登的名字成为一个传奇。

1854年，皇室捆衣工路易·威登结束了自己在宫廷的服务，在巴黎创办了首间皮具店，主要产品就是自己设计的平盖行李箱。这种行李箱以灰色帆布镶面，以精致的手工在箱边打上结实的木条与铆钉，以耐用和易打包而风靡法国。路易·威登对研究新款式有着狂热的激情，因为他的每一款新设计很快就会被别人模仿，只有不断用更新的款式去打击对手。他的行为造成了“时尚总是变化最快”的现象，使得巴黎那些追赶时尚的人们不得不经常光顾他的商店，免得一夜之间就落伍了。

今天，路易·威登已经经历了六代的传承，从法国宫廷的御用箱包的制作者，到工业革命时期被资产阶级新贵们追捧的身份标志，再到现代的路易·威登奢侈帝国的建立，路易·威登整整风行了150多年的时间。

一个成熟的奢侈品牌通常会有一个成熟的经营模式，尤其是一个有着百年传统的企业，因为它的经营架构往往是定型的。当它在面临压力和挑战的时候，这种模式特有的天赋和对市场需求的敏感往往是其强大的后盾。在历史的长河中，有许多奢侈品牌都具备了这样的模式。路易·威登便是其中之一。150多年来，世界经历了很多变化，人们的追求和审美观念也在不断改变，但路易·威登不但声誉卓然，而且依旧保持着无与伦比的魅力，其秘诀就是“随变”而不“僵化”。品质优先的宗旨是不变的，而设计方案、营销手段是可变的，这种变化不仅体现在时间上，甚至体现在地域上。路易·威登的成功依赖于产品，得益于营销。从这个角度上说，路易·威登和路易·威登男人都是好商人。

■ 弗朗西斯·福特·科波拉父女

路易·威登恐怕是拥有最多名人顾客的奢侈品牌。自1854年创立起，其顾客都是国王、王后、总统这样的王室贵族和国家政要。至于明星名人对它的喜爱更是难以言尽。

51岁的让·弗朗索瓦·巴多内是位生活无忧无虑的法国富翁，他对路易·威登的皮箱、钱包痴迷至极，甚至连眼镜盒都不放过。他说："通过花钱，你可以融入路易·威登的梦幻世界，我们是这个品牌团体的一部分，而且他们把产品的价格抬得越高，我们就买得越多。尽管他们蒙蔽了我们，但我们却心甘情愿。"飞行家查尔斯·林德伯格在1927年完成飞越大西洋的壮举后，向路易·威登定制了很多行李箱，以便他回程时存放纪念品；1962年，为了收藏著名银制工艺家普伊弗卡特设计的纯银餐具，埃及王子向路易·威登定制了郊游用的野餐盒……人们能在路易·威登的产品中找到自己最为需要的东西——一种与王室同享注目、与明星同享魅力的殊荣。

法拉利男人

Ferrari & Men

法拉利是一个独特的品牌，它销售的不仅是最好的跑车，也是最伟大的梦想和激情。

法拉利男人热衷于冒险和挑战，他是穿梭于都市森林中的勇士，刚柔并济，狂放不羁；他是游离于过去与未来的使者，诉说着荣誉和永恒。

他们留给人们的印象是近乎完美、没有缺点的，因为勇气是人类遗传下来的最伟大的情操之一。

法拉利男人是冒险主义者，不然，他们怎么会有勇气驾驶一辆时速达300多公里的速度机器？眼睛眨一下的工夫，法拉利就会冲出百米之远，这样的速度不是每个人都能承受的，驾驭法拉利不仅需要勇气，更需要一种极大的热爱之情。虽然我们不得不承认，世界上的大多数顶级跑车的最终命运，是在富豪的豪华车库中寂寞度日，但是，请相信，每一辆跑车都是怀着最伟大的梦想诞生的，挑战、超越、征服是它们一生的使命。这种使命并不会随着岁月的流转而消散，也不会因为大多数时间的沉默而妥协，不管在车库中停放了多久，只要一上道，它们就会立即爆发，以一种略带傲慢的姿态，如闪电般疾驰而去。

法拉利男人的冒险不限于体能上，更包括心智上的冒险。喜欢冒险的人，必须通过不断挑战来突破自己的极限，找到新的满足，所以他们比一般人更富有创造力。对法拉利男人而言，生命的意义在于体验极限。在深海中潜水吸不到空气，惊觉生命可能在一瞬间消逝；在3000米海拔的冰天雪地中迷路，体验绝境逢生的惊险；在42.195千米的马拉松长跑中，体验逆境生存更需要毅力。因为体验过极限感受，所以法拉利男人拥有非同一般的自信心。在事业上，法拉利男人野心勃勃，为了成功不惜代价。他们有的会选择从事刺激的活动来获得满足和瞩目，比如徒手攀岩，有的则在职业

生涯中拼尽全力。

喜欢冒险的法拉利男人应该都读过《七座高峰》，这本被奉为“冒险圣经”的书讲述了两位富豪冒险家登顶七大洲最高峰的冒险历程。美国富商迪克·巴斯和后来成为迪斯尼公司总裁的弗兰克·威尔斯在开始共同冒险时都已年过五旬。为了冒险，威尔斯从当时任职的华纳娱乐辞职，迪克·巴斯也重新安排了他的工作计划。他们一起上路，从1983年开始，一共登上了六座高山的峰顶。后来，弗兰克·威尔斯为了履行对妻子的承诺，放弃了冲击珠穆朗玛峰，迪克·巴斯则在1985年参加了一个挪威人的探险队，并最终登顶成功，成为世界上第一个登上七大洲最高峰的人，当时他也是珠峰登顶者中年纪最大的人，那年他55岁。巴斯和威尔斯的冒险花费了本来可以用来安享奢华生活的巨额财产，但他们留给后来人真正的影响力却惊人——他们的成功极大刺激了潜伏中的一大批富翁冒险家，包括法拉利男人。他们不甘心自己的原始激情消失在周而复始的工作中，许多在专业人士眼中完全不合格的富翁们像争着认购新股一样排队去攀登世界最高峰，或是参与其他冒险运动。所以当一些富翁在迪拜或者拉斯韦加斯享受奢靡假期的时候，法拉利男人也许正在世界上最艰苦的环境——沙漠、冰山、极地、深海等地方体验逼近极限的快感。

有人说，这样一个性别模糊的时代，中性美正逐渐成为审美主流，你永远都不要指望法拉利男人承认或者赞同这一点，在他们心里，硬汉形象是男人永恒的追求。法拉利男人永远目光坚定，神情刚毅。他们勇敢正直，能忍受苦难与折磨。海明威的名言“人可以被毁灭，但不能被打败”，即是法拉利男人的精神境界。

在法拉利公司，从创始人到总裁、副总裁、总经理，每个人都曾是赛车场上的风云人物。创始人恩佐·法拉利从小热爱汽车冒险，13岁便开始独自驾车，21岁开始参加汽车比赛。意大利总理贝卢斯科尼曾经评价恩佐·法拉利是“一位能够象征意大利年轻蓬勃、富于冒险、不屈不挠以及在技术领域锐意进取的楷模型人物”。法拉利的消费文化不但表现在车辆本身的性能上，而更重要的是，给予专业的驾驶员和非专业驾车者以同样的驾驶乐趣。当你踩下油门，你就会意识到自己开的是法拉利。法拉利从来不为老人和收藏家制造跑车，法拉利需要你用激情驾驭，从中品味酸甜苦辣涩的味道，这是法拉利制造者的理念及目标。法拉利属于那些喜欢冒险、喜欢挑战的男人。他们具有清醒的头脑和犀利的眼光，他们无畏、充满激情，而且优雅，讲究生活的品位。

常人在道路上难以见到法拉利，是因为法拉利的车主们购买法拉利的目的并不是要将它用作代步工具，而是用作休闲与娱乐。一般说来，法拉利不会是一个家庭购买的第一辆车，法拉利的车主也绝不会仅仅只有法拉利一辆车，他们可能会用一辆顶级的奔驰或者宝马，甚至宾利作为平日代步工具，只在空暇之时，或者心情压抑的时候，开着法拉利到公路上狂奔一阵，体验潇洒与放松；或者在专业赛道上挑战法拉利的极速，体验冒险和刺激。花几十万元仅仅为了换得偶尔几个小时的消遣，恐怕可以列为最奢侈的事情之一。法拉利的拥有者有可能是各个领域的优秀人物，但他们无一例外都是狂热的车迷，有的人买了车，当天就开车上路，穿过阿尔卑斯山直接去参加比赛。法拉利这个品牌被赋予太多的激情和梦想，因此它所销售的内容远远超出了车本身。

男人志 LUXURY MEN

喜欢法拉利的男人们

拥有法拉利的男人很多，能开坏好几辆法拉利的男人却没有几个。行事风格离经叛道的甲骨文公司的创办人兼总裁拉里·埃里森就是个典型的例子。这位在硅谷有“坏孩子”之称的软件大亨，在他的传记封面上写着狂傲不羁的一句：“上帝与埃里森的不同：上帝不会认为自己是埃里森。”他的另一句名言更能说明他的大手大脚花钱哲学——“如果你不打算把钱当做一切，那么就得像我一样花得有品位一点。”在他心目中有品位的挥霍包括：连着开坏好几辆法拉利跑车，拥有的私人飞机和游艇足够组成机群及船队。极度醉心武士道精神的他，在建造自己的日式别墅时没用任何钉子，全部用木材榫卯相接，在花完4000万美元换来这一切后，他表示，这只是为了尝试建造一个在日本本土之外，最地道的日式房屋。

某天拉里·埃里森乘着自己74米长的游艇出游，看到一艘60米长的游艇从附近驶过。他认出那是保罗·艾伦的游艇，

■ 苏丹·哈桑纳尔·博尔基亚与詹姆斯·戈登·布朗

于是他要船长把三个引擎加到全速，冲到艾伦的游艇前方，掀起巨浪。事后埃里森对《华盛顿邮报》的记者说："那是青少年式的恶作剧，我建议诸位一试。"但不久，甲骨文股价回落，艾伦是《福布斯》杂志公布的当年全球400富翁排名的第三名，埃里森是第四名，但这两人都换了更大的游艇。对于这些在科技时代，几乎是一夜之间立于富翁之列的人来说，怎么花钱从来都不是麻烦事。埃里森的好友，网易的创办人吉姆·克拉克曾坦言："像我们这样白手起家的人，有时会觉得世上没有一样东西是金钱买不到的。"

文莱国王苏丹·哈桑纳尔·博尔基亚是法拉利最富有的王室顾客。2009年，文莱王室被《福布斯》杂志评为最富有的王室。文莱国王拥有全世界最大的王宫，相当于英国白金汉宫的四倍，拥有1788个房间，光宴会厅就能容纳4000人。

王宫内的清真寺金碧辉煌，圆顶上贴着45千克金箔，被当地华人称为“金葱头”。王宫内还设有游泳池、网球场、马球场、直升机场和占地121公顷的御花园，用大理石铺就的停车库可同时停放800辆汽车，而装有空调的马厩则可容纳400匹良种骏马。王宫内从家具到摆设都美轮美奂，连洗手间里的马桶、水龙头都镀上了一层黄金。

在博尔基亚广泛的兴趣中，最令人津津乐道的是收集名车，且大部分是定制款式，还有从未对外发售的概念车型，很多汽车制造商都有一批专门为他服务的员工，一些厂家还有专门为他造车的车间。对于心爱的名车，博尔基亚常常一口气购买多辆同型号的靓车，只因为颜色不同。光是劳斯莱斯他就有足足200辆，法拉利、保时捷等名车更是多达3000多辆。

虽然生活豪奢，博尔基亚却因亲民爱国、治国有方在文莱国内深受爱戴。文莱拥有丰富的天然气和石油，博尔基亚执政以来，利用石油这一“黑金”资源大力发展经济，全国人均收入在20世纪80年代一度排在世界首位。文莱国民生活富裕，福利优厚，所以博尔基亚的奢华生活作风不会受到国民指责。

法拉利男人的名单中怎么可能少了“车王”舒马赫？尽管总是成为传媒的争议人物，但舒马赫以其卓越的表现和过人的天分，无可争议地成为世界车坛最优秀的车手之一。在舒马赫退役的时候，他已经聚积了10亿欧元的财富，舒马赫是一个非常奢侈的居家男人，为了让家人住得更好，他斥资2400万欧元在日内瓦湖边建造了一所私人豪宅——“舒堡”。舒马赫喜欢平淡的生活，因此离开了花花世界摩纳哥，来到了平静悠闲的日内瓦。不过舒马赫不会过度消费，他认为任何消费都必须有意义，因此他从来不会去夜总会花天酒地或者去赌场一掷千金。

生活主张
LUXURY MEN

法拉利男人
奢华私享

到世界上最奢华的荒岛度假 喜欢潜水的法拉利男人一定会被马尔代夫的索尼娃姬莉岛征服，从马尔代夫的马累机场，需要乘船才能到达那座被誉为“世界上最奢华的荒岛”的小岛，它不仅豪华得超出人们的想象，也浪漫得超出人们的想象。这里更是举世公认的潜水和游泳爱好者的天堂，岛上拥有全套设备的PADI（专业潜水教练协会）潜水学校，不管是初学者还是潜水老手，都能在这里找到乐趣。

岛上的索尼娃姬莉酒店被美国《福布斯》杂志评为“全球最浪漫十大酒店”之一。索尼娃姬莉酒店的创始人索诺·施瓦达萨尼是印度富商之子，被戏称为“老伊顿人”。伊顿公学

是英王亨利六世创建的男子贵族学校，全球富豪政要为了一个录取名额要争上十几年。但“老伊顿人”却是一个贬义词，其意为靠祖辈的钱进入学校，除了自大傲慢和骑马弹琴之外什么真本事也没有的花花公子。1994年，索诺在摩纳哥F1大赛上与瑞典名模伊娃一见钟情，这对爱侣携手游遍世界之后，最终被马尔代夫的美景征服，不过索诺对当地设施简陋的酒店非常不满意。于是，他在马尔代夫租赁了一个小岛，兴建了当时世界上最著名的超豪华酒店——索尼娃姬莉酒店。从此他们一发不可收拾，以爱情之名创立了第六感集团，在全球兴建以“索尼娃姬莉”命名的超豪华酒店，索诺也以此证明“老伊顿人”的绰号是对他能力的低估。

然而索尼娃姬莉酒店的美，注定是被低估的，它能带给法拉利男人终生难忘的惊喜。在夜幕中，索尼娃姬莉酒店是一座璀璨的海上木屋。在女主人伊娃的巧思下，酒店的全部架构都在海平面上，因为支撑它的白色的珊瑚礁小岛已经完全被蔚蓝的海水淹没了。作为设计师，伊娃非常重视保护环境，建筑过程中尽量放弃使用雨林中的柚木和珊瑚，转而使用松树、棕榈木、竹子和人工种植的柚木。索尼娃姬莉酒店只提供44套奢华水上别墅，其中包括为了保证绝对私密性而建的7间只有乘小船才能抵达的居所和海上庄园。

当踏上长长的水上栈道码头的时候，客人要脱下鞋子，赤脚感受月光一般柔软的白色沙丘。在索尼娃姬莉酒店，环保并不仅限于理念，而是将对自然之美的感受发挥到极致。这里是全球第一家提出“心无牵挂，足无羁绊”概念的酒店，鼓励客人在岛上脱掉鞋子，尽情享受海滩的舒适，彻底抛开日常羁绊。作为全球第一家实行全天候私人管家服务的海岛酒店，全天陪伴客人的私人管家多是温柔恭顺的马尔代夫女子。

走进建筑于清澈的海水之中的别墅，你会发现，200多平米的双层木屋没有玻璃和墙，以及任何的人为屏障，并有

■ 索尼娃姬莉酒店

一间由松树、棕榈木、竹子和柚木构建的 180° 视角的海景客厅。酒店高脚屋的惊喜则来自卫浴天地：设计师把悬于海平面之上的木质地板挖了个洞，浴缸就安在被棕榈树包围的海天之间，隔着玻璃，可以看见嬉闹的热带鱼就在浴缸下游来游去。晚上，可以躺在大海之间的浴缸里数星星。

在碧海白沙之间有一座完全处于水上的餐厅，辽阔的印度洋是它的背景。沙特阿拉伯的公主住在每晚一万美元的海上庄园时，天天都要坐船到这个餐厅用餐。餐厅中的大多数食物原料都取自酒店自己的菜园。浪漫的月光或烛光晚餐，日落时分在传统马尔代夫特色的多尼小船上品尝鸡尾酒，或是在地下的美食酒窖进餐等休闲项目都是这里的特色。如果不想出去用餐，私人管家会通知厨师和侍者把食物从厨房搬到水上别墅二层的私人露台上，为客人现场烹饪。

去南极探险 法拉利男人表面上千姿百态，但内心深处有一种共性——挑战和冒险。挑战和冒险是上天赋予法拉利男人的本性。法拉利男人对待生活的态度决定了他为人处世的风格。喜欢处处赢得先机的人，与人交往是不会以平等融洽为最终目的的；讨厌挑战的人，对锋芒毕露、锐意进取的人是充满忌惮的，因此选择平静的生活。法拉利男人在挑战中找到爱情，不经历考验的爱情就像温室中的花朵；法拉利男人在挑战中开创事业，不经历磨炼的事业就像送上门的饭菜，食之无味；法拉利男人在挑战中结交朋友，不经历考验的友谊就像刀没有淬过火，经不起战场上的砍杀……

与夏威夷的旖旎风光相比，法拉利男人更为南极的冰川着迷，他们也许从少年时期就梦想着踏上这块充满挑战性的大陆。去南极旅行是一段注定充满挑战的征程，法拉利男人把南极当做探险和征服的对象。南极大陆虽有严酷的自然环境，但却是地球上仅存的由大自然力量主宰的陆地。500 年前人们就开始使用极简陋的设备，展开一连串的寻找探险活动。自从 1911 年挪威人阿蒙森第一个登上南极探险成功，人类就再也没有停止过探索这片神秘大陆的脚步。

对于未知，法拉利男人有一种强烈的期待和一种想亲身参与进去的欲望，他们勇于挑战、不断征服、寻求刺激，喜爱追求多姿多彩和富于变化的生活。

南极是一个被冰雪覆盖的童话般的世界，是地球上极富有自然之美的地方，这里有着世界上最洁净的水、土和空气，有壮阔横亘的山脉、巧夺天工的冰山，以及海豹、鲸、海鸟和各种企鹅。每年的 11 月至次年 3 月是去南极的最佳时间。目前去南极，常规行程是从阿根廷或智利中转。法拉利男人需要到达阿根廷的布宜诺斯艾利斯之后，再乘飞机到达地球最南端的城市——位于阿根廷最南端火地岛的乌斯怀亚市，在该市的港口登上南极考察船奔赴南极。对大多数人而言，在这段短暂的南极夏季时间，最安全可靠的交通方式就是搭乘坚固的冰上邮轮。南极之旅需要经历五站才能到达终点。

第一站：世界末端之城乌斯怀亚。乌斯怀亚通常是南极

之旅真正意义上的第一站。虽然有许多人会在阿根廷风景秀丽的首都布宜诺斯艾利斯逗留一天，但对于勇敢的法拉利男人来说，这只是正餐前的甜点。乌斯怀亚是阿根廷火地岛的首府，世界上最南端的城市。乌斯怀亚还有一个形象的音译“雾虚哇呀”，当地人则称它是“世界末端之城”。这里距南极半岛仅1000千米，要往南极探险的人大都在这儿补充用具、粮食、淡水等。

第二站：阿根廷湖“活”冰川。阿根廷的冰川国家公园离乌斯怀亚所在的火地岛不远，位于安第斯山脉南端，有一个面积1414平方千米的阿根廷湖。阿根廷湖接纳了来自周围几十条冰川的冰流和冰块，其中最著名的是莫雷诺冰川。莫雷诺冰川是世界上少有的现在仍然“活着”的冰川，每天都在向前推进30厘米。因地球变暖使得冰川的融化更加快速，人们可以在这里观看冰崩的奇观。阿根廷湖四周有白雪盖顶的山峰，湖岸生长有高大的针叶松，雪峰倒映在翠绿泛蓝的湖水上。接近冰川时，可以看到湖上浮着发出蓝光的冰块，巨大的莫雷诺冰川从宽阔的两山之间伸出，一直伸入湖中，直逼其对岸的半岛，将阿根廷湖隔开成两半，景象无比壮观。在湖的远端三条冰河汇合处，乳灰色的冰水倾泻而下，像屋顶一样巨大的流冰带着雷鸣般的轰响冲入湖中。

第三站：冰山漂浮的德雷克海峡。从南美洲最南端出发，穿过德雷克海峡就是南极洲了，德雷克海峡是世界上最宽、最深的海峡，连通了太平洋和大西洋，坐邮轮通常要航行两天。以英国近代著名的海盗名字命名的德雷克海峡素有“死亡海峡”之称，因为这里是有名的风暴区，风浪之大与非洲南端的好望角不相上下。虽然凶险，这个海峡却是到达南极洲的必经之路，这种挑战性正合法拉利男人的心意。由于有来自南极冰雪高原的极地气旋风暴，有时德雷克海峡的海浪高可达一二十米，从南极滑落下来的冰山，也常常漂浮在海峡中，非常壮观。

第四站：企鹅如麻的南设得兰群岛。南设得兰群岛和南极半岛只隔着一条布兰斯菲尔德海峡，群岛中最大的乔治岛上有很多科学考察站。在这里，南极洲并不是一个冰冷寂寞的世界，而是呈现一片生机勃勃的景象。这里是野生动物的天堂，有多得数不清的企鹅。狭窄的海湾后面有一个火山喷发形成的岛，叫作“诡计岛”，中间是一个面积巨大的岛内湖。那里有领带企鹅、冠企鹅、黑背鸥、蓝眼鸬鹚、南极燕、巨鹱，这些动物在最原始的野外生态环境下自由地生活着。

在南设得兰群岛还可以近距离观看食虾海豹、豹海豹、威斗海豹、小须鲸、座头鲸以及杀人鲸等，甚至还能在冰天雪地的南极泡温泉。

第五站：南极半岛。南极半岛的企鹅不计其数，蔚为壮观，人近距离和企鹅接触，企鹅不但不会退避三舍，还会围绕着人团团转。除了可爱的动物让人印象深刻之外，高达数层楼的南极冰山同样令人震撼万分，乘船在一座座晶莹的冰山间穿过，仿佛置身于天然露天冰雕艺术馆之中。虽然南极大陆全部被白雪覆盖，但是南极并不只是单一的白色世界，数以百计的冰山是泛着蓝光的，在阳光下折射出深浅不一的丰富色彩。居住在北极圈内的爱斯基摩人据说有 20 多个单词来表达“白”这个概念，每个单词之间的意思都有细微的差别。那么，假如南极洲也有土著居民的话，一定会发明出更多词语来描绘和表达白色。

南极大陆风很大，沿岸地面风速常达 45 米 / 秒，最大风速可达 75 米 / 秒以上，是世界上风力最强和飓风最多的地区。这里没有酒店，搭帐篷又很危险，所以来这里旅行一般最多只能停留七八个小时，即使是勇敢的法拉利男人，也要量力而行。也许，法拉利男人对南极的向往，只是因为它的神秘和未知，对于一个渺小的个体来说，这片大陆带来了太多的联想和探索。

听重金属音乐 法拉利男人热爱重金属音乐，也许仅仅是因为它能让心脏跳动得更猛烈。很多人无法接受重金属音乐，正如他们无法理解法拉利男人为何热衷于冒险，也许，冒险和重金属音乐都是为了激发生命的激情。重金属音乐那狂吼咆哮或高亢激昂的嗓音、电吉他大量失真的音色、密集快速的鼓点和低沉有力的贝司填满了整个听觉的背景空间，形成一种含有高爆发力、快速度、重量感及破坏性的听觉感受。

LUXURY MEN 奢华解语

法拉利之格调

技术与艺术的平衡 从一开始，恩佐·法拉利就定了每天只能生产17辆新车的“铁律”，为的是不破坏法拉利“技术与艺术”的平衡，所以，每一辆法拉利都是无可挑剔的艺术品。而法拉利每年的客户不会超过5000人，所以每一个客户都会享受到非常周到的个性化服务。

全能生产 法拉利只生产最高档的跑车，并且从不生产四门车，也从不寻求代工，所有零部件全部在意大利本土生产，而且基本都是手工生产。法拉利不像威廉姆斯或迈凯轮那样只做底盘，而发动机却使用其他企业制造的。法拉利什么都做，它是世界上唯一生产自己的发动机、变速器、底盘的跑车公司，这就是传奇。

建立驾驶的冲动 法拉利区别于竞争对手最大的优势，在于创新和技术解决方案，其中核心的元素是建立驾驶的冲动。相对于宾利和劳斯莱斯让许多人热衷于谈论小牛皮和意大利胡桃木，惊叹于车内的高级音响和吧台，法拉利为了竞赛的理想而制造，可以称得上是“一匹纯种的飞马”。而法拉利坚持半个多世纪的造车理念——上街是跑车，下场是赛车的造车原则，如今仍在延续。

法拉利从来不做广告。法拉利人说：“人们购买法拉利，是为了实现自己的梦想，一个用激情和技术创造的梦想。而这是广告无法传达的。”换句话说，法拉利从来不做传统意义上的广告，赛车就是它最好的广告。

如今，闻名全球的骏马标志和法拉利之红的来源都与汽车比赛有关。1923年，25岁的恩佐·法拉利还是阿尔法车队的赛车手，在一次比赛中，他有幸遇到了一位赛车迷——康蒂丝·白丽查伯爵夫人。她告诉法拉利她儿子佛朗希斯科·巴拉克是一名非常出色的战斗机驾驶员。他的战斗机两侧的飞

16M
SCUDERIA
SPIDER

行徽章是一匹跃马，巴拉克用它作为自己的护身符一直好运连连。伯爵夫人对恩佐·法拉利说："把跃马印到你的车上吧，它会给你带来好运的。"恩佐欣然同意。就这样，一匹腾空跃起的骏马成为法拉利的永久标志。当那位勇敢的飞行员战死之后，为了纪念他，法拉利将跃马标志改成了黑色，还在跃马的上方加上了意大利国旗，而标志底色则为法拉利公司所在地摩德纳的金丝雀的颜色。而具有传奇色彩的"法拉利红"起初仅是国际汽车联合会在20世纪初期分配给意大利赛车的颜色，作为这些赛车参加大奖赛的专用颜色。

法拉利的历史是一部执著于赛车运动、以生产高性能跑车为神圣梦想的历史。法拉利车队是F1历史上最具历史传奇色彩的车队，成立初期的法拉利是为阿尔法·罗密欧出赛的，直到20世纪40年代之后，法拉利才脱离阿尔法·罗密欧，成为一支完全独立的赛车队。半个多世纪以来，除了法拉利车队，还没有其他任何一支车队能够在世界一级方程式赛车运动的赛场中取得如此巨大的成功。在相当长的一段时间内，即使是像宝马和戴姆勒-克莱斯勒这样十分成功的企业集团也无法打破"红色车队"蝉联冠军的神话。正是对独立开发属于自己的完美赛车和公路版跑车的无止境追求，造就了这匹腾飞的骏马，并使它成为一个传奇。

与其他跑车品牌相比，法拉利的特殊性在于，相对于主营创收的跑车制造研发部门，体育竞赛部始终是更为重要的核心部门。在那里，每年17%投资额都被固定注入最新引擎制动技术的开发中，法拉利希望以此确保在F1赛事中的主导地位，以及在技术标准上的权威话语权。尽管F1赛事是一个"无底洞"，需要大量的资金，但法拉利从来就不把赛车当成一种单独的花费，而是当成法拉利研发的一部分，其中一些重要的成果要应用到法拉利跑车上，因此，法拉利会永远参与比赛。

阿玛尼男人

Giorgio Armani & Men

阿玛尼是经典中的经典，它不过分前卫，也不会落伍，永远在优雅与时尚之间完美地拿捏着平衡。

阿玛尼男人是经典男人，仿若一块天然的纯白璞玉，历练越长，越会发出历久弥新的光彩。

他们像打磨珠宝一样打磨人生。

阿玛尼男人不是的红极一时的话题人物，也不是聚会上最抢眼的那个人，可是他永远是人们乐于谈论并赞赏的那个人。形容阿玛尼以及阿玛尼男人一个词就足够了，那就是——经典。

时装也好，美食也罢，甚至包括艺术在内，都有盛极一时的风格，也有永世长存的风格，流行和经典并不对抗，流行可以成就经典，经典是永恒的流行。这一法则同样适用于划分男人。嬉皮男人、雅痞男人、波波男人、小资男人等都可以划入流行男人一类，他们是某一时期的话题人物，而阿玛尼男人是经典男人，其差别在于阿玛尼男人是永恒的话题人物。经典不是一蹴而就的，传统也必是时间磨砺之后练就的硬功夫。经典和传统也不是一成不变的，在一个大的框架内它们越来越精致，这是向完美趋近的过程。

阿玛尼男人不追逐潮流，他们在气象万千的时尚面前波澜不惊。他们不是最抢眼的那一类人，也不是诋毁参半的风云人物，他们是在任何地方、任何时间、让任何人满意的那一类人。他们永远得体，不会出丑，不会落伍。

如果将不同类型的男人比作乐器，那么大提琴毫无疑问的就是阿玛尼男人了。还有什么比大提琴更具男子气概的乐器呢？它深沉、宽厚、阳刚，无一不体现着成熟男人的魅力，令人着迷。同一首小步舞曲，小提琴演奏欢快、热烈、

奔放，而大提琴则优雅如同一位绅士，于转身间轻轻邀舞，淡淡的热情却没有炽烈的燃烧。它不像小提琴那样张扬，而是具有内敛气质的，深厚稳重，给人以心灵的慰藉，可以让人们在它的音乐中把心停下来安顿休息。

阿玛尼男人的外表同他的内心一样朴实稳妥，有板有眼。他们兼有理想主义与现实主义两种思想风格，但比较而言，他们是现实主义者，注重实际、审慎务实是他们一贯的作风，他们是“建筑师”而不是“诗人”。

阿玛尼男人就像一幅浓墨重彩的油画，常常能给人一种凝重厚实的感觉。他们能像高山一般给旁人以稳定感。这种特征使他们常常能在身边聚集一大批支持者，从而使他们成

乔治·阿玛尼为凯特·布兰切特订制的礼服做最后修改

为这个世界上的领袖人物。他们的思想和内涵就像大海，既能藏蛟龙，也能纳鱼虾；既能存精，也能养浊。虽然他们心中能包容万物且深不见底，但却并不会妨碍他们去用真心拥抱这个世界。他们往往也是这个世界的精英。

乔治·阿玛尼先生是品牌创建者，也是品牌最佳代言人，他的不老传说体现了经典男人的含义。乔治·阿玛尼是其庞大企业的唯一股东。他如今已是古稀老人，这在时尚界简直是一个奇迹，要知道，在这个领域，40岁往往就已被视为该退休的年纪。古驰公司超级明星设计师汤姆·福特隐退时，也不过42岁。70多岁的阿玛尼浑身充满着活力，棕褐色的皮肤，强健的肌肉，如果不是头发已白，很难相信阿玛尼已是一位老者。他从不改变自己的形象，他绝对不穿颜色鲜艳的衣服，只穿深蓝色或黑色。他要保持自己的本色。

世界是流动的，性格却是永恒的。昨日的倜傥，可能转瞬就因为模仿者众多而沦为寻常。阿玛尼男人追求的是内在魅力的永恒，而不是外在魅力的变化。

阿玛尼从来不会动摇自己的风格。在上世纪八九十年代时，性感成为一种时尚，阿玛尼一度受到冷落，但他仍然能够保持自己的特色。他异常锐利的目光中充满了权威、质疑与顽强的操控力。穿阿玛尼总是没错的。正如与阿玛尼感情深厚的意大利影星索菲亚·罗兰所言：“当今时装界充斥着混乱、疯狂的形象，而走进阿玛尼的世界仿佛进入了台风中心最平和的风眼，进入一个完美静谧的境界和一种从不会被动摇的风格里。一件阿玛尼的礼服不会让你有丝毫的怀疑或不确定——因为它是阿玛尼，它拥有你所需要的一切。”曾经有国外媒体夸张地说“在意大利，他们有教皇和阿玛尼”，确实，在阿玛尼身上有一种帝王般的威严气质。

阿玛尼男人身上那种特有的优雅、从容、神圣，是言语难以形容的，他们让人挑不出毛病。这也许同阿玛尼奉行的设计宗旨相吻合：简约，舒适。它摒弃了一切不必要的装饰，选料剪裁都从人的需要本身出发，越简单的就越刻意求工，越自然的就越努力张扬。它已经不仅是一件衣裳，更是一种依托，一种风度，一种气质。

男人志 LUXURY MEN

喜欢阿玛尼的男人们

阿玛尼的顾客名单中怎么会少了弗拉基米尔·利辛的名字，这位身家达143亿英镑的俄罗斯钢铁大亨的衣柜里有数不清的阿玛尼高级定制服装。弗拉基米尔·利辛控制着一个庞大的冶金工业帝国，生意甚至延伸至中国，根据俄罗斯版《福布斯》2008年5月公布的富豪排名榜，利辛以239亿美元资产紧随阿布拉莫维奇位居第四。在2005年，利辛以680万英镑的价格买下了位于苏格兰的“高地城堡”，这是一座建于16世纪的男爵府，宅内有13间卧室、5间客房和1间台球室。但真正吸引人的，还是城堡外的广阔天地，方圆13.4平方公里的土地都属于利辛的私人领地，他可以在森林中进行打松鸡、围捕野鹿，或者在美丽的湖畔垂钓，也可以在农场跑马。如果累了，他还可以在分布于各处的12栋别馆就近休息。

利辛是个射击迷，2002年正式入主俄罗斯射击协会。北京奥运会期间，利辛特地为俄罗斯运动员在北京射击馆附近租下一栋别墅，作为调养之所。利辛打算对射击运动进行长期投资。富豪玩起运动来，动辄改变历史。

莱昂纳多·迪卡普里奥是阿玛尼众多好莱坞顾客中的一位，1997年乘着《泰坦尼克号》起航的莱昂纳多在一夜之间成为了“世界之王”。不过，在扮演过杰克之后，他彻底失去了自由，他想当演员，并不想当明星。所以他一连几年都没接新片，等掀起的尘埃落定。35岁的他很严肃，尤其对挑选严肃角色这件事，“除非超刺激、超有意义，除非故事特别震撼人心，否则就是浪费时间。赚再多钱也没用。”

莱昂纳多是好莱坞的“绿色先锋”，他被评选为“最环保的男演员”。生活中，他坚持使用有机及循环再生产品，开的是环保车，在加州的房子也是用太阳能发电。他还拍了一部纪录片《第11小时》来提醒人们注意地球所面临的气候危机。他主张：不吃牛肉汉堡，因为养牛很不环保，牛会

■莱昂纳多·迪卡普里奥

释放沼气；也不能吃吞拿鱼，因为捕鱼的网常常会不小心网住可怜的海豚幼仔。莱昂纳多在位于洪都拉斯首都伯利兹城附近的海域买了一个小岛，他买小岛并不是打算隐居，而是将此作为投资手段，他想把小岛建成一个环保型的豪华旅游度假胜地。整座小岛将保持自我可持续性发展，为了保证小岛的生态环境，莱昂纳多不惜对小岛投入更多的美金。

生活主张 LUXURY MEN

阿玛尼男人
奢华私享

养一匹属于自己的纯种马 夕阳西下，一匹马驾云而来，四蹄生风，以泛着血光的汗水折射着霞光；云在后退，风在轰鸣，一声嘶鸣由远而近，雄壮昂扬，连绵不绝，足以唤醒即将沉睡的黄昏……这炫目的景象，多少男人梦境中都会出现。19世纪法国皇家院士让·布封在《马的素描》中这样写道："人类迄今为止所能从事的最高贵的征服，就是征服了这豪迈而剽悍的骏马。"阿玛尼男人对马术的喜爱不仅仅源于这种征服感，更因为对马匹本身的热爱。很多男人有天然的马匹情结，这天生的尤物把野性与优雅融于一身。当它撒开四蹄，尽情驰骋，便如陡然掠过一道棕黑的风，如闪电一样凌厉，而当它安静下来，又仿佛温顺的朋友，任你爱抚。马术仿佛是一场恋爱，是一个灵魂与另一个灵魂的对决、磨合，最终和谐为一体的过程。马会成为阿玛尼男人生活中最忠实的伙伴，在驰骋时的默契配合，在相处时的惺惺相惜，都会唤起阿玛尼男人内心深处潜藏的自信，缓解孤独和压抑的情绪。

在西方，马术具有浓厚的贵族气质。马在西方人眼中是最高贵的生灵——潇洒的外表、宁静的内心和勇于拼搏的精神，爱马的人必然也具备这样的素质。在欧美，马术被公认为第一贵族运动，养马者一般为贵族阶层，贵族、富翁的子女从小就会被培养骑乘术，精湛的骑术暗示了出身，而能成为马会的会员则是身份的象征。此外，马术运动十分讲究仪表。西方有句话：会骑马的不一定都是贵族，但贵族一定都会骑马。一个骑士的装束，绝对能够反映出他的品位和身份。在马术运动中浸染久了，举手抬足间便透着由内而外的高贵气质。

很多阿玛尼男人都会养一匹马，他们当然不见得多么在乎“贵族”的头衔，也不见得真的是因为怀有浪漫的“劈柴喂马，周游世界”的愿望。尽管花费不菲，对于他们而言，究其实质，骑马就是一种运动，而养马，只不过是由爱好演变而来的一种生活方式。马术是男人之间暗潮涌动的一场较量。在马背上，你就是一个骑士，要用暗语和力道驾驭一个生灵，每个细节和命令都需要恰到好处、收放自如，而这一切都是在静默中发生，多么神圣！

找个云淡风轻的下午，来到马场，策马扬鞭，马背上的世界是截然不同的，那是一个充满自由与激情的世界，是一个原始而纯真的世界。和马建立的友谊以及开放的户外环境，让人心胸开阔，并增强人对复杂环境的应变能力，胆小的人变得勇敢，莽撞的人变得克制。

很多政坛领导人都有爱马和骑马的习惯，俄罗斯前总统普京就是其中的“超级发烧友”之一。现在，骑马兜风是普京最喜欢的休闲方式。普京的第一匹坐骑是一头漂亮的枣红色小马驹，它是俄罗斯联邦巴什科尔托斯坦共和国总统拉希莫夫赠送给他的一份特别礼物。回到莫斯科后，普京就把这个漂亮的礼物寄养在一个马场里。从此，这匹作为礼物的小马驹成了普京的新宠。为了提高骑马技能，普京特意聘请了一位职业骑手来做自己的教练。平时只要一有空闲，普京就会坐到马鞍上过一把策骑瘾。也许每天的公务生活太过繁重，而这种我行我素的策骑风格最能够唤起普京曾狂野不羁的青年记忆。

马是高贵俊伟的动物，血统纯正的马还具备华贵高雅的气质。当男人跨上马背，挺胸揽辔的时候，会有雄心万丈，傲视天下之感，而骑马奔腾的快感更让男人心醉不已。

马术运动魅力无穷，这种潇洒的休闲方式正深深感染着阿玛尼男人们。正因为如此，许多事业有成的男人才会拿出大量时间从事马术运动。美国前总统布什就是一位著名牛

仔。英国查尔斯王储像他的母亲伊丽莎白二世女王一样酷爱马术运动，被誉为世界上最优秀的马球高手。英国前首相布莱尔即使日理万机，也每周一次地定期为一家著名杂志撰写马评。这些都足以说明马术运动的魅力所在！

寻找最好的厨师和最好的餐厅 阿玛尼男人对美食是非常挑剔的，他们通常有极好的品位，也有极大的耐心，为了品尝一顿丰盛的晚餐，甚至可以专程飞往国外。正如创造索尼神话的企业巨子盛田昭夫所说：“所有我们完成的美好事物，没有意见是可以迅速做成的——因为它们都太难，太复杂。”他说得有道理，美食也一样，轻易获得的永远都不是最好的，经过时间考验的，便是经典。在阿玛尼男人的美食宝典上，就有这样一个用一生探求经典美食的名字——亚兰·杜卡斯。如果说餐饮界是个美食帝国，那么亚兰·杜卡斯便是这个美食帝国当之无愧的君王。他是全球唯一拥有三家米其林三星餐厅的厨师，旗下的饮食王国遍布全球，包括22家餐厅和5家个性酒店。

杜卡瑟早年在法国名厨阿兰·夏普尔旗下受教，后来出来独自闯荡。1987年，他进入摩纳哥著名的路易十五餐厅担任主厨。至今仍叫人津津乐道的是，杜卡瑟坚持在聘约中加入这个条款：如果不在四年内为路易十五餐厅争取到三颗米其林星，他就主动辞职。当时，餐饮界都认为这是不可能完成的任务。杜卡瑟力排众议，通过清纯朴实的普罗旺斯美食风格为法国名厨佳肴“消毒”，以简单的橄榄油、柠檬、香草、海盐替代传统的奶油和牛油，体现出新鲜食材的原味。杜卡瑟的美食受到鉴赏家青睐，在第三年就为餐厅争取到三颗星，也成为法国历来最年轻的三星主厨。

现在，亚兰·杜卡斯掌管的路易十五餐厅具备了全球顶级餐厅所需的一切元素：非凡魅力、高贵气质和纯正的高卢装饰风格。欧洲贵族、社交名流和法国影星都是餐厅的常

客，他们似乎对路易十五的摩纳哥美食情有独钟。路易十五餐厅的餐单尊贵但不浮夸。普罗旺斯美味与独特的乡村风味完美融合于其中，配上杜卡斯家乡特产的蔬菜，芳香四溢，让人垂涎。餐厅坚持选用北部大草原的利穆赞小牛肉，或者比利牛斯山的小羊羔，纯正的法国风味让许多顾客难以忘怀。只要是营业时间，路易十五餐厅在任何时候都满座，虽然那里最多只能接待 50 人同时就餐，但订餐人数不可计数，据说多要排上半年方能轮到。

在就餐时，每一位顾客使用的金属、陶瓷、玻璃餐具超过 50 件。餐厅内享有极高声誉的酒窖藏酒逾 4 万瓶，种类多达 950 种。至于花草茶，从马达加斯加的香茅到马鞭草、山艾，超过 10 种顶级的花草茶可供选择。路易十五餐厅总是给太多人太多的惊喜，在此用餐更像是欣赏一场精心准备的“秀”。在主菜与餐后甜点之间，有个重要的角色不容错过——面包。从涂有橄榄油的糠麸面包到乡村熏肉包、还有小小的法国长棍……面包师每天烘制的面包超过300个。对于那些常年光顾路易十五餐厅的客人，主厨亲自为他们制定菜单，再根据日期，将其加印到特制的路易十五餐厅卡片上，由客人自己保管。

给阿玛尼男人的提醒是：去路易十五餐厅就餐的时候，一定要盛装出席。否则，你的光芒会被餐厅华美的装饰掩盖：高雅的壁画、奢华的水晶吊灯，每处的细节设计都体现着餐厅主人的心思。虽然每餐的价格高达近四百美元，不过，结束的时候，你会发现物有所值。

玛莎拉蒂“总裁”轿车 如果说乔治·阿玛尼是中性化服饰的最佳代言，那么，玛莎拉蒂“总裁”轿车无疑是汽车领域的中性化代表——它结合了豪华轿车和跑车的优点。意大利汽车有“二王一后”，“二王”分别是法拉利和兰博基尼，“一后”就是玛莎拉蒂。“总裁”作为超级跑车生产商玛莎拉蒂的唯一轿车产品，传承了许多跑车的元素。同时，手工缝制的皮椅，强劲的V型发动机，夺目的外观以及傲人的三叉戟都成为了它立足的资本。拥有“总裁”的人大多都是名人、影星、皇室成员。玛莎拉蒂一直是意大利总理和政府高级官员的座驾。

LUXURY MEN 奢华解语

阿玛尼之格调

中性风格 在时尚界，阿玛尼以中性化风格著称。阿玛尼并不认同他的时装是“中性”的这一说法，他说：“我的设计只是坚持体现男性的温柔一面与女性的坚强一面，我认为每个人的内里都同时存在男性及女性的特质，可以利用这些特质来创造一种和谐的境界。”

简约主义 “简约主义”最初由日本设计师川久保玲和山本耀司引入时装界，在上个世纪80年代初刮起一股旋风。而阿玛尼的设计无疑是“简约主义”的佼佼者——他始终相信，服装的剪裁必须简单、干净，而且尽可能成直线，这样才可以避免把设计引向过于繁复的装饰。因此，从1976年推出第一个系列至今，阿玛尼的那几个最具代表性的基本款都没有太大的改变，除了顺应潮流的变化适当地缩短或加长、收窄或加宽，那种简洁垂直的线条始终如一，让任何一个穿着阿玛尼的人，都能感觉到衣服与身体之间无比熨贴的舒适，如同第二层皮肤。

时装哲学 在过去的30多年里，阿玛尼一直遵循着他自己的“时装哲学”——进展而非改革，有着清晰明确的方向而从不盲从短暂的潮流，自始至终地贯彻实行自己的美学观念，并在保留个人风格的同时发掘创新意念。正因为如此，阿玛尼的设计跨越了30年，影响了整整三代人。

如果有人乐意作一个统计，算一下从上个世纪80年代开始，在国际知名电影颁奖典礼上，明星们选择穿着的礼服都有哪些品牌，那么其中出现得最多的名字，毫无疑问会是“乔治·阿玛尼”，每年的奥斯卡颁奖晚会几乎成了阿玛尼的时装发布会。在时尚界流行这样一句话：“如果不知道穿什么，就穿阿玛尼吧！”

当乔治·阿玛尼的第一个男装时装发布会在1974年完成

之后，人们称他是“夹克衫之王”。美国《时代》杂志在1982年以封面人物的方式授予了阿玛尼极高的荣誉，这是继迪奥以来第二位获得此殊荣的设计师。要概括这位七旬老者对于时装界的贡献，就是他创造了一个世界：在这个世界里，没有男人和女人的界限，没有过去与现在的鸿沟，没有服装与身体的区分……有的，只是一个让人肃然起敬的符号——阿玛尼。

不同于大多数长期经营的时装品牌，追溯阿玛尼18年来的经营历史，很少有可笑的或非常过时的设计。阿玛尼能够在市场需求和优雅时尚之间创造一种近乎完美、令人惊叹的平衡。时装，是生命中的一些本质；风格，是每个人都有资格拥有的真正奢华，无论你富有与否；典雅，则是在喧腾的潮流中持有宁静。这是阿玛尼的时装设计哲学。

阿玛尼这个名字不只是一个商业概念，更是一个艺术概念，艺术需要被欣赏和演绎，所以，并不是任何人都能穿好阿玛尼。由于总是被别人取笑吝啬，NBA火箭的前主教练范甘迪狠心买了一套阿玛尼西装。但由于他是工作狂的缘故，穿在他身上的西装几乎没有脱过，他熬夜时靠着办公室的沙发上睡觉也穿着这套衣服，很快阿玛尼就变得皱巴巴完全走形，小丑一般的衣服穿在范甘迪身上天天出现在电视屏幕上，阿玛尼公司终于忍无可忍，为了维护自己品牌的形象，和范甘迪协商，只要他以后不再穿阿玛尼，他将得到数目不小的一笔补偿。

也许阿玛尼应该像《穿普拉达的女魔头》里面米兰达教训安德里亚一样，这样对着范甘迪表达：“你以为你穿上以后就与我们无关了，你身上的这套衣服，本来是我们这些著名设计师的心血，当它们被设计出来，成为时尚以后，被你们这些人给效仿，才可以在打折扣的时候把这套衣服买回家，堂而皇之地穿上身……”

当然对于体育界的明星人物，阿玛尼是非常欢迎的。像

女人爱时髦和独享，男人爱品质和格调，因此男装更是彰显地位与品位的标签。在时装界，高级定制服务一直以来都是精英男士的追求。对于一些高级定制店来说，为了令客户满意，店员可以不厌其烦地乘飞机赶往客户所在的城市，为其试穿样衣。当然，客户也要为这样的高级服务支付高昂的费用。但是，这就是高级定制的魅力——独一无二，无可替代。

■ 大卫·贝克汉姆

贝克汉姆这样的红人，自然要揽入门下，让他帅气的脸庞和挺拔的身材成为品牌的最佳代言。而贝克汉姆也是非常钟爱阿玛尼的，几乎每次出现在红地毯上，身上都是一套永恒的阿玛尼。乔治·阿玛尼本人曾经赞誉："贝克汉姆是将阿玛尼穿得最漂亮的男人。

每个有品位的男人至少都应该有套阿玛尼，当每一寸布料都呼应着你的线条，每一处折角都闪动着默契光芒，每一处折痕都为你而起伏，默默无闻地粉饰着你，在衣橱的角落寂寂无闻地守候着——没有比衣服更忠实贴身的朋友了。你完全有理由设想这样一种生活：在一个阳光明媚的清晨，你从阿玛尼的床上醒来，套上阿玛尼西装，喷洒阿玛尼香水，驶着乔治·阿玛尼为梅赛德斯－奔驰设计的限量版座驾去工作。午休时间，去附近的阿玛尼咖啡店喝一杯咖啡，然后在阿玛尼花店和巧克力店预订好鲜花与巧克力，准备晚上在阿玛尼餐厅的烛光里送给心爱的人……有时候，不是你选择了一套合身的衣服，而是选择了一种生活态度。

江诗丹顿男人

Vacheron Constantin & Men

江诗丹顿率先为人类记录了时间缥缈的踪迹，成为度量生命及历史的基本刻度。

江诗丹顿男人是理性男人，他拥有运筹帷幄的能力与高雅的气质，他不相信神话，一切用事实证明。

他们是传统的，亦是永恒的；他们让人敬畏，亦让人着迷。

江诗丹顿男人拥有一切力量中最强大的力量——理智，与情感主导行为的男人相反，他懂得用大脑来作决策，而不会让自己陷入情感的旋涡中。江诗丹顿男人似乎天生就喜欢机械的东西，从小时候的电动汽车到成年之后的机械表，他们的机械情结并未随着科技的发展而减弱，反而愈演愈烈。机械的东西是直观的，所以江诗丹顿男人是理性的和富有逻辑性的，他们能担当重任，做事踏实稳重，兴趣持久而专注。因为江诗丹顿男人很少感情用事，他们往往在了解、分析客观事实之后才得出结论，所以他们立场坚定、直言敢说、倔强执著。他们善于忍耐，情绪不轻易外露，具有较强的自我克制能力。

江诗丹顿表的入门价格是10万元人民币，所以拥有它的男人一定是某个领域的佼佼者。在别人都忐忑不安的时候，理性又富有逻辑性的江诗丹顿男人能保持冷静、镇定自若。他是公正的化身，能依据客观事实做出决定，不偏不倚。他的心理承受能力相当强，能顶得住来自各方的压力。如果遇到和他意见相左的下属，他不会强行压制，而是想办法说服他。

我们可以在沃伦·巴菲特身上看到江诗丹顿男人所具有的理性的巨大优势。沃伦·巴菲特是当今世界上具有传奇色彩的证券投资家，他以独特、简明的投资哲学和策略，投资

可口可乐、吉列、所罗门兄弟投资银行、通用电气等著名公司股票、可转换证券并大获成功。在一次游戏中，与巴菲特在一起的高尔夫球友们决定同他打一个赌。他们认为巴菲特在三天户外运动中，一杆进洞的可能性为零。如果他输了，只需要付出 10 美元；而如果他赢了，将可以获得 2 万美元。每个人都接受了这个建议，但巴菲特本人拒绝了。他说：“如果你不学会在小的事情上约束自己，你在大的事情上也不会受内心的约束。”

巴菲特理性的生活之道给了其理性的投资之道，他之所以能从一个股票经纪人成长为最著名的证券投资家，并没有什么特别的诀窍。相反的，他是一位非常传统的投资客，他总是投资那些他能够理解，而且不会发生太大变化的业务。就在 IT 业成为纳斯达克新宠，吸引着全世界的目光时，巴菲特也丝毫不为所动。巴菲特在很大程度上改变了人们对股票

■ 比尔·盖茨与沃伦·巴菲特

经纪这个行业的看法。他认为一个具有适当气质的人，如果加上适当的知识结构，其行为就不会违背理性，也就拥有不受别人影响，忠于自己的判断能力。巴菲特在40年的投资生涯中，蔑视和回避了众多的市场诱惑，也躲避了20世纪60年代的“电子风潮”，躲避了20世纪80年代的“生物概念”、“垃圾债券”，躲避了前不久的“网络闹剧”。

江诗丹顿男人正是这种以理性至上为原则的人，他们喜欢江诗丹顿透明的表底壳，这种设计让他们可以随时欣赏机芯内的机械之美。他们相信，将复杂的原理变成可辨识的符号，不是去追求虚无的东西，而是感受到实实在在的美。这种结构性的美感在江诗丹顿男人身边随处可见，他们欣赏建筑物的黄金比例、桥梁的稳固造型等。

作家冯骥才说过：“理智是拴马桩。让情感的野马系上缰绳，缚到拴马桩上。这样，你才有时间和精力去做你打算做的工作。只是当你疲惫的时候，才允许自己把情感的野马从拴马桩上解下来，骑上它，绕过篱笆，奔过山丘，到花的草原上去驰骋，去追逐鹞鹰的翅影，去引吭高歌，去到池边饮水，去到林间憩息，聆听林鸟婉转的啼鸣。当你得到了抚慰，驱除了疲倦，自觉让情感的野马失控，驮着你任意走向岔路口，或去践踏事业的园圃。如果这样，你将一事无成。不要冷落拴马桩。冷落了拴马桩，也就是冷落了你正在干的事业。”江诗丹顿男人懂得这个道理，所以他们比别人更易获得成功。

江诗丹顿男人多少有些固执，世界顶级的机械表品牌很多，他们钟情江诗丹顿是因为，它是人类历史上最古老的制表厂，俨然成为“时间”的同义词。任何要素都可以被超越，工艺、精度、美感、设计……唯有时间无法超越。

喜欢 江诗丹顿的 男人们

腕表是男人品位和身份的象征，而在各国元首的饰物中更是占有独特的地位，俄罗斯媒体曾报道过，在世界各国元首中，意大利总理西尔维奥·贝卢斯科尼对手表的热情最高，简直到了如痴如醉的地步，他佩戴的江诗丹顿金表价值54万美元，是各国元首所佩戴的腕表中最昂贵的一块。

意大利总理贝卢斯科尼是亿万富翁、传媒大亨、足球俱乐部老板，但这些身份都无碍于他对音乐的热爱。贝卢斯科尼最大的业余爱好就是玩乐器，钢琴、吉他、低音提琴，他都演奏得有模有样。贝卢斯科尼曾在游艇上当过歌手，即使成为意大利总理后，他也没有改变兴趣爱好。到目前为止，他已经与民歌伙伴创作了三张情歌专辑，成为意大利第一位在执政期间发布唱片的国家领导人。此外，贝卢斯科尼是世界各国政要中最爱美的一位，他相继接受了面部整容和移植头发的手术。他在生活中坚持严格的形体锻炼，就连他的日常饮食也是融合了目前众多减肥食谱的精华：早餐只有三小片面包和不加糖的茶，午饭是西红柿沙拉、玉米和金枪鱼，晚饭只有蔬菜。贝卢斯科尼爱美的目的只有一个——展现永远年轻的魅力形象。

雷诺 F1 赛车车队总经理弗拉维奥·布利亚托是江诗丹顿的热衷者，他也是 F1 场边最熟悉的面孔之一，他带领贝纳通和雷诺拿下过三次车队冠军，一手培育出许多的超级明星车手。除了拥有了不起的事业，弗拉维奥更拥有人人羡慕的奢侈生活。他是有名的花花公子，常常与国际名模美女出双入对。跑车美女，当然所费不菲。弗拉维奥接送美女一定要动用直升机，给美女买大衣一定要买名牌限量版。虽然他原本是意大利教师的儿子，但是奢华起来完全不输给富家子弟。如果情绪不佳，他就会到自己在肯尼亚的超级豪宅中去静心养神。这个远离欧洲大陆的豪华居所可以让他忘却烦恼和忧愁，重新找回信心和快乐。如果他想换换空气，就会乘上价值 4000 万欧元的 55 米长的豪华游艇扬帆远航，或者到意大利撒旦尼岛上的夜总会去彻底放松，这个夜总会就是属于他自己的“金币之家”夜总会。

2008 年夏天，在意大利的撒丁岛上，一个聚集了全世界亿万富翁的俱乐部，因为一件事而处于风口浪尖。原因就是有人觉得在经济拮据的时候，这些富豪却仍然太过于张扬地显示着自己所剩不多的财富。作为这个俱乐部的主人，弗拉维奥·布利亚托当时就站出来维护了自己的权利，宣称富人对于奢侈品拥有绝对的使用权。

生活主张 LUXURY MEN

江诗丹顿男人
奢华私享

住七星级酒店　江诗丹顿男人是擅长积累财富的一类人，他们有实力开最好的汽车、吃最珍稀的佳肴、住最好的酒店。世界上最好的酒店在迪拜。迪拜是阿拉伯联合酋长国的第二大城市。20 世纪 50 年代，它还是阿拉伯湾一个朴素的海滨小镇，到了 90 年代以后，迪拜发生了翻天覆地的变化。鳞次栉比的摩天大楼在霍尔河畔奇迹般地崛起，让人以为自己仿佛到了纽约。这是一个极度奢侈的国家，这里种植每一棵树的代价都在 3000 美元以上。这里有数个世界上最贵的酒店，这里有世界上最贵族化的运动，这里的水比油更有价值。奔驰在这里当警车用，金饰是女人体重的一部分。

迪拜的富有和神秘让人回味无穷，它能为旅行者提供全年普照的阳光和阿拉伯神话式的奢华感受，加上阿联酋的绝对安全保证，使得迪拜成为当今名流富贾热衷的度假之地。除了中东风情与沙漠的神秘色彩，迪拜的魅力也来自于伯瓷

■ 伯瓷酒店

酒店。伯瓷酒店仿佛一个金灿灿的梦境——它富丽堂皇，奢华至极，超出世上现有酒店的星级水准，以至于评论家们都不知道该给它定为几星，外界干脆将其评为“七星级”。

伯瓷酒店于1994年建成，酒店建在离岸280米的人工岛上，共有56层，321米高，是全球最高的酒店，几乎和法国埃菲尔铁塔等高。伯瓷的建造工程花了五年的时间，两年半用于在阿拉伯海填出人造岛，两年半用于建筑本身。酒店由英国设计师W.S.阿特金斯设计，新月状的外廓展现了浓郁的伊斯兰风格，远望又像只鼓满了海风的帆船。

伯瓷酒店内部极尽奢华。走进大门，当偌大的宫殿呈现在眼前时，那种辉煌甚至会让人感到微微惶恐。在伯瓷，凡眼睛判断为金色的东西，定是黄金无疑。酒店在建造时耗费了26吨黄金，大到厅里的巨型柱子，小到门把、家具手柄、水龙头、电话，甚至是一张便条纸都爬满黄金。虽然是镀金，但要所有细节都优雅不俗地以金装饰，则是对设计师的品位与功力的考验。

走进伯瓷，犹如走进了《天方夜谭》中的阿拉丁洞穴，潜藏心底的童话与梦想一下子被激活了。酒店拥有202套复式客房、200米高的可以俯瞰迪拜全城的餐厅以及世界上最高的中庭。伯瓷豪华的佐证非笔墨可言喻，从带你走进海鲜餐馆的小型潜艇，到每个房间的17部电话机，再到用做机场巴士的16辆劳斯莱斯都可见一斑。你甚至可以要求直升机接送，在15分钟的航程里，首先从高空鸟瞰迪拜市容，欣赏壮丽的景观后，才徐徐降落在酒店28楼的停机坪。

由于是以水上帆船为外观造型，酒店到处都是与水有关的主题。也许在沙漠国家，水比金更能彰显财力。餐厅仿佛建在“海底世界”中，搭乘电梯可以欣赏高达十几米的水族箱，很难相信外面就是炎热高温的阿拉伯沙漠。而金碧辉煌的酒店套房则让你感受到阿拉伯油王般的奢华。所有的202个房间皆为两层楼的套房，最小的房间都有170平方米，而最大的皇家套房更有780平方米之大。所有房间全部安装落地玻璃窗，客人随时可以展望一望无际的阿拉伯海。最令人吃惊的是，每个房间都有一个管家跟随客人身后，为客人解释房内各项高科技设施如何使用。在最普通的豪华套房中，墙上挂的画也全都是真迹，随便拍卖哪一幅，都可让普通人逍遥地度过大半生。

皇家套房装饰典雅辉煌，顶级装修和搜罗自世界各地的摆设，让房间如同皇宫一样气派。家具是镀金的，金沙发、金壁炉、金床榻、金浴盆……电梯是专用的，从地下车库直达25层的皇家套房。套房内设两组大卧室、两间大客厅、一个独立的餐厅、一个高清晰的数码电影院、阿拉伯式会客室，甚至衣帽间的面积都比一般酒店的房间大。已故的范思

伯瓷酒店的空中餐厅

哲大师对皇家套房赞不绝口，不惜每天为那张奢华的卧榻支付 1.8 万美元的房费。

酒店有两个让人叹为观止的餐厅——海底餐厅和空中餐厅。海底餐厅仿佛是在深海里为顾客捕捉最新鲜的海鲜，在这里用餐的确是难忘的经历——要动用潜水艇接送。从酒店大堂出发直达海底餐厅，虽然航程只有短短的三分钟，可是仿佛进入了一个神奇的海底世界，沿途有鲜艳夺目的热带鱼在潜水艇两旁游来游去，美不胜收。安坐在舒适的餐厅椅上，欣赏着珊瑚、海鱼所构成的流动景象，用餐也变得诗情画意起来。

乘快速电梯，只需 33 秒便可直达屹立于阿拉伯海湾上 200 米高空的空中餐厅。餐厅以蓝绿为主的柔和灯光，再加

上波浪设计的衬托，让人感觉仿佛进入了另一世界。空中餐厅可容纳 140 名顾客，晚餐之际，夜空璀璨，环观迪拜的天空和海湾，享受地中海风味的高级厨艺，让人感觉仿佛坠入天堂。

无数人把入住伯瓷酒店当做一个绚丽的梦想，但是并不是每个人都那么幸运。这里房价不菲，在普通套房住一天需要 1000 美元，而皇家套房的价格更是上涨到 2.8 万美元。更多的人只能来伯瓷参观一下，不过请注意，就连踏进这家酒店也要付 75 美元的参观费。

收藏格拉夫珠宝　对于男人来说，珠宝和女人最相似，美丽而贵重，是他们自身价值的最好点缀。珠宝的一切精工细作不只是为了炫耀技巧，让人显得更加有魅力才是设计的圭臬。如果要购买珠宝的话，相对于那些以设计见长的作品，理性的江诗丹顿男人更倾向于宝石的重量和品质，他们看重的是珠宝的保值和升值功能。英国品牌格拉夫会为他们提供中意的珠宝。格拉夫的珠宝大部分切割自罕有及昂贵的天然原石，它以拥有大量彩钻而闻名于世。曾经有一段时间，黄色和蓝色钻石曾被人认为品质不纯。然而如今，钻石却在按照其稀缺程度——红、橙、绿、蓝、粉、黄引领着收藏市场。这些彩钻被认为是“世界上最为浓缩的财富”。在 20 世纪 80 年代初，一颗非常精美的粉色钻石最多值 1000 美元，现在，这样一颗钻石最少值 20 万美元。

现在世界上最大、最精美的彩色钻石的聚集地是在伦敦，不管是巴黎的凡登广场，还是纽约的第五大道，都无法与之媲美。拥有 50 多年历史的英国高级珠宝品牌格拉夫，虽然资历不及那些拥有百年根基的老字号，但它的珠宝作品绝对可以和任何一个珠宝商媲美。在纽约一个奢侈品消费调查机构发布的“世界十大珠宝品牌”排名中，格拉夫位列第四，排在卡地亚、蒂芙尼等世界知名珠宝品牌的前面。

格拉夫的珠宝大部分切割自天然原石，这与很多大品牌截然不同，所以其拥有更多美丽又珍贵的宝石。格拉夫曾转卖过几颗非常珍贵的黄色钻石，如重 101.28 克拉的“金星”、90.14 克拉的“沙皇皇后”、65.57 克拉的“金玛阿哈加”和 107.46 克拉的黄色“罗耶特曼”钻石，这些钻石具有巨大的升值潜力。

江诗丹顿男人的奢侈生活是全方位的。全方位的奢侈生活意味着众多奢侈品和奢华服务所带来的自由的时间、安宁的氛围、稀缺的资源以及只属于少数人的生活方式。

乘船海钓　在江河湖泊垂钓，享受的是一份宁静。置身于水天相接的岸边，看着一望无际的水面，心情的舒畅不言而喻。如果想体验更刺激更有情趣的垂钓，那就要去海钓。海上波涛汹涌，暗礁深藏，鱼大齿利，在这蓝天碧海之间，江诗丹顿男人的英雄豪气不亚于在商战中的剑拔弩张。有人说，海钓是蓝色海洛因，它是成熟男人的游戏，考验着勇气和学识。要做一名优秀的海钓手，江诗丹顿男人不仅要具备丰富的海钓知识，同时还要熟悉攀岩、登山、航海、游泳等技能，还要有负重行走的能力。有时候需要背负重达 50 斤至 80 斤的海钓装备，在礁石上行走。

在地球表面，空气中含负离子最高的地区是海边。在海上垂钓无疑是一种美好的享受，既能促进健康，又能陶冶情操，可谓乐趣无穷。海钓在欧美发达国家已有上百年的历史，与高尔夫、马术和网球被列入四大贵族运动之一而备受青睐。海钓时，江诗丹顿男人与礁石做伴，与海浪共舞，仿佛是海明威笔下《老人与海》中的主人公桑提亚哥，拥有着胜利者的风度，展示着坚不可摧的精神力量。海钓有多种钓法，有船钓、矶钓、滩钓、拖钓、伐钓等等，而其中最惬意又不乏激情的当数船钓与矶钓。对于那些真正的海钓迷来说，在岩石边海钓，不如开着自己的游艇，邀两三位挚友，携四五支钓竿，置身于辽阔浩渺的大海之上，感受海洋与心灵的瞬间碰撞，征服海洋，或者被海洋征服。

LUXURY MEN
奢华解语

江诗丹顿之格调

最优服务　江诗丹顿宣称："我们是世界上唯一一个可以维修制造于任何时间的本品牌腕表的企业，哪怕你拿出200多年前的产品来，也没有问题。"自1840年起，每只江诗丹顿腕表的生产图纸、记录、销售日期及机芯、表壳、编号等资料，都被完整无缺地保存在公司的档案柜中。

美感设计　江诗丹顿一直致力于从辉煌显赫的传统中汲取灵感不断创新，只做外形富有现代感的钟表，树立表坛典范。在不同时代，江诗丹顿的钟表的外形都体现着精致典雅的美学风格，决不矫揉造作。唯有在精巧的细节中，才能感受到江诗丹顿腕表的精致考究。

精湛技艺　江诗丹顿兼容百年历史的钟表工艺和现代尖端技术，其机芯种类十分齐全，从具备时、分、秒显示功能的简单机芯，到万年历、计时码表、月相盈亏显示、飞返式时钟和陀飞轮等多功能复杂机芯一应俱全，当然还有最精湛卓越的三问机芯。

1775年，年轻的哲学家让·马克·瓦什隆在瑞士日内瓦成立了世界上第一家制表厂，这家制表厂就是江诗丹顿的前身。最开始，江诗丹顿既没有多少市场，也不受人重视。1816年，瓦什隆29岁的孙子去意大利都灵向王室兜售钟表，结果被王室的制表匠欺负，把他的路易十六玛丽女王表拆得一塌糊涂。正是因为这些沧桑，才更让人记住这个品牌的真正价值。江诗丹顿在19世纪局势的扭转得益于一位天才人物的加入。1819年，费朗索瓦·康斯坦丁的加入让江诗丹顿开始追求完美的技术细节和美丽的外观设计之间的和谐统一，他也把江诗丹顿钟表卖到了欧洲的每一个角落。作为一个天才的推销员和开拓者，费朗索瓦·康斯坦丁充满理想和激情的格言至今还影响着江诗丹顿：永远极力追求完美。

悠久的历史积累让江诗丹顿表质量稳定而卓越。随着时间的流逝，江诗丹顿也在不断超越自身，其表盘上的“马耳他十字”标识已经成为品位、地位和财富的象征。如果人类还需要用时间来计算自己生命的话，那么，江诗丹顿就有存在的意义。

日内瓦之所以成为世界钟表之都，原因则要追溯到16世纪。当时，日内瓦城改革运动领袖加尔文下了一道严厉的命令：在日内瓦城，人人禁止佩戴珠宝首饰。他万万没有料到，他的禁令却促进了钟表业的发展。珠宝首饰商为了不被淘汰，就开始致力于钟表业。后来，日内瓦钟表更成了瑞士的国礼。1955年，国际和平会议在日内瓦召开，会后，多国政要，诸如当时的英国首相艾登、美国总统艾森豪威尔等人都收到了一个特殊的礼物——江诗丹顿腕表，在每一只腕表上都有这样的文字：“祝愿此表能为您和您的人民以及世界和平带来欢乐的时光。”这句名言至今还常被人们谈起。

江诗丹顿的经典之作“卡里斯泰”（Kallista）是世界上最昂贵的腕表。此表制作于1886年，原为沙特阿拉伯的哈里德国王所订购。“Kallista”在希腊文中是完美无瑕的意思，而其成品也的确完美之至。表身表带镶满钻石，118颗经过严格挑选的上品蓝白方钻共重130克拉。江诗丹顿厂为制造此表，集中了最优秀的技师，经历20个月的工作才制成。不幸的是，哈里德国王没等到这款名表问世就去世了。1986年此表制成后，被一位不知名的买家以350万美元买去。1987年12月3日，“卡里斯泰”再度易手，被珠宝商人皮埃尔·里米以500万美元购得，交与一位神秘的美国买家。于是，“卡里斯泰”每日升值4000美元的佳话不胫而走。

因为融入了创作者的灵魂和性格，江诗丹顿的每一个作品都是心灵与技艺的契合。江诗丹顿永远不是把时间禁锢的机器，而是展示时间的机器，透过它那透明的表壳，我们可以清楚地感受到时间在以最优雅的姿态飞逝着……

VACHERON CONSTANTIN
GENÈVE
COUPLE DE SONNERIE
250 ANS
CONSTANTIN GENEVE
Lever
Coucher
NORD
774461

人头马男人
Rémy Martin & Men

人头马没有香槟的浪漫、威士忌的麦香，只有雄性荷尔蒙的激情跌宕，它带来的是法国宫廷文化的神秘，它宣扬的是大无畏的英雄主义。

人头马男人是游弋于城市的勇士，他的血液里流动着英雄主义的豪情，他的眼神中映射着摄人心魄的霸气。

他们在时光中攫取永恒。

法国人曾经称白兰地为“英雄之酒”，法国有一句谚语：男孩子喝红酒，男人喝波特，要想当英雄，就喝白兰地。白兰地一直被人们赋予英雄的气概，或许因为其浓烈程度也只有英雄才能匹配。特别是顶级干邑，无数曾经叱咤风云的战神枭雄都被其折服：拿破仑偏爱干邑，在他的保护下干邑区成为酿制白兰地的著名产区，而今他遗留下来的酒窖中就存有当年的佳酿；戴高乐将军担任法国总统期间，从不允许英国威士忌出现在爱丽舍宫的餐桌上，他只喝干邑；而英国首相丘吉尔似乎更大度些，雪茄和干邑都是他人生中的至爱。英雄的偏爱成就了干邑的辉煌历史，男人热爱干邑，不只是因为其唇齿留香的醇美，更是为满足心中的英雄主义情结。

张欣在《深喉》里写道：“在能够改变男人的东西中，酒最厉害，其次是女人，然后是权力，最后才是真理。”人头马被誉为男人专属、英雄之酒，不仅因为它浓烈甘醇的强烈味道，更因其显赫华贵的身世地位。作为王者干邑的人头马路易十三自诞生以来即被皇室贵族、成功人士和各方名流作为首选之饮：东方和西方的国王、追求自由的政治家、为本我感到自豪的少数派、音乐艺术界的明星、运动会的冠军、来自世界各地的艺术家们都对人头马路易十三情有独钟，赞美之辞不绝于口，让人头马路易十三成为了各种文化和艺术的象征。200 多年来，人头马改变了多少男人，我们

不得而知。可以肯定的是，但凡懂得欣赏人头马的男人，都具有时间历练的成熟，他们通常对事物品质有独到见解，因为上等干邑是融合时间与艺术的结晶。就如同人头马加水后风味不变一样，人头马男人可以轻易接受变化但是仍然会坚持本质，所以他们能够以霸气、坚忍和力量从容应对困境。人头马男人是最经老的，他们越老就越呈现出黄金一样的质地，越老就越会散发出琥珀一样的香气，当感官和香气都达到了高度的和谐统一时，那是他们炉火纯青的美好时刻。

只有极度自信的男人才会扮演救世主的角色。在战争时代，人头马男人是在反抗外来民族的侵略斗争中作出杰出贡献的人物，他们在反抗斗争中不畏强暴、不怕牺牲，大有舍我其谁的英雄气概。在和平时代，他们是为民族发展繁荣作出杰出贡献的人物。法国前总统夏尔·戴高乐是人头马男人的卓越代表。正如他自己所说的：“每当历史最恶劣的时候，我的义务就是把法国的责任担当起来。”他是法国的民族英雄。1940 年 6 月 18 日，以贝当为首的法国政府向德国投降，使整个法国蒙受了巨大的耻辱。第二天，法国人民从英国的电台中听到了真正属于法兰西的戴高乐的呐喊：“无论发生什么，法兰西抵抗的火焰绝不应该熄灭，也绝不会熄灭。”从此，著名的“自由法国”抵抗运动开始了。戴高乐的宣言激励了 3000 万法国人民的心灵，他们在失败的痛苦中重新昂起头来。整整四年，戴高乐带领将士们和德军进行着英勇的战斗。戴高乐以他顽强的毅力和爱国精神，为拯救和维护法国的民族独立，为反法西斯战争的胜利作出了不可磨灭的贡献。正如戴高乐一样，人头马男人拥有藐视一切之能力，傲视群雄之气势。

现代，人头马男人是游弋于城市的勇士，他们搏击在商场，决战在政坛，他们掌控着最高端的品位游戏。无论何时何地，梦想与繁华，虚荣与幻灭，由人头马男人铸就。

夏尔·戴高乐

男人志 LUXURY MEN

喜欢人头马的男人们

1944 年，夏尔·戴高乐选择了人头马路易十三庆祝胜利，从此，戴高乐的名字便成为人头马历史上最铿锵的篇章。法国人有浓厚的“戴高乐情结”，法国人民至今仍对戴高乐的种种逸事津津乐道。由于戴高乐在公众面前总是威风凛凛、一本正经的样子，因此很多人认为他在私生活中也一定十分讲究繁文缛节。其实，生活中的戴高乐是个很随和的人。每天晚饭后，他便和夫人一起在花园里散步，然后一起看电视。他一周中最开心的日子是每个周四的下午，这天孙子们会到爱丽舍宫同他喝茶聊天。

戴高乐出身军中，他在长期的军旅生涯中形成了勤俭节约的习惯。戴高乐夫妇不讲究穿戴，一直保持着随手关灯的生活习惯。戴高乐对办公室和起居室从没有奢侈的要求，在更换窗帘时，他要求把旧的翻过来接着用；装修房间时，他要求不贴壁纸，只简单地进行粉刷；为了节省开支，每次外出访问，戴高乐尽量减少陪行人员；有时戴高乐和夫人一起访问时，只带一名随身服务人员；他要求工作人员坐地铁或乘公共汽车上下班，不允许助手在爱丽舍宫随便摆宴请客。

戴高乐酷爱香烟和雪茄，但是1947年11月28日，他当众宣布戒烟，这是为了纪念在这天逝世的老战友勒克莱将军所做的决定。当时，戴高乐已年近花甲，在此之前他每天要吸3盒香烟。自宣布戒烟到他逝世的长达23年的时间里，他始终遵守诺言，没再吸一支烟。有人问他戒烟成功的秘诀，戴高乐的回答只有三个字：“不妥协!”

微软公司创始人之一保罗·艾伦喜欢在派对上用人头马大飨宾客。保罗·艾伦称自己比比尔·盖茨更懂得享受生活，他把自己从一个默守在电脑前的技术员变成一个游刃于上层社会的名流——他与网球明星频频约会，出资买下两个NBA球队，资助后现代设计大师对音乐主题博物馆的设计，甚至还建立了自己的摇滚乐队“屠户店男孩”，并在乐队担当吉他手。他的游艇“章鱼号”一度是世界上最大的私家游艇，全长125米，相当于英式足球场地大小，有可供两架直升机起落的停机坪，船中还藏有一艘长达18米的登陆艇。艾伦喜欢邀请亲朋好友和娱乐界、IT界的名流到游艇上享受声色之娱。

保罗·艾伦的另一个爱好是搜集二战时期的各国退役战斗机，至今他已有英法俄意美德日等国的几十架二战时的战斗机，另外还有两架波音757和一架麦道飞机。至于在意大利水都威尼斯举办化妆舞会、租用豪华邮轮驶往阿拉斯加开晚会、在法国南部购买豪华度假别墅等事，在他看来根本不算什么。

保罗·艾伦曾被《财富》杂志评为“让人嫉妒的25个人”之一，他们觉得比尔·盖茨在拼命挣钱，然后保罗·艾伦拿着这些钱享受生活。艾伦回应说：“其实我只是一个经历

也许航行了一生也没到达彼岸，也许攀登了一世也没登上顶峰。但是，触礁的未必不是勇士，失败的未必不是英雄。人生的经历是一种无形的财富，境界的提升是一种无比的喜悦。有经历才能体验生活的精彩，有体验才能激励思想升华。

过死亡威胁（癌症）的人，也许我不是那种拥有远大理想的人，但我更喜欢延续自己的兴趣做事情。”他曾说：“我十分热爱编程，但是这无法与音乐相比。”在游艇驶往诸如巴厘岛等旅游胜地的途中，艾伦会手执吉他与著名音乐人彼得·加布里埃尔联袂表演，以飨来宾。有时艾伦还会唱上一首他自己写的歌，歌名叫《时间炸弹》：“我所做的一切似乎都是错的，但我的心气仍然高昂。”这似乎是艾伦心情的写照。

生活主张
LUXURY
MEN

人头马男人
奢华私享

光有干邑还不够，人头马男人还需要另外两种东西。法国人有一个“3C”原则——咖啡、干邑、雪茄，这三种以“C”开头的东西被称为餐后三美眷。3C是地道的贵族式餐后享受，盛宴之后，自在从容地喝上一杯咖啡，品尝一杯干邑，缓缓地点燃一支雪茄，为的是奢侈地消磨时光。人头马男人在某个闲暇的午后，乐于享受这种怡然舒缓的感觉，这是对自己最好的犒劳。

“3C”之一——肯尼亚咖啡 毋庸置疑，每一种咖啡都会带给你不同的感受。你可以从一杯牙买加蓝山咖啡中品味到高雅的贵族气质，从一杯也门摩卡咖啡中嗅到最原始的味道，从一杯夏威夷科纳咖啡里感受到热带海浪的气息，从一杯曼特宁咖啡中体会到大义凛然的英雄气概……法国人喜欢香味、苦味和焦味最低、颗粒饱满、水果味浓的咖啡，比如非洲的肯尼亚咖啡，这种咖啡最适合与干邑搭配。它具有美妙绝伦、令人满意的芳香，均衡可口的酸度，均匀的颗粒和极佳的水果味。肯尼亚咖啡与心灵与快乐、欢笑同义，它一直被奢侈、诱惑和浪漫的色彩包围着。

“3C”之一——丰塞卡雪茄 丰盛的圣诞晚宴过后，嘴里叼一支丰塞卡雪茄。它那淡雅悠然的香气，刚刚充满口中，再饮上一口人头马XO特优香槟干邑，顺滑如天鹅绒般

的柔顺质感立刻呈现。人头马 XO 特优香槟干邑那华丽丰盈的馥郁芳香与天鹅绒般的柔顺质感立刻会在你的口中演绎出华美的篇章，而制作雪茄的烟叶选用的是 18 个月以上陈年的烟叶，它苦杏仁般的香气和人头马 XO 特优香槟干邑所独特具有的强烈的茉莉与鸢尾花的芳香是最融洽不过的了。

丰塞卡是以清新淡雅的口味赢得雪茄迷青睐的，所有的雪茄迷甚至包括初次尝试雪茄的人都非常喜欢丰塞卡。它清淡顺滑的味道不会给人造成任何负担，不仅容易掌控而且味道更容易让人产生舒服的感觉。凡是抽过丰塞卡雪茄的人都赞不绝口，他们声称："只要抽上一口丰塞卡，你就永远都不会想其他牌子的雪茄了。"

人头马男人，请拔剑！ 高尔夫运动对于人头马男人来说节奏有些慢，人头马男人或许更喜欢另一项贵族运动——击剑。提起击剑，人们自然会联想到阿兰·德龙扮演的游侠佐罗。也许人头马男人从小就崇拜佐罗，幻想着自己有一天也能像这位豪侠一样手握长剑，一展风姿。

中世纪的欧洲，击剑被认为是骑士所具有的一种高尚情操，是绅士和贵族男士的运动，它与骑马、游泳、打猎、下棋、吟诗、投枪一起被列为骑士的七种高尚运动。为了研究和推动击剑的发展，欧洲各国纷纷成立击剑行会。在 14 世纪的西班牙、法国和意大利出现了一个炫目的骑士阶层，他们以精湛的剑术纵横天下，博得了广泛美誉。此后各国贵族纷纷效仿，一时间成为上流社会的时尚，以至于发展到贵族之间解决纠纷，动辄拔剑相向，一剑定生死。交锋前双方要举剑于眉间向对方敬礼致意，意思是"准备好了。开始吧！"——生死之争，也不失骑士风度，这些礼仪一直沿用下来。

在剑术决斗这一方面最痴迷的莫过于法国人。1588 年到 1601 年间，法国简直决斗成灾，20 年里巴黎就有 8000 名贵族、绅士在决斗中毙命。似乎所有的法国男人都变成了敏感的斗鸡，只要话不投机，便以决斗分胜负。法国国王路易十三的宰相黎塞留为此发出禁令，甚至在1627年将一位公爵处决，却仍无法阻止法国人因为任何一点小事进行一场生死决斗。为了满足人们的决斗热而又不至于伤人，能工巧匠于是设计出一种轻巧、剑身呈四棱状的剑，击剑运动由此诞生。

尽管现在已经没有人会像佐罗一样说：拔出你的剑，让我们去郊外！但是在人们心目中，击剑仍是一项神圣庄重的运动。银光闪烁的击剑场，试图向人们传递这样的信息：当格斗成为一种艺术的时候，选择击剑，其实就是选择了一种生活方式。一柄剑是勇气的象征，是力量的象征。你无法想象一柄剑佩带在懦夫身上，这对于一柄剑而言，是莫大侮辱。而勇气、智慧、风度，这正是人头马男人热爱击剑运动的真正原因。

击剑运动有三种武器：重剑、花剑、佩剑。三种武器的有效击中点及比赛规则亦有不同，故每种武器都有其竞技特点。相比而言，花剑更具运动性，佩剑速度最快，重剑则更需要技巧和准确性。击剑需要剑手具备独立性和临场计谋能力。它是一项独自练习、独自作战的运动，任何一场比赛或对抗都只能依靠自己的反应与判断来获取胜利，没有队友的协助与配合。在这方面击剑和高尔夫很相似，不断重复练习同一个动作，并且必须一个人解决面临的问题，所以，喜欢击剑运动的人头马男人通常都会有着独立的见解与决断。人头马男人最值得标榜的东西不是“我从来不会失败”，而是“我总能从失败中站起来”，总是想赢的男人始终让人觉得充满吸引力。

LUXURY MEN 奢华解语

人头马之格调

顶级产区　在世界范围内，目前只有人头马酿酒厂完全采用干邑区中两个最优秀的葡萄产区——大香槟区和小香槟区的极品葡萄。每一颗葡萄都在得天独厚的地理环境中孕育成长。只有这两个葡萄产区所生产的“生命之水”，才能陈酿出香醇丰厚的人头马特优香槟干邑。

顶级橡木　酿制人头马干邑的关键在于酒桶的木质。在干邑的生产过程中，橡木的来源地及酒桶的制造方法都扮演举足轻重的角色。当雷米·马丁发现这个道理后，在当时的酒厂旁兴建一所工厂制造木桶。工匠秉承250多年的优良传

统，把来自林茂山森林的橡树以熟练的技巧，制成小橡木酒桶。陈酿过程中，“生命之水”在适当的醇化环境中与干邑进行全面的“交换作用”，互相融合，孕育出浓郁芳香的干邑。

调配艺术　人头马的色泽、酒香及味道都能达到全球统一水平，这是将贮存在个别酒桶的“生命之水”小心调配而成的结晶。酿酒师从众多高质素的“生命之水”中，选取有独特个性的，调配混合成上等干邑。

传说西班牙人在一次战争中，港口被封，疲于奔命的人们舍不下大批的好酒，有人就把葡萄酒加以蒸馏后注入橡木桶中，置于地窖。几年后战争结束，人们打开地窖凿开木桶时惊喜地发现，一股扑鼻的芳香四溢开来，且酒的颜色变成了金黄琥珀色，这个偶然便成为白兰地历史的开端。而将白兰地推向繁盛顶峰的却是一个叫干邑的小镇，气候和土壤条件使其成为世界上最优质白兰地的产区，法国政府特别在 1909 年颁布行政命令规定：只有干邑区出产并酿造的白兰地，才能叫做干邑。从此干邑的名号就成为顶级白兰地的象征。

作为法国历史悠久的白兰地酿酒公司，“人头马”是由其创始人雷米·马丁在 1724 年一手建立起来的。这个将酿制世界上最好的干邑作为自己全部信念的天才，终于实现了最终的梦想。而那个带有贵族气质的人马星座图案，则象征着公司的至高品质——最优良的

LOUIS XIII

土壤、传统可信的方法和精湛的酿造工艺，以满足世界各地白兰地豪客的尊贵诉求。

人头马贵为干邑专家，它一直被誉为干邑品质、形象和地位的象征。人头马是世界四大白兰地品牌中唯一一个由干邑省本地人所创建的品牌，也是唯一一家自己种植葡萄的公司。人头马公司一百多年来始终坚持“将最珍贵、最稀有的干邑奉献给同样超卓不凡的人”的信念，在世界上仅有17%的干邑才能被尊称为“特优香槟干邑”，而人头马旗下的EXTRA、XOE、CLUB、V.S.O.P都是“特优香槟干邑”。

人头马白兰地纯正平和、香味浓郁、色泽鲜亮，按储存年代长短不同可分成几种，其中储存时间最短的“上等陈酿”也在6年以上，而在酒窖里度过50年漫长岁月的“路易十三”则被视为人头马中的极品。

一切苛刻而极致的要求铸就了人头马的完美，而岁月的历练更决定了人头马的珍贵。陈放在酒窖里10年、20年或50年，也许一个酿酒师直到离开人世的那一刻也没尝过自己酿制的第一桶酒，只能由他的后辈接替他继续守着这个传奇。

20世纪初，人头马路易十三独树一帜。它在1900年的世界博览会上脱颖而出，盛况空前，随后进军欧洲最显贵的皇室：从奥匈帝国到俄国历代沙皇，从巴伐利亚到巴登－符滕堡州，更别说瑞典、英国和挪威的皇室。1904年，为建立英法友好邦交，法国大使将人头马路易十三带到英国皇家餐桌，象征着两国友谊长存。1944年12月，作为胜利的庆祝，人头马路易十三被戴高乐将军用来庆祝法兰西解放后的第一个圣诞节。第二次世界大战中间，奢华至尊的人头马路易十三被引入富有传奇色彩的酒店，这些酒店接待过卓别林、罗斯福和哥克顿等名人。

1951年温斯顿·丘吉尔在英国用人头马路易十三庆祝自己大选获胜；32年后，拉里·霍尔姆斯用它来庆祝自己荣登世界拳击冠军的宝座；柬埔寨国王热爱人头马路易十三；指挥家卡洛·马里亚·朱利尼为它谱曲；时尚设计师克里斯汀、流行歌手艾尔顿·约翰等社交界时尚界名流也都是人头马路易十三的忠实拥趸者……所有的人，都在用自己的时代语言，书写着路易十三的历史。

宝马男人

BMW & Men

宝马不仅做到了你期望的那部分，就连你没想到的，它也做到了，它是如此出人意料，即使你把它拆得七零八落，它依然是位美人。

宝马男人厌恶一成不变、墨守成规、故作深沉、按部就班。你若说他喜新厌旧，他说不定会回应你一个帅气的微笑。他喜欢什么？活力、激情！

他们是生活艺术的诠释者。

宝马被称为真正的“驾驶者之车”，这一特性也生动地描绘了宝马男人的形象——他们是“运动”着的人，竭尽全力向社会顶层冲刺，他们掌握着很大一部分社会资源，他们的认知和舆论有时会渗入今后的历史。宝马掀起的运动旋风重新定义了新一代的成功男性形象：优雅、亲切、动感；不仅有着如火如荼的事业，而且也是身手不凡的运动好手。没有什么比运动更能装饰男人了，运动中释放的能量和激情足以为“男人”这个词语作最好的定义。他们不需任何名目，就能俘获观众的心，并冠以“制胜、征服、挑战”的关键词。若泛化一点，这些关键词决定了人类的进步。所以运动构成了宝马男人魅力的主题。整天泡在酒吧里或者坐在办公室加班的男人已经落伍了，像宝马男人这样具有激情和活力的男人，才更尊贵不凡。

“最完美的驾驶工具”是宝马别出心裁的品牌推广语。这个诉求结合了三大要素：设计、动力与科技，从而塑造了宝马“尊贵、年轻、活力”的形象，这一形象与同样注重运动特性、被称为“皇家运动员”的宾利汽车的“尊贵、传统、豪华”区分开来。“年轻、活力”是宝马男人与众不同的标签，充满朝气与活力的宝马男人总是给人留下健康、清新、勇敢的印象。这类男人永远不会缺少朋友，他们的皮夹往往是大家所共有的。豪情万丈的时候，将皮夹往桌上一放，高

呼一声："今天我请客！"朋友往往就是这样交上的。宝马男人的朋友必须跟得上他们的脚步，也就是说，他们的朋友或另一半，不管在运动、旅行、工作或休闲方面，都要能配合他们的快节奏。

奔驰始终致力于豪华车领域，法拉利一直执著于跑车的开发，而宝马没有它们那般"专情"，它制造过飞机、研发过汽车、也生产摩托车，在每个领域，宝马都做到了最好。这一精神得到了宝马男人的全面贯彻，他们无论在精神上还是实际生活中都有对未知领域探索的倾向，他们认为生命是由一连串的挑战组合而成的。他们心思运转很快，往往将精力同时分散于多样事务，而不愿集中在单一目标上。虽然不拘小节，但他们运筹帷幄的本领却高人一等。遇到困难时，他们最擅长拐个弯，而后以全新的角度找出解决的方法。他们的观念常会突破传统的窠臼，给人耳目一新之感。

吉姆·罗杰斯是1997年令东南亚国家金融界闻风丧胆的"量子基金"的创始合伙人。他25岁进入华尔街工作，37岁正式"退休"。12年间，他的资产从600美元暴涨到1400万美元。吉姆·罗杰斯还是一个旅行家和冒险家。"退休"以后，罗杰斯除了继续经营管理自己的投资之外，还兼任哥伦比亚大学商学院的教授，除此之外，他生活的一个重要内容就是骑着心爱的宝马摩托车环游世界。1996年，罗杰斯决定和女友骑着宝马摩托车环游世界。在长达22个月的行程中，罗杰斯和女友骑着两辆宝马摩托行驶了104700公里，打破了吉尼斯世界纪录，还写成了《投资骑士》一书。另一次，罗杰斯开着汽车，用三年时间环游世界。他用投资家的眼光洞察所到之处的投资机会。通常，他认为进入一个国家后，只要兑换这个国家的货币没有问题，在开车的过程中只要这个国家的道路交通条件良好，那这个国家就是可以投资的。

在非洲的博茨瓦纳，罗杰斯惊讶地发现城市中到处是高级轿车，当地的货币可以自由兑换，这个国家有三年的外汇

储备，政府预算和外贸都是顺差，而股票市场只有7名职员和7只股票，股价很低，还有现金红利。罗杰斯当即购买了全部股票，并委托经纪人买下以后上市的每一只股票。结果，2002年博茨瓦纳被《商业周刊》评为10年来经济增长最快的国家。环游世界的浪漫梦想就这样和金融投资考察实现了无缝连接，这就是宝马男人的潇洒和神奇。

有宝马男人在的地方，气氛就会比较活跃，即使是沉闷的会议，也会因他们的出现而变得气氛热烈起来，和他们在一起永远不会感到寂寞。在人们眼中，宝马男人是那种用心生活的人，做什么事情都是全心投入的。他们讨厌受束缚，追求一种瞬息万变、自由奔放的人生，有时他们会给人留下轻率多变的印象，当他们把迷人的和弦弹得恰到好处的时候，他们会悄然离去，到别处去吸引新的听众。然而，这不正是宝马男人的魅力所在吗？

男人志 LUXURY MEN

喜欢宝马的男人们

宝马男人的性格特征在唐纳德·特朗普身上得到了充分验证。唐纳德·特朗普是一位亿万富翁，他是美国特朗普集团公司的总裁，也是一个电视人和作家。世界上有众多大富翁，唐纳德·特朗普的突出是因为他敢说敢做、敢做敢当的言谈与行事风格，加上他的私生活颇具趣味性，唐纳德·特朗普不仅曾是美国《商业周刊》封面人物，亦曾出现在八卦杂志的头条新闻中。

生活奢侈的特朗普被称做是美国最招摇的富翁。唐纳德·特朗普从来不拒绝记者到他的私人住宅中去拍摄照片，他的家位于纽约的高级住宅区，在他豪宅的客厅中央，建有巨型的大理石喷泉，公寓的门都镀上了黄金，以显示他是多么与众不同。他在风景宜人的城镇兴建了数幢豪华别墅，还购买了价值一亿美元的豪华游艇，并拥有一架私人飞机。为了迎娶他的第四位新娘梅拉尼亚，他定做了一个13克拉的钻戒，正好用来搭配价值16.4万欧元的迪奥婚纱。对于身价40亿美元的他来说，这些钱算不了什么。

2000年，唐纳德·特朗普参加竞选美国总统，虽然后来退出了，但那一个潇洒的挥手动作仍然给人们留下了深刻的

■ 唐纳德·特朗普与兰德尔·凯特

印象。他的退选解释也很有个性。因为有洁癖的他发现公职候选人必须与太多陌生人握手，他说：“这简直太可怕了。研究表明，如果你和别人握手，就有可能感冒。”

唐纳德·特朗普的媒体曝光率非常高，他喜欢跟摇滚明星似的，每次亮相都极为隆重。工作繁忙的他对选美活动有着浓厚的兴趣，他甚至一举买下“环球小姐”、“美国小姐”和“美国妙龄小姐”这些选美活动的主办权，成为这些选美活动的后台老板。

宝马车的超级明星客户罗纳尔多是一个时代的球王，他的球技绝对具有震撼力，他的生活趣事也同样让人震惊。罗纳尔多爱车人人皆知，虽然他曾有过在宝马车里被打劫的不愉快经历，但这丝毫没有影响他对宝马车的热爱。在罗纳尔多马德里的家中，车库里有五辆汽车：一辆民用型悍马吉普、一辆 Lancia 跑车、一辆奥迪 A8、一辆宝马 745、一辆宝马 X5 吉普。在西班牙，罗纳尔多可以放心展示他的豪华车。但在巴西，罗纳尔多却有过教训。一次是在里约热内卢，他开着宝马车，结果车被歹徒劫走。另一次是开着一辆法拉利跑车在里约热内卢兜风，结果却招来了大家的一致批评，认为在巴西国内还有这么多穷人的情况下，罗纳尔多如此招摇不合时宜，结果罗纳尔多不得不把车出售。

会处理生活的人，一定懂得怎样给自己安排一片不受干扰的属于自己的小天地。匆忙的生活使我们忽略了许多美好的、值得欣赏的东西，只有当你找到寄托心灵的处所之后，才能有闲情逸致去欣赏这个世界可爱的一面，才有机会去享受真正属于自己的美好人生。

除了名车，罗纳尔多对豪宅也有偏爱，从巴西到荷兰，从意大利到西班牙，几乎每到一处参加联赛他都要“收集”豪宅。2003 年一份巴西报纸显示，罗纳尔多在全球拥有超过 4000 万美元的房产！仅在巴西著名的巴拉·达蒂茹卡富人区里的黄金地带，罗纳尔多就拥有五处豪宅，价值 1000 多万美元。罗纳尔多在西班牙拥有一处堪称“七星级”的豪宅，在巴西南部著名的度假胜地安格拉·多斯雷斯也拥有一个价值 40 多万美元的、面积为 17200 平方米的岛屿，供自己休闲度假使用。

■ 詹姆斯·斯蒂芬·福塞特

宝马汽车热爱者詹姆斯·史蒂芬·福塞特是芝加哥从事期货投资的亿万富翁，不过，和他扬名四海的冒险生活相比较，他的富翁称号逊色太多了。普通人年过半百以后，就不会再尝试紧张刺激的运动了，但是福塞特却与众不同，他并不像其他富豪那样一掷千金，购买各种奢侈品，享受灯红酒绿的生活。他将大量的时间、金钱和精力都投入到冒险活动中去。他每年都要从繁忙的公事中脱身，给自己放假，然后一门心思地去冒险。除了大量准备工作外，福塞特经常将商场上规避风险的技能运用到冒险运动中去。例如，他有一个12人的智囊团，专门指导他进行单人热气球飞行活动，智囊团成员包括若干气象专家、公关专员、空中交通监测员以及气球膨胀指挥官等等。

福塞特就像是一位精力超人的老顽童，他成功地登上过珠峰，游泳穿越过英吉利海峡，在法国参加过连续24小时的汽车拉力赛，在夏威夷玩过铁人三项，驾驶过私人喷气式飞机翱翔蓝天，创下飞行2000公里、平均时速达930公里的纪录……他至今还保持着22项吉尼斯世界纪录。冒险是福塞特生命的一个组成部分，他希望在有限的生命里，尽量多地挑战极限，他将此看做是最大的理想和荣誉。

生活主张
LUXURY MEN

宝马男人
奢华私享

加入欧洲最酷的俱乐部“精英会” 宝马男人可以在英国与温莎城堡毗邻的御林军马球俱乐部打马球，可以在法国的皇家穆冉高尔夫球俱乐部中挥杆，但是他更需要这样一个俱乐部：除了可以提供设备豪华的会所、高尔夫球场、高级餐饮、健身等服务之外，还可以像一个全能管家一样，帮自己实现各种匪夷所思的想法。英国的精英会就是这样一个俱乐部，他们旨在把似乎天马行空的意念变为事实。

无论是订机票、订酒店、办舞会、买礼物、买汽车、买房子，甚至找人陪伴逛街等等，精英会都可以为他们的会员办到。另外在短时间内获得电影首映式的门票、一级方程式赛车入场券、巨星音乐会最佳座位等要求，也是会员们最常提出的需求。精英会还利用自己的关系网络，安排会员进入他国最顶级的俱乐部和上流社会派对、时装表演的现场等。

精英会是一个环球私人会员制俱乐部，起源于英国上流社会，意在促进上流社交圈之间生活与艺术品位，以及开创一种真正经典完整的管家式服务。因为两位创办人都是英国人，所以精英会总部设在伦敦西区，同时也在多个繁华城市设立分部，比如纽约、香港、迈阿密等。精英会的环球网络使得无论会员身处何地，都可以利用该会的服务获得一流的待遇。

精英会的会员来自各个国家和地区，其中很大一部分为世界娱乐明星、商界大亨、政界要人等。例如查尔斯王储、克林顿、麦当娜、滚石主唱米克·贾格尔、英国著名影星格温妮丝·帕特洛、社交名媛帕丽斯·希尔顿等。精英会为会员提供一年365天24小时全天候全球电话辅助服务，以及随时实现会员的各种需求。

没有精英会办不到的事情，只要是合法的。会员提出的要求也需要在合理范围内，与其要求精英会找出圣杯，还不如让精英会带你飞上月球现实。实际上，精英会的25名会员已经在登月计划中报名。经常有会员提出要求精英会安排他们和英国女王共进晚餐，这样的事精英会做不到，但是如果会员可以接受与职位低一些的王室成员一同进餐，精英会就能安排。

宝马男人欣赏精英会“任何事、任何时间”的服务承诺，这样宝马男人那些新奇的想法就可以化为现实了。精英会曾经给在地中海一艘游艇上的会员送去乐鼓；曾经为会员拿到11张麦当娜演唱会的门票；在热门的餐厅预定餐位以及在豪华酒店升级房间对他们来说更是小菜一碟。而其他的，会员们的要求可说是五花八门：一位沙特公主计划到马尔代夫度假，而马尔代夫的酒店早已预订一空。精英会先选中某间豪华酒店，为已经预订房间的372名享受工作度假的旅游者出资，让他们到别的地方旅游，然后再请进沙特公主和她的117名随从入住酒店。一名会员是个制片人，他长期居住在日本，后来决定迁回美国，难题却出在其夫人的爱犬上。宠物不允许进入飞机客舱，夫人又不想与爱犬分离。于是精英会专门为此请来兽医检疫，特别办理申请手续让爱犬以紧急名义通关，最重要的是为他们包了一架私人飞机。整件事一共花费了17万美元……这样的俱乐部，在全球恐怕也找不到第二家，难怪麦当娜称它为“欧洲最酷的俱乐部”。

斐济群岛中的私人岛屿

在太平洋的“小包厢”里享受岛国风情　只要带着浪漫色彩的地方都能够引发宝马男人的兴趣，如果你建议他们在太平洋上建立一个“私人王国”，他们一定会为这个提议击掌欢呼。在汤姆·汉克斯的《漂流者》中，主人公意外流落

的那座荒岛美丽又神秘，撩起了很多人的好奇和向往之心。而如果想去那里重演一出“鲁滨孙漂流记”，恐怕你要失望了，因为这片位于南太平洋中心的斐济群岛已被奉为度假者的天堂，也是明星、富豪们为躲避追星族和记者骚扰的私密花园海滩。有人干脆把斐济称为太平洋的“小包厢”。

转动地球仪，会看到南太平洋中央有一片倒U形的岛屿，那里就是斐济了。斐济在澳洲东面，新西兰北面，由330多个岛屿组成，其中100多个有人居住，还有一些则被开发成了有五星级酒店和拥有各种现代化休闲设施的度假海岛，甚至是只接待一个家庭的奢华私人度假海岛。比尔·盖茨、金·凯利、席琳·狄翁、麦当娜、小甜甜布兰妮、妮可·

基德曼等很多欧美明星和富豪名流们都曾在斐济留下了身影，很多电影也选择在这里取景。

由于斐济的离岛上私密性较高，得以拥有世外桃源般的宁静，而调色盘般不断变幻的海洋也让人叹为观止。斐济虽然岛屿众多，但是每个都很精致。一岛一度假村的最佳代表就是瓦卡亚岛俱乐部，这个小岛时常被好莱坞电影明星或社会名流选做包场宴会、欢度蜜月之所，比尔·盖茨就曾来此度蜜月。瓦卡亚岛是一个一次仅接待 20 人的私人度假俱乐部，小岛上有 9 间木屋，木屋的四周环绕着宽敞的阳台和花园，每个木屋的前面都有属于自己的一片海滩；当然，如果你嫌这一切还不够奢侈的话，岛上还有一个面积达 1114 平方米的豪华别墅，别墅被隔成 3 个殿堂，每个殿堂配备一个司机和一个私人厨师，可以让你享受绝对惬意的生活。

花园一样美妙的景观让瓦卡亚俱乐部成为全球最贵的十

大酒店之一。不同套房每晚的价格分别为：园林景观草屋1900美元，海景草屋2400美元，总督的草屋3200美元，大使的草屋4900美元，谷澳别墅7600美元。而且，俱乐部规定最低的居住时间为5天。这个奢华小岛充满了异国风情，房客可以拎一箱啤酒，懒洋洋地在落日的余晖中畅饮；还可以激情四射地打槌球，在五彩的海洋中兴奋地尝试着划独木舟，最令人激动的是每天还可以进行两次潜水活动。在斐济，像瓦卡亚岛这样的小岛为游客提供绝佳的尊贵感和隐秘性，许多富豪都喜欢在这里度假。为了高度保护游客的隐私，斐济有很多小岛都只有一家酒店，里面仅有几个房间，专门接待家庭旅游。

如果这样还不能满足宝马男人的隐私需要，他们可以在斐济买一个私人岛屿。私人岛屿是最好的私密空间，宽阔的海水形成的天然屏障能够阻隔最坚固的路障所不能阻挡的东西：吵闹的邻居、路人和烦人的摄影爱好者的搅扰。世界上的名人和商界领袖们长久以来一直有购买岛屿做私密空间的传统。无论是米克·加戈尔还是英国公主玛格丽特都在穆斯迪克岛上置办了不动产，而理查德·布兰森则在英国的西印度群岛中买下了尼克尔岛，梅尔·吉布森在斐济购买了属于自己的岛屿，而马龙·白兰度在法属波利尼西亚购买了珊瑚岛特蒂罗阿。目前世界上最昂贵的岛屿是斐济的瓦图瓦拉岛，价值7500万美元。瓦图瓦拉岛归美国一名艺术家所有，由于它的不同寻常的形状和周围环绕的几处海滨，它常被称为“帽子岛”。在它的石灰石绝壁上覆盖着密集的热带雨林，2公里宽的瓦图瓦拉岛上能够使用手机，卫星系统能够提供互联网和宽带通信，通过任何型号的海上飞机或者私人喷气飞机，可以与世界各地相连。

斐济的私人岛屿是属于富人的领地，因为它们已经越来越少。在这个世界上再也没有什么比拥有属于自己的私人岛屿更奢侈的事了，它将成为宝马男人的独立小王国。

鹿跃葡萄酒　从品位上讲，宝马男人并不排斥那些众所周知的顶级物品，但他们更喜欢尝试一些新开发的、有待人们发现的新奇之物。奔驰男人也许只钟情于一两种古老的法国葡萄酒，而宝马男人愿意进行广泛的尝试。和那些历史悠久、工艺传统的法国葡萄酒相比，来自美国、澳大利亚等新兴的葡萄酒产地生产的酒更受宝马男人的青睐，美国加州的鹿跃正是其中之一。鹿跃酒庄的“23 号桶”葡萄酒每年限产 12000 瓶，是美国最贵的酒之一。当年里根总统便是用此酒招待前苏联领导人戈尔巴乔夫，一改白宫国宴的酒单传统。英国女王在其私人游艇上庆祝里根与夫人的结婚纪念日时，也是以此酒助兴。

LUXURY MEN 奢华解语

宝马之格调

永不言败的精神　宝马公司最初以制造流线型的双翼侦察机闻名于世。一战结束后，宝马飞机被《凡尔赛和约》列为“战争武器”禁止生产。宝马的故事并没有因此而中断，宝马开始研制汽车。正当宝马的汽车事业发展得如火如荼的时候，第二次世界大战爆发了，宝马工厂的所有设施都被盟军炸得支离破碎，而且当时的人们已经没有钱来购买汽车。宝马没有放弃，它进入了摩托车制造领域。经过几年的积累，宝马的汽车生产才得以恢复，依靠这种执著坚强的精神，宝马开发出领先世界的高级跑车，并与那些历史悠久的大牌公司一起跻身于高档汽车生产厂家之列。

强大的技术后盾　1985 年 1 月 1 日宝马成立了 BMW Technik GmbH 子公司，代号为“ZT”，“ZT”的职责和任务是研制和开发当代最新的，甚至是超前的跑车技术和最前沿的跑车设计，在这里进行的任何技术开发、任何设计都是革命性的，在这里工作的工程师和技术专家不用考虑他们手中进行研发的项目是否和市场有关，更不用考虑现在的车主是否需要，可以说，“ZT”就是这些天才科学家幸福的乌托邦。随着“ZT”日益发展成熟，随之而来的便是一个个令世人瞠目结舌的作品的诞生。

生活方式营销 有的人喜欢自由奔放和无拘无束，有的人喜欢豪华与尊贵，有的人喜欢挑战和冒险，有的人喜欢恬淡与安逸……宝马标榜的是“驾驶的乐趣和潇洒的生活方式”。宝马的营销已经不仅局限于满足顾客物质生活层面的诉求，而是更多地从精神层面去挖掘触动人心的东西，并成功地将宝马汽车演化成某种生活方式的象征，甚至是一种身份、地位的识别标志。

驾驶乐趣是一种感官的享受，它来自于实实在在的高科技内涵，也来自独特的造型语言和内部设计。在宝马的设计师看来，创造一种卓尔不群、秀外慧中的轿车，一种轮子上的真实个性，带来智能化和视觉冲击，是对完美的“一种精神追求”。因此，他们坚持要在日光下设计汽车，因为自然光线的变化会让汽车焕发出生命的活力，从而使汽车优美的轮廓在任何角度下都呈现出独特的光彩和动感。尽管设计过程要进行大量的准备工作，然而往往是情感和直觉的力量起到决定性的作用，一个清晰的概念也往往来自于对其他艺术形式的观摩和联想，并由此产生灵感。宝马的设计师相信，动感将不仅来自比例，也来自车身表面线条的表达力，这种信念使宝马表现出迷人风采的凹凸线条组合，给人强大的力量

感受。无论喜欢还是难以接受，外形的特立独行都让宝马更有特点，它打破了传统的审美品位，让跑车古典，让轿车狂野，让传统成为过去。总之，宝马的设计颠覆了豪华车领域的制造者和购买者的传统观念。而这种风格的巨大变化的背后所表现出来的正是一种勇气，尽管有关它的争论还未尘埃落定，但越来越多的人已经被它所折服，设计行业也正被一种变革的力量所诱惑——而这一切，都缘起于宝马的设计风格，由此你不能不承认它在汽车行业中的领导地位。

在著名的“007”电影《黄金眼》中，詹姆斯·邦德驾驶着一部宝马Z3大出风头。车迷这样形容Z3：“它具有卡丁车一般的操控性。”在“007”电影《末日危机》中，詹姆斯·邦德心爱的座驾是宝马公司备受瞩目的Z8超级跑车。看起来有些复古也有些另类的Z8诞生于千禧年，它吸收了上世纪50年代宝马507车型的设计元素，颀长的发动机罩，宽大的车轮，还有车身两侧动感十足的排风口，无不令人回忆起那美好的旧日时光。

不知是“007”的号召力太强，还是被宝马的开拓精神所吸引，2008年，英国安全部门为包括布朗首相在内的几位内阁政要引进了全新的宝马760型防弹车，引进该车的目的是为了对付无孔不入的恐怖袭击。这辆造价高达200万英镑的宝马可说是一辆通过轮子行驶的艺术级坦克，具备“全天候”的防御功能：防弹挡风玻璃可以自由拆卸，以便车主在紧急情况下跳窗逃生；坚固的防弹装甲使得车身即使在遭遇路边炸弹的情况下，也可安然无恙；这辆车甚至可以在遭遇生化袭击时，自动关闭车窗和送风孔，自行产生氧气；它独有一种“远程点火”装置，司机可以在137米外启动发动机，可安全检测出汽车点火装置是否被人暗设了爆炸物；另外，只需轻按一个按钮，位于底盘下方的自动灭火系统就可以自行扑灭大火……这辆宝马可以说是一辆真实版的“007”战车，如此多样的防护功能也只有宝马车能实现。

普拉达男人
Prada & Men

普拉达是独特的、内敛的，怀旧而现代的，宁静而优雅的。

普拉达男人是都市新贵，他不仅拥有财富，而且还会有品位地使用自己的财富。财富让他拥有最好的生活，品位让他成为精神领袖，甚至风尚坐标。

他们演绎着一种理想的人生。

如果给普拉达男人画一张肖像，那他应该有深邃分明的脸部轮廓，眼神坚毅，一副自由不羁的模样。他们敢于而且知道如何去表达个性，强烈的好奇心驱使他们永远保持着新鲜感。保持独立，却不会给人带来疏离感，如一个睿智的领航者，一种近乎神秘的吸引力让他总是那么迷人。

普拉达男人是都市新贵，他们拥有新思维、现代价值观。他们认真工作，潇洒享受。他们已掌握了大部分的社会话语权和决定权，他们代表着社会的发展方向。他们年轻富有，独立自主，拥有国际视野，信奉“小的就是美好的”，他们喜欢在小范围圈子内生活，追求上等人生。他们不在乎消费的金额，只关注消费是否物有所值；他们不屑于单调守旧的人生，只享受生命深处的跌宕起伏。富有是他们的标签，但不是全部，只有高文化含量的生活才可以称之为普拉达男人生活，只有具备高雅文化主题的奢侈品才是普拉达男人消费的对象。

普拉达男人的生活如何定义？他们拥有世界顶级品牌服装，搭配各种不同的香水。他们通过重新安排工作日程并通过远程工作协议，在10%的工作时间内达到90%的工作成效，从而能够抽出时间练习越野滑雪，还能够每月开车陪家人旅行一次。他们能说一口流利的、听不出任何口音的英文，辗转于世界各地。他们每年都会有固定的旅游计划，去

各国体会不同的风土人情。他们喜欢普拉达，他们喜欢这个牌子硬朗的线条和简洁的设计，甚至仅仅喜欢这个牌子的发音。

不同时代，人们对奢华的理解和表现都会有所不同。在现代社会，金碧辉煌已不再是奢华的代表，因为奢华有了更广泛的含义——形式上是现代的，同时散发着华贵与时尚气息；表达上含蓄而内敛，体现出的是一种心灵上的体验；与现代社会中的新贵阶层在艺术与文化上产生共鸣，并满足其精神需求。普拉达正是这种奢侈品。普拉达的气质令人产生一种带有宗教色彩的膜拜心理，购买普拉达不是为了炫耀，而是体现一种品位。普拉达只为新贵和艺术人士服务，也因而成为一个阶层的代名词。当人们提到某人穿用普拉达时，就让人对其所处阶层了然于胸。

在时尚界，普拉达的设计是个性化的，其设计创新且简单实用，和其他时尚品牌相比，普拉达最突出的地方是它跳出了时尚界的小圈子，出落得更加“艺术化”。原因很简单，第三代掌门人和首席设计师缪科雅·普拉达是一个相当有趣的人物：政治学博士毕业却热衷于联姻各种前卫电影、摄影、建筑、艺术、哲学、科技；支持当代文化事业，并且在米兰拥有自己的艺术展览馆。所以，普拉达与美术、建筑、电影、摄影、艺术、音乐就像近亲，时尚产品也更像一幅幅视觉与装饰艺术品。它简洁而深刻，自然而直接，是不可被模仿的普拉达，是都市新贵的普拉达。

男人志 LUXURY MEN

喜欢普拉达的男人们

2007 年，法国总统尼古拉斯·萨科齐在总统就职典礼上身着一身黑色普拉达西装，获得了全球时尚人士的一致好评，美国杂志《名利场》更是将之评为 2007 年度“全球最佳着衣人士”。

在法国，历任总统的支出预算都是保密的，萨科齐是第一位公开自己账目的法国总统。在爱丽舍宫内，萨科齐拥有 300 平方米的私人空间，在那里，摆放鲜花的花费就达到每年 28 万欧元。萨科齐每次私人外出，都要求所乘飞机必须是空置的。这样，一旦遇到紧急情况，萨科齐可以立刻返回巴黎。萨科齐使用着 61 辆公务车、2 架空客飞机、6 架猎鹰喷气式飞机。最新的一架猎鹰喷气式总统专机被萨科齐以其夫人卡拉·布吕尼的名字命名为“卡拉一号”，其造价为6亿欧元。

萨科齐手下有大约1000名雇员，这一数字差不多是英国女王的2倍，其中包括44名司机和87名厨师。萨科齐在法国过着皇帝一样的生活，而法国民众将之视为国家的荣耀，因为国家元首展现着国家的声誉，萨科齐是“太阳王”路易十四的“继任者”，因此，他理所当然过这样的生活。

虽然过着奢华的生活，但是萨科齐还不懂得享受生活，他一直脾气暴躁、令人生畏。在布吕尼的帮助下，萨科齐试图用集邮这种爱好来改变暴躁脾气。萨科齐还专门在朋友圈中成立了“爱丽舍宫集邮俱乐部”，以方便圈内的朋友们互相讨论或者交换各自的邮票。就连英国女王伊丽莎白二世也在为他收集邮票，并准备作为礼物送给他。

说唱音乐巨星“吹牛老爹”肖恩·康布斯喜欢收藏普拉达的各种皮件和配件，同时，他将艺术才情拓展到时尚领域，开创了自己的服装品牌。现在的肖恩·康布斯身兼数职，包括唱片发行商、娱乐界权威、作家、组织者、设计师、演员和歌星。肖恩·康布斯的个人财富达3.15亿美元，其奢侈生活作风在业内广为人知，他追求女孩子时，喜欢请她们喝昂贵的顶级香槟来展现自己的奢侈作风。肖恩·康布斯最喜欢的香槟是路易王妃水晶香槟，这种香槟非常稀有而且昂贵。如果他去的夜总会里没有这个牌子的香槟，肖恩·康布斯就会点14升大瓶装的纳布硕冬香槟或者其他好酒，让女孩子们喝个够。一夜狂欢用掉40万欧元买香槟，这对肖恩·康布斯来说不过是花掉他财富的九牛一毛。重要的是晚会的气氛，是狂欢能进行到底。

SEAN DIDDY COMBS
HOLLYWOOD WALK OF FAME
PRESENTED TO
Sean Diddy Combs
ON THE OCCASION OF THE PLACEMENT OF YOUR STAR IN THE
HOLLYWOOD WALK OF FAME
MAY 2, 2008
HOLLYWOOD CHAMBER OF COMMERCE
SEAN DIDDY COMBS

■ 肖恩·康布斯

生活主张
LUXURY MEN

普拉达男人 奢华私享

去芬兰过最正宗的圣诞节 每年的圣诞节是最考验普拉达男人新意的时候，巴黎？去太多次了；伦敦？太沉闷；纽约？不清净。普拉达男人需要来点狂野刺激的历险，或者是北极雪地，或者是非洲，或者是撒哈拉沙漠，如果旅行还要中规中矩，那人生岂不是太无趣？当然，不管怎么选择，普拉达男人会以快乐先行。成年之后，有太多的快乐渐行渐远。身穿普拉达、手戴劳力士的男人们，是否已忘记，晶莹的雪花如何折射太阳的光芒；是否已忘记，在银白世界深呼吸的清冽；是否已忘记，在雪地里打滚被雪蒙住了双眼时的兴奋；是否已忘记，邮寄和收到明信片时的快乐……如果想唤醒已经失去的记忆，如果想要过最纯粹最正宗的圣诞节，普拉达男人，去芬兰吧！芬兰是圣诞老人的“老家”，这里有着典型的圣诞贺卡上的一切要素：大雪、木屋、冬青树，以及驯鹿拉雪橇。不过圣诞节的意义在芬兰也被扩大了——不一定要在12月25日抵达，只要是冬天，这里便处处洋溢着圣诞节式的快乐气氛。普拉达男人可以在芬兰广阔而纯净的雪地里享受多种多样的户外活动，蒸完古老的桑拿后在雪地里打滚，给自己一个充满活力而难忘的“冰雪假期”。

在芬兰不参加雪地运动，那可是最大的损失。越野滑雪是欣赏芬兰野地雪景的最好方法，它一直也是芬兰人最喜欢的冬季运动。在明朗的雪地上，悠闲地向前滑行，蓝天、雪景像一幅幅油画在身边越过，驯鹿、爱斯基摩犬拉着雪橇在远处奔跑，这是在世界上任何地方都无法体会到的乐趣。

当然雪地运动不仅仅指滑雪，在寒带最有趣的活动莫过于乘坐狗拉雪橇了。强壮的爱斯基摩犬曾经帮助许多探险家到达北极，勇敢的男人可乘坐它们拉着的雪橇奔驰在严寒的荒原之上。这群被称为“拉普兰忠心朋友”的极地雪犬，在坚硬的雪地上，能够拉着雪橇飞速滑动，就连漫天飞舞着大雪也满不在乎。

坐在驯鹿雪橇上在雪地里奔驰，并不是童话里才有的情节。在芬兰北部生活着萨米人，千百年来，萨米人依靠放牧驯鹿在北极生存。无可否认，驯鹿雪橇的速度比不上狗拉雪橇，但是用它来野游，就像是返回到了古老的拉普兰历史。另外，这些源自冰封郊野的动物，具有认识当地大自然的极高天赋，由它们带领着寻幽探秘，才能够细访那些普通人未必有机会涉足的角落。穿上红衣服，坐在驯鹿雪橇上假扮一回圣诞老人，童年的梦一下子化为现实。

在芬兰，普拉达男人最不可错过的就是大雪里的桑拿浴。芬兰有谚语：“先建桑拿，再建房屋。”桑拿起源于古代芬兰部族，现代芬兰人早已坚信桑拿浴能治疗人的一切身心问题，他们说，假如一个人的身心痛苦不能够被桑拿浴舒缓，那他肯定是一个无可救药的人了。芬兰的大多数酒店都为客人提供免费的桑拿房设施，游玩劳顿之后，千万不可错过。最酷的洗法是从蒸房里出来直接跳入雪地的冰窟里，来回几次，那种舒畅不可言喻。然后和同伴围坐在火炉边进餐，美味佳肴，浪漫的异国情调让人神迷。

在世界上最古老的餐厅“排鸭号” 普拉达男人可能对一些五星级酒店的餐厅没有太大兴趣，他们喜欢寻访世界各地的特色餐厅。有这样一家餐厅，在它的“名鸭册”里，记载着：第 328 号鸭子因为在 1890 年上了英国国王爱德华七世的餐桌，成为了第一只“名鸭”；大小罗斯福总统享用的分别是第33642 号和第 112151 号银塔鸭；第 253652 号成了戏剧大师卓别林的盘中客；日本裕仁天皇曾经两次光顾银塔，中间时隔 50 年，先后吃掉了 53211 号和 423900 号……这就是全世界最美、最古老的餐厅——银塔餐厅。到银塔餐厅“排鸭号”恐怕是世界上最有趣的餐厅游戏了，新潮前卫的普拉达男人怎可错过？

巴黎银塔餐厅

银塔餐厅创立于1582年，位于塞纳河畔，面对着巴黎圣母院及圣路易岛。银塔餐厅的菜式精雕细琢，酒单之精之广在全球数一数二。这里的酒水单比牛津词典还厚，1788年的干邑、1847年的伊甘、1848年的拉菲、1874年的罗曼尼·康帝、1947年的库克香槟……银塔的酒窖里有50万瓶、9000多种不同类型的美酒。而最让银塔饱享盛誉的，莫过于这里的“血鸭”了。这道菜的原料是产自卢瓦尔河地区的名鸭，自17世纪就以肉质细腻闻名于世。而鸭子烹调上桌的过程，更像一场盛大的演出。其中最独特之处，是用特制容器将鸭血榨出，以烈酒作底，与鸭肝酱和鸭汤混合加热。味道浓厚的鸭胸薄片蘸上酱汁入口，味道如烟花般层层绽放，让人满口留香。

人们在银塔餐厅用餐往往不只是为吃而来，这里常常是一些珍贵时刻的见证。银塔餐厅的一顿美餐，也许是梦想，是礼物，是生日的庆典，也可能是一场幸福满溢的婚礼或订婚典礼。

随着“血鸭”在当年一举成名，法国市场上也出现了冒用银塔牌子的假“血鸭”。为了对付冒牌货，餐厅的当家厨师想出一个绝妙主意：把烹饪的每只鸭子都编上号码，标注在一张卡片上，随鸭上桌。这不仅让造假者无机可乘，更使每个客人吃到的“血鸭”真正成为独一无二的名菜。每一位点了鸭子的来客都可以获得一张印了编号的卡片，至今为止，银塔餐厅已经卖出了近百万只鸭子。而曾获得这张号码卡的食客包括亨利四世、肯尼迪总统、伊丽莎白·泰勒……2003年，银塔餐厅特别为第一百万号鸭子出炉举行了盛大的庆典。虽然在这里就餐费用颇为昂贵，但每到夜幕降临时，餐厅里依然雅客满堂。

已经傲视同行几个世纪的银塔餐厅丝毫没有衰败的迹象，时至今日，它已经成为一个经典，一种永恒。银塔餐厅的辉煌和浪漫还在延续，吸引着来自世界各地的名流雅士。

苹果 MacBook Air 笔记本电脑　对于普拉达男人而言，随身携带一台笔记本电脑是很有必要的，在度假时他们需要随时处理紧急业务，或者召开网络会议。在普拉达男人看

来，工作不一定要在沉闷的办公室中，现代化的电子产品让他们体会到了工作的乐趣。他们的笔记本电脑首先要便携——美国苹果公司制造的 MacBook Air 笔记本电脑是当前世界上最薄的笔记本电脑，其重量仅为 1.3 公斤，厚度为 1.93 厘米，最薄的部分仅有 0.4 厘米。这样一台笔记本电脑，即使随着主人周游世界，也不会增添任何负担。

LUXURY MEN 奢华解语

普拉达之格调

皇室供货商　1913 年，马里奥·普拉达以制造优质的旅行手工皮件起家，创立了普拉达。六年后，普拉达成为意大利皇室指定的供货商，并被意大利皇室授权独家使用印有萨瓦盾徽和纹章节的标志。皇室供货商的背景不但象征着普拉达的精湛技艺和传统，也代表普拉达继往开来的使命。

材料与技艺　在普拉达的设计中，各种元素的组合恰到好处，精细与粗糙，天然与人造，不同材质、纹理的面料统一于自然的色彩中，艺术气质极浓。普拉达不那么讲究材料的处理，而是强调制作的精湛技艺。每一个系列的问世，都经过了严谨的钻研和考察，选用的可能是现代技术，也可能是古老工艺。当他们决定用金箔的时候，他们就要求法国古老的作坊重新采用那些已经停止使用的原始制作方法。

个性化设计　普拉达现任掌门人缪西亚·普拉达的设计总是带着反潮流的前卫性，她善于从记忆中寻找灵感，并且始终贯穿着从自我出发的思维基点，使得普拉达的产品总是能脱颖而出。

1913 年，马里奥·普拉达在意大利米兰开设了一家高档皮具精品店，生产销售各种手袋、旅行箱、化妆箱等高级皮革用品。马里奥·普拉达严守用料讲究、工艺精湛的品质标准。在运输工具尚称不上便捷的当时，为了达到最好的品

PRADA

质，他还坚持从英国进口纯银，从中国进口最好的鱼皮，从波希米亚运来水晶，并亲自设计皮具，可见其追求完美的态度。于是普拉达精品店很快就吸引了大批皇室贵族及欧洲上流社会人士，并且被赐封为意大利皇室的御用供货商。

意大利人注重家族观念，时尚工业也不例外，普拉达就是其中的代表。1958年，马里奥·普拉达过世后，他的女儿路易莎·普拉达接管了家族事业。20世纪70年代，时尚环境的变迁使得普拉达进入一段漫长的低迷时期，濒临破产边缘。1978年路易莎·普拉达的女儿缪西亚·普拉达接手家族事业之际，普拉达仍是流传于欧洲的小众牌子。这种代代相传的家族品牌，若没有一番创新与突破，很容易没落。缪西亚·普拉达试图寻找和传统皮料不同的新颖材质，历经多次尝试，她从空军降落伞使用的材质中找到尼龙布料，以这种质轻、耐用的布料为根基设计的黑色尼龙包让普拉达一炮而红。

1989年缪西亚·普拉达首次推出秋冬服装秀，一反当时潮流的设计赢得了不少赞誉。20世纪90年代，极简主义应运而生，而普拉达简约、带有制服美学般的设计正好与潮流不谋而合。1993年，普拉达推出秋冬男装与男鞋系列，一时之间旗下男装、配件成为追求流行简约与现代摩登的最佳典范。普拉达男装的特色在于古典简约又不失年轻化的设计，像是上世纪60年代意大利拿波里造型的西装，因缪西亚用了具有伸缩性的现代感素材，复古中赋予新意，创造了流行的独特风格。

从皮件、服装到鞋履、配饰，普拉达已经发展成为一个完整的精品王国，版图也拓展到全世界。普拉达的每个系列都充满了令人兴奋和意外的元素，而这些只是证明了品牌掌门人缪西亚·普拉达无穷无尽的想象力和创造力。她说："我从来不会迷失，面对纷繁变幻，总是相当理智和清醒。我从来就没有害怕过任何变化。"

宝玑男人
Breguet & Men

宝玑是造物主对人类的恩宠，它体现了人类最伟大的创造力和原创精神。

宝玑男人是完美主义者，他举手投足间透露着遮掩不住的锋芒，他的生命在追求完美的过程中升华。

他们的座右铭是：如果值得做，就做到最好。

宝玑男人解决了我们每个人都必须面对的一个大问题：如何激发和保持旺盛的精力，如何让自己始终维持最佳的工作态度。答案就是——一切都以完美的标准去衡量。宝玑男人坚持做好每一件事情，不给自己留下遗憾的机会，这是一种人生态度，也是一种生活的乐趣。对于宝玑男人来说，拥有一块精准的腕表是征服世界的第一步，这种内心的品位和骄傲，在不经意间散发出一种令人敬畏的光芒。宝玑男人追求完美，他们是思维缜密的斗士，崇尚美感和才智，对待目标严肃认真，强调做事的先后次序和组织。他们不会一时冲动，反之，他们会为自己的生活作出长远且最好的安排。

宝玑男人的座右铭是：如果值得做，就做到最好。一个任务在他们心里的价值与做得多快无关，而与做得多好有关。如果一件工作由宝玑男人负责，那么这件工作会完成得很好而且准时。他们只要预见到将来的结果，便会对目前的事情一丝不苟。当他们还是孩子的时候，别的孩子在花园里嬉闹，他们却能够坐在钢琴前练几小时基本功，力求技术完美。尽管米开朗琪罗早已去世，但他的性格和宝玑男人有着很大一部分共性：他在雕塑经典的《大卫》前，深入研究过人类的形体结构，在停尸房里亲自解剖尸体，研究肌肉和筋腱。他比同时期的雕塑家都研究得深入，因此他的创作在当今仍被推崇，并被视为珍品。

■ 艾伦·格林斯潘

宝玑男人外表不张扬，他们不喜欢多余的装饰和太耀眼的装扮，但他们身上却透露出一种不容置疑的气质。他们内敛，却由内而外散发着尊贵。宝玑男人是略微内向的、有深度并富有心计的。他们总是预料到将来要面对的问题，他们喜欢寻根问底，不会只满足于看到事物的表象，总要探求事物的内涵和真相。美国中央银行联邦储备委员会主席格林斯潘是宝玑男人的代表。他讲起话来总是慢条斯理，小心谨慎，而且语调没有一点抑扬顿挫，似乎从来没有表现出过什么感情色彩。但美国在过去 20 年里所经历的经济增长，很大程度上应归功于格林斯潘的正确领导。美国的一家媒体在 1996 年总统大选时曾公开说：“谁当总统都无所谓，只要让艾伦当联储主席就行！”对格林斯潘来说，最佳的货币政策应该是保持适当的通胀，但同时保证不会产生过度的泡沫。因此，他所做的就像是一名忙碌而又小心谨慎的调音师，当弦刚刚显得有点紧的时候，赶忙松一点；当弦刚刚显得有点松的时候，再去紧一下，不过琴弦始终保持最佳的音调。

宝玑男人举止彬彬有礼，无论做什么事，他们都非常有条理。他们的生活有规律，有些习惯一辈子都保持着。他们不轻易结交朋友，但是结交的每一个朋友都非常可靠。有的人总是容易忘记一些事情，但是宝玑男人不一样，他非常忠诚，对朋友尽心尽力，他能记住很多让你意想不到的事情，比如朋友的口味、一些小习惯、朋友父亲的收藏品、朋友求学时代的一丁点小事……在社交方面，活泼的男人是未见其人先闻其声，他们心直口快，不会考虑什么后果。而宝玑男人则是先思考，后开口，他们稳重可靠。

200多年来，宝玑男人在世界上占据着重要的位置：科学家爱因斯坦、作曲家柴可夫斯基、作曲家拉赫玛尼诺夫和钢琴演奏家阿图尔·鲁宾斯坦、德国的指挥大师萨瓦利什都是宝玑的忠实用户。巴尔扎克、普希金、大仲马、雨果等文豪的著作中也都曾提及宝玑表。如果这世界少了宝玑男人，我们会少了很多诗歌、文学、哲学和音乐大师，埋藏于我们性格深处的教养、品位、才干便会失去；世界可能少了很多机械师、发明家、科学家，我们的经济和资讯都会失去平衡。

男人志 LUXURY MEN

喜欢宝玑的男人们

拿破仑·波拿巴以及其家族与宝玑有着一段不解之缘，宝玑表一直跟随着拿破仑南征北战，在表达对自己妻子的爱意时，拿破仑毫不犹豫地想到宝玑，在表达兄妹之情的时候，拿破仑再次选择了宝玑。拿破仑不仅是一位军事奇才，他还是一位懂得如何将政治与文艺合二为一的领袖，也正是这样一位对艺术抱有近乎挑剔态度的君主，催生了一个又一个奢侈品牌的诞生与发展——宝玑表、酩悦香槟、绰美珠宝、拿破仑干邑……几百年前，人们根本不知道“奢侈品”一词，但享受奢侈品的心态却由来已久。仅从这一点上，我们就应该向伟大的拿破仑致敬，因为他的坚持与苛刻，才给世人留下了如此珍贵的艺术品。

拿破仑以几何学家的程序来安排他的日常生活。不管他是在巴黎，还是在圣克卢，不管是在枫丹白露，还是在马尔梅松，他的生活习惯始终如一，即使是在行军打仗途中，其主要生活习惯照样不变。在他的别墅、府邸、行宫，他都要

■ 拿破仑·波拿巴

求同杜伊勒里宫一样分配房间，摆设同样的家具。他手下直接使用的人没有离开过他，他讨厌对周围的人频繁调动，所以常常对他们的过错视而不见，听而不闻。拿破仑脾气暴躁，他早晨有时看一些新出版的书和小说。当哪一本书引起他的反感时，他就把书扔入火炉里烧掉。他毫不讲究菜谱的顺序，先吃烤肉，后吃主菜前的小吃，再用甜食。他担心发胖，每当他吃得过饱时，他就会责怪厨师："您让我吃得太多了。我不喜欢这样。这使我不舒服。您给我做两道菜就够了。"

拿破仑是个奇人，从睁开眼睛的一刻起，他就像上足了发条的表针一样转个不停。他每天工作 18 个小时。平时他在办公室里埋头工作直到夜晚。皇宫的晚饭按规定是六时送上，约瑟芬皇后准时在饭厅里等他。有时拿破仑忙到忘了晚饭，可谁也不敢冒险去叫他。在厨房里，每隔一刻钟便烧一只鸡，以便拿破仑一到就能端上一只刚烤好的烧鸡。有一天，他 11 点钟才下来，厨房就这样一连烧了 23 只鸡。在难得的空闲时间，拿破仑喜欢骑着马去打猎，在拿破仑看来，打猎是帝王必修之道。

1928 年，英国前首相温斯顿·丘吉尔购买了一款具有独立的码表功能和单钮飞返设计、可以精确计时到分秒以下的宝玑腕表，并一直佩戴，成为其忠实客户。生活中，丘吉尔最大的爱好就是吸雪茄，他一生酷爱味道浓烈、质感遒劲的哈瓦那雪茄，尤其偏爱罗密欧·朱丽叶品牌，他每天至少要抽 10 支以上。在他长达 91 年的生命里，从开始抽烟那天算起，每天最少抽上 10 根雪茄，他一生大约抽了 25 万支雪茄，总长度为 46 公里，总重量达 3000 公斤，此纪录至今还未曾被人打破。在他的食指和中指之间，如果不打 V 形手势，常常夹着一支雪茄。第二次世界大战期间，为了能在 4500 米的高空享用雪茄，丘吉尔请人特制了一种飞行氧气面

■ 温斯顿·丘吉尔

罩，这种面罩上开了一个洞，让他在乘坐军用飞机时仍可大抽雪茄。丘吉尔总是喜欢把雪茄头轻轻地放在威士忌酒里蘸一下，然后再拿出来点燃，深深地吸一口，流露出满意的微笑。他大谈雪茄蘸酒的好处："既有茄香，又有酒香，一举两得。"

近 70 年的吸雪茄生涯并没有影响这位伟人的健康。1940 年夏天，丘吉尔在北非前线与他的爱将蒙哥马利到一家餐馆就餐时，他问蒙哥马利喝什么酒，蒙哥马利将军回答说："水。我不喝酒，不抽烟，睡眠充足，这就是我保持百分之百状态且捷报频传的原因。"丘吉尔立即回敬道："我嗜酒如命，很少睡觉，一根接一根地抽雪茄，这就是我保持百分之两百的状态且指挥你获胜的原因。"蒙哥马利和丘吉尔虽然对烟酒的态度截然相反，但是两人都得以高寿，蒙哥马利享年 89 岁，丘吉尔享年 91 岁。

生活主张
LUXURY
MEN

宝玑男人
奢华私享

入住供国王享用的酒店　酋长宫殿酒店位于阿拉伯联合酋长国首都阿布扎比的西北海岸边，是迄今为止最为奢华、最贵的酒店。据说，一位全球著名的歌星来到这里喝了一杯咖啡，他环视四周后说："这简直太疯狂了，不是吗？"这位拥有自己私人运动场的歌星没有勇气询问这里住宿的价格，他盯着那高高的、金光闪闪的圆形天花板说："这是为国王们建造的。"实际上，酋长宫殿酒店首要功能是让阿联酋政府在此召开会议，余下的时间再向外开放成为一座营业性酒店，所以它原来就是为来自波斯湾国家的领导人或者王室成员预备的。为此，酋长宫殿还有一条专门的汽车通道以供这些尊贵客人进入。酒店顶层的六套房间是为到访的阿拉伯国家王室贵族预留的。

酋长宫殿酒店是一座古典式的阿拉伯皇宫式建筑，这座与阿联酋总统府仅一街之隔的宫殿式酒店，远看像一个巨大的城堡，拥有1300多米长的黄金海岸线。酋长宫殿酒店总面积达24万多平方米，但客房只有394套。酒店内设有一个面积达7000平方米、中东地区最大的豪华礼堂，可容纳1200人开会。酒店还有一个可容纳2800人的舞厅、12个餐厅和8个娱乐厅，配有128间厨房和餐具室，可同时接待2000多人就餐，另有40个会议室和附带12个工作间的新闻中心。酒店内有的走廊长达一公里，方向感不好的人在就餐后可能会找不到回房间的路。房间的装饰也奢华至极，地面铺满雕花的大理石，上面是柔软的地毯。房间的照明灯都隐藏在天花板中，散发出柔和的光芒。

■ 酋长宫殿酒店

酋长宫殿酒店的日常经营由德国凯宾斯基酒店打理。房间一晚的入住价格从600美元至13000美元不等，还不包括20%的服务费。在这里工作的员工远比客人多得多，平均每六名服务人员服务一位客人。在酒店里，你会看到服务人员竟然驾驶着高尔夫球车穿行于走廊间。因为酒店的走廊实在太长了，为了给客人提供更快捷的服务，酒店专门为服务人员配备了45辆高尔夫球车。

酋长宫殿酒店的服务能让人真正体会到国王的尊贵：客人入住前，服务员会把套间里的电脑等设备的语言选择调整为客人最熟悉的语种，让卧室、客厅和餐厅里的电视上播放客人喜欢的电视节目或音乐。在饮咖啡时，服务人员会用铺满玫瑰花瓣的银盘端上咖啡、亚麻布餐巾、杏仁可可和进口矿泉水，还会向女顾客献上鲜花；在游泳时，有专门的服务人员负责为你打伞和浇水散热，还有专人为你擦太阳镜和送食品。酒店的两个游泳池有数个足球场那么大，其间点缀着按摩浴池。沐浴时，服务生会给你一份项目单，上面有七种沐浴方式供你选择。如果这些都不能让你满意，没问题，花几千美元你就可以在浴缸中装满香槟。夜幕降临的时候，酒店服务人员会在床单上放上一小袋薰衣草，这样客人就能在芬芳中安然入睡。

酒店内无所不在的高科技设施让人叹为观止。客人在酒店 100 公顷区域内的任何一处都可以享受到无线上网的乐趣，即使是在游泳池边和私人沙滩上也不例外。客房内的高科技设施更是令人咋舌，入住后客人会领到一个价值 2500 美元的掌上电脑，这个小巧的电脑与电视、立体声音响以及其他装置相连，可以通过它设定叫醒电话、下载电影、录像或召唤服务员。酒店工作人员也通过类似的装置来遥控电视、灯光、音响和空调。这座超豪华酒店所有房间都配备了号称 22 世纪的设施。客人在普通客房内通过交互式电视，足不出户就能购买酒店商场里的东西、发出房间服务指示或结账退房。如有需要，酒店电脑和播放网络可以完全与外界断开，就像美国政府的内部安全网一样。

酋长宫殿酒店虽落成不久，但已成为阿联酋一道崭新而亮丽的风景线，成了与迪拜的七星级酒店——伯瓷酒店齐名的标志性建筑。而在阿联酋的外国人更愿意把酋长宫殿酒店称为“位于阿布扎比的八星级酒店”。

■ 酋长宫殿酒店大堂

定制一双最完美的皮鞋　宝玑男人身上的每件单品都应该是有某种智慧味道的，那些有智慧感的设计，就好像藏着一个故事，足以引起一段话题，彰显着宝玑男人的深沉品位。男人的鞋子，在某种程度上体现了主人的身份与品位。伯鲁提曾被美国《福布斯》杂志评选为“全球最受富豪欢迎的皮鞋品牌”，它也是全世界最贵的皮鞋品牌，拥有者大多是世界各地皇室公爵、教皇、名人等。伯鲁提男鞋是永恒的经典，它任何时候都不会过时，所以还有什么比伯鲁提男鞋更适合宝玑男人的呢?

伯鲁提所有鞋子全都是量身定做。伯鲁提如果发现顾客希望定做的款式并不适合他的脚，那么他们宁可失掉这单生

意，也要劝说顾客改换其他款式，当然在这之前会跟顾客详细地说明理由。今天，伯鲁提依旧完整地保持着最初的传统工艺，是鞋类奢侈品贵族风范最完好的诠释者。

品质和舒适度是这种古董级制鞋文化得以历久弥新的灵魂所在，至今伯鲁提仍珍藏着几双传奇名人的经典皮鞋。艺术家弗兰克·西那曾在伯鲁提鞋店为托热罗·伯鲁提引吭高歌，当时托热罗·伯鲁提虽然年事已高，但仍坚持披甲上阵，亲手为弗兰克·西那做鞋；影星理查德·波顿在这家店里定制的仅花了两个星期就完工的皮靴，不仅创造了伯鲁提有史以来的速度纪录，也成就了此后数十年大受欢迎的“理查德·波顿”皮靴款式；吉恩·科托的舞步让这个鞋店成为了高贵的会客厅；伊朗国王沙·巴列维的造访也曾引起了不小的混乱。这样说来，渴望拥有一双伯鲁提的原因不仅在于其集结了传承百年的家族工艺，更在于积淀在伯鲁提品牌之上的精神、文化和传奇故事。

到 SPA 的故乡调养身心　宝玑男人如同一个体面的战士，每天面临战斗，他们在疲累的时候也想要松开领带，甩掉皮鞋，去享受 SPA 带来的放松和宁静。“SPA”得名于比利时的阿德南斯森林区中的小镇斯帕。早在罗马时期斯帕当地人就发现了多处温泉。到了 15 世纪，斯帕小镇的温泉开始名噪欧洲，不少富人开始涌向这里，享受温泉浴给人带来的快乐与健康。17 世纪文艺复兴时期，意大利的王公贵族更在佛罗伦萨附近有温泉的山区兴建起华丽的宫殿，休闲养生。沙俄时期的彼得大帝也曾来到这里，领略水疗的神奇，在斯帕地区至今还有一个“彼得大帝泉”。

时至今日，斯帕小镇仍是泉水处处的好地方，难怪游客络绎不绝。要效法古人用 SPA 疗病，可选择始建于 1868 年的 SPA 温泉疗养站。斯帕的高碳酸温泉也具有非凡的吸引力。除此之外，斯帕小镇上 Dorint 酒店的美容及调理中心与不远山冈上的斯帕温泉中心均是放松身心的理想之地。斯帕小镇另一个吸引人的地方就是，这里拥有全世界最古老的赌场，到这里的人们大多是享受泉水 SPA 之余以桥牌赌博为乐。于是，豪赌 SPA 也便渐渐成了人们私下里谈论的主题。

LUXURY MEN 奢华解语

宝玑之格调

现代制表之父　宝玑表的创始人亚伯拉罕·路易斯·宝玑被称为“现代制表之父”，他一生中发明了陀飞轮装置、摆轮双层游丝、自鸣钟、定速擒纵结构和三问表的盘旋式打簧系统等技术，给世界钟表界带来了深远的影响。

传统工艺　宝玑最引以为荣的是其传统制作工艺的悠久历史。宝玑表200年前是怎样制作的，到现在仍沿用这种工艺。一些优良传统也沿袭至今，比如每一只宝玑表都有一个专门的独立编号。

永恒的价值　一块经典的腕表在具有收藏价值的同时还能增值，2001年10月，一只1808年生产的稀有陀飞轮怀表以195万瑞士法郎的价格被宝玑博物馆购回。比起喜欢华服美履的女人来说，宝玑男人的考虑更加成熟周全，他们选择的是可以升值的奢侈品。

欣赏宝玑表，就如同在回顾现代钟表业精彩的技术发展史。哈勃斯堡公爵如此评价说：“亚伯拉罕·路易斯·宝玑似乎发明了一切，以后的任何技术与设计似乎都只是他的发明的变招而已。”

1790年左右，法国上流社会的一群精英会聚在一座豪华公馆里，欢度美好的夜晚。亚伯拉罕·路易斯·宝玑亦是其中的一员。席间，他从口袋里掏出一块表，在众人的注目下，他把它扔到地板上。然后，他捡起表来，请围观的客人们检查是否有损。客人们惊讶地发现，这块表居然丝毫无损，而且计时精准。原来，宝玑先生发明了一个避震装置，可以保护腕表不因受撞击震动而损坏。宝玑先生的表演并非侥幸，他凭借着高超的制表才华令欧洲的贵族为之倾倒。他认为制表不是一门技巧，甚至也不是一门艺术，而是一门科学。

宝玑先生被称为“表王”、“现代制表之父”，今天，他

BONAPARTE

仍被公认为有史以来最伟大的天才钟表制造家。他发明了万年历，制造出宝玑摆轮游丝、第一枚行李钟、陀飞轮标准时针、可调节军队操练步伐的计步器和天文计时器等。在这其中最伟大的发明莫过于陀飞轮装置。陀飞轮的问世消除了地心引力对腕表的擒纵装置造成的影响，大大提高了钟表的准确度，突破了钟表制造业的茫茫黑夜。

从宝玑公司的档案里记录着的自 1787 年以来售出的每一款宝玑表来看，宝玑表深受皇族和名人青睐。英国前首相丘吉尔一生都是宝玑腕表的亲密好友——自 1928 年戴上宝玑腕表后，他一直都没有戴过其他牌子的表。不仅如此，他始终钟爱宝玑 No.765 腕表，这款腕表是一款绝妙的三问表，并且包含由第二计时秒针回跳功能，这些都是应丘吉尔的要求所定制的功能。出于对宝玑计时精确性的着迷，拿破仑于 1798 年向宝玑购买了第一块具备报时与日期显示的旅行钟和两块打簧表，并将他们带到了埃及战场。1815 年，在滑铁卢战役前线，一方是法兰西皇帝拿破仑，另一方是英国威灵顿公爵，两位运筹帷幄的主帅佩戴的都是宝玑表。

宝玑腕表深受皇族垂青，法国国王路易十六和玛丽皇后都是宝玑的推崇者。从罗马教皇庇护七世、俄国沙皇亚历山大一世、普鲁士国王威廉一世、英国维多利亚女王，直至后来的美国国务卿杜勒斯等，虽然他们彼此并不处于同一时期，但是都有一个共同的联系，都是宝玑表的钟爱者。

宝玑还屡次受人委托创造一些举世无双的孤品，在这类顾客名单中能找到俄国沙皇、奥斯曼大帝、英国摄政王以及拿破仑最小的妹妹那不勒斯皇后的名字，世界上第一枚同时具备自鸣装置和温度计的超薄腕表，就是宝玑为那不勒斯皇后制作的。

宝玑，我们凭借它，计算那些流逝的钻石一般的日子，我们也倚赖它，展望那迷宫一样的未来。

哈雷男人
Harley-Davidson & Men

哈雷戴维森是一个被物化了的精神象征，它被幻化为一种文化、一种生活方式、一个美国式的传奇。

哈雷男人是男人中的男人，在追风沐雨的那一刻，他们将男人的成就感和雄性魅力彰显到极致。

骑着哈雷，他们成为真正自由的人，挣脱了束缚，开始了美妙历程。

哈雷男人是一群成功的、充满活力的摩托车爱好者。他们喜欢休闲的生活方式，富有冒险精神，而且非常热衷于与别人分享对哈雷摩托车的激情，分享哈雷带给他们的独特驾乘体验。

在这个世界上，有很多诱惑令人心驰神往，有很多选择令人眼花缭乱，然而源于内心最真挚的选择，一定是心中的挚爱。哈雷摩托车就是哈雷男人的挚爱，虽然一辆哈雷摩托车的价格可能相当于几辆普通私家车的价格总和，但是哈雷男人愿意花 30 万到 100 万的闲钱来给自己买个像样的玩具，他们都被哈雷和它所代表的生活方式深深吸引着。哈雷男人具有较强的经济实力，他们往往给人成熟稳重的印象。很多人都不解，为什么哈雷男人放着舒适的轿车不享受，却跑去玩看似“不入流”的摩托车？要知道，人都是有两面性的，成熟稳重的男人性情中必定会有奔放、狂野的一面。而威猛的外形以及大排量大油门所带来的轰响，正是激情、狂热的精神象征，没有一个哈雷男人会把哈雷只当成代步工具，哈雷代表着自由的精神。

哈雷摩托车一度是美国嬉皮士们的玩物。嬉皮士是美国社会的一个特殊阶层，他们一个个身穿黑皮衣，戴黑墨镜，显露出文身，打口哨起着哄，服装怪异，玩世不恭。在美国上流社会眼里，嬉皮士毫无个人修养可言，与上流社会格格

不入。20世纪80年代以后的美国，嬉皮士渐渐不见了踪影，但哈雷男人不仅没有减少，反而增多了。哈雷男人不再是缺乏头脑的叛逆小子，而是律师、医生、工程师、经纪人、记者，甚至是政府官员和明星大腕。哈雷在不知不觉中向上流社会渗透。特别是在20世纪90年代以后，美国白领阶层面临着巨大的工作压力，他们渴望有一种可以释放自我个性的方式，哈雷的力量、奔放、速度之美无疑是他们的首选——脱掉西装革履，卸下一切工作压力，忘掉所有的生活烦恼，穿上一身酷劲十足的哈雷服，呼啸而过，如同纵马驰骋，真切地触摸大自然的灵魂，远比坐在密闭的轿车中刺激。也许只是在短时间内远离尘嚣，但这种无拘无束的体验，令哈雷车迷神魂颠倒。

约旦前国王侯赛因·伊本·塔拉勒是千千万万个哈雷男人之一，他性格刚毅，特别喜欢惊险和富于刺激的活动，如赛马、打猎、滑雪、飞行、赛车等等。他具有广博的军事知识，加上受过严格的训练，因此经常亲自驾驶着各式飞机翱翔万里长空。他曾一度骑着哈雷摩托参加各种集会活动，他和妻子骑着摩托的形象甚至登上了时尚杂志《名利场》的封面。

骑上摩托车的那一刻，你会感觉自己是一个真正的勇士。令人窒息的加速感、让风穿越身体的豪迈、挑战极限的快感——两轮之上的世界是如此迷人，它吸引着人们不顾一切地做一回逍遥骑士。

侯赛因的儿子阿卜杜拉二世·本·侯赛因比父亲更加迷恋哈雷摩托。2000年，阿卜杜拉二世·本·侯赛因在美国旧金山访问时兴致大起，想要骑着哈雷摩托环绕海湾观光。这个要求让当地的美国警察非常为难，他们既要保护约旦国王的安全，又要尽量满足贵客的心愿。在万般无奈之际，美国警方想出一个下策：让约旦国王扮成旧金山警察，用警用哈雷摩托观光。没想到，为了骑上哈雷，阿卜杜拉二世痛快地答应了，他换上警服后直接跨上了哈雷，几位保镖也紧随其后。这次国事访问，约旦国王实实在在过了一把“哈雷瘾”。

哈雷男人是那些真诚的、感情丰富的人。因为他们性情坦率，所以内心纯正；因为他们内心纯正，所以情感真实；因为他们情感真实，所以生活自由；因为他们生活自由，所

以不需要虚伪的面具。哈雷男人忠于内心的感受，义无反顾，有时候显得略有些不合时宜，但这种真实最终能够赢得人们的尊重。很多时候，哈雷男人的情感大于理智。他们有时候偏偏不按常理出牌，偏偏要违背所谓的规则。他们做事豪爽、侠骨柔肠。重感情，肯为朋友牺牲自己的利益。他们为人正直，不受社会习惯的束缚和影响。

哈雷男人很容易理解别人，也容易被人理解。在与他们的相处过程中，人们总觉得愉悦，就像面对大海或广阔的原野，自己也会变得开朗、单纯、善良。这正如哈雷摩托车带给人们的感受一样。内心纯净的哈雷男人乐于亲近自然，也许平时里他们西装革履，一有空闲，他们就会骑上心爱的哈雷，飞驰在郊外的林阴路上，他们沐浴阳光，吞吐新鲜空气，尽情感受都市以外的大自然，于行云流水间，挥洒磅礴之气，绝尘中，天地尽征服。

男人志 LUXURY MEN

喜欢哈雷的男人们

施瓦辛格、“猫王”、约旦国王侯赛因、伊朗国王巴列维等名人都是哈雷的忠实信徒，但是将哈雷故事演绎至极致的是传媒大亨马尔克姆·福布斯。于 1964 年接管《福布斯》杂志的马尔克姆是个天性张扬、喜欢冒险、善于交际的传奇人物。他因为把《福布斯》带入腾飞时代而成为一个生活奢华、一掷千金的财富英雄。就是这样一个让那些比他更有钱的人也不得不崇拜的花花公子，坐拥豪华游艇、古堡豪宅，一生却购买了 100 多辆哈雷摩托车。

马尔克姆是懂得享乐更懂得如何积累财富的人。马尔克姆的长子在回忆其父时，曾说他是“一个活到极致的人”“一个非常非常成功的商人”，事实确实如此。马尔克姆每到世界一地，动辄斥巨资购置当地的古堡豪宅，然后向知名的工商界人士发出请柬，要他们到他的新家狂欢。1987 年 5 月，马尔克姆曾在他的亭柏菲山庄举办盛大晚宴，花费高达 200 万美元，而马尔克姆在宴会上为杂志招揽广告的收益高达 1000 万美元。马尔克姆喜欢结交上流社会的名人，他最知名的社交工具是一艘叫做“高地人”的豪华游艇。这艘高级游艇常常载着大公司的 CEO 和各界名流，从纽约港沿哈得

■ 马尔克姆·福布斯

孙河逆流而上，直到西点军校。豪华游艇上的社交派对直到今天仍被福布斯家族的后代看做最好的移动广告。此外，每到一地，马尔克姆必会乘热气球腾空飞行，接受万众欢呼膜拜。1973 年，马尔克姆创下乘热气球横跨美国的壮举，此举让他成为家喻户晓的大明星，即使那些对财经新闻没有兴趣的普通民众，也牢牢记住了福布斯这个名字。

另一位书写哈雷故事的人是约旦前国王侯赛因·伊本·塔拉勒，现在，在约旦还能看到那辆属于他的豪华摩托车陈列在纪念馆中。侯赛因·伊本·塔拉勒是中东地区执政时间最长的一位国家元首，有人称他为“历险国王”，因为他曾多次遭暗杀，但都化险为夷。有一次他从欧洲休假归来，当他驾机飞越叙利亚上空时，突然遭到战斗机的拦截，逼他降落，他凭着高超的飞行技术，摆脱了战斗机，但险些撞上山头。另一次，有人向他告密说，卫队侍从中有人被收买了，打算暗害他，侯赛因只好离宫外住。可他的鼻子发炎，要滴药水，助手无意中将药水滴入水盆，立即发声、冒烟，竟然是硫酸。侯赛因曾说：“如果要我选择的话，我也许不会选择国王这个职位。”因为他已尝够了危机四伏的滋味。生性喜爱冒险的他热爱极速运动——到海上去冲浪，到高山上去滑雪，驾着飞机在天空翱翔，或是飙车。

侯赛因国王爱开车，也爱收藏各式各样的汽车。他在英国上学时就开始收藏汽车了。后来，许多国家元首和大企业家在得知侯赛因国王有收藏汽车的嗜好后，就将各种奇特的汽车作为礼物赠送给他。据说他收藏的各类汽车达175辆之多，其中有不少是珍品。侯赛因对他收藏的汽车爱护备至，他任命专人管理这些车辆。约旦人称侯赛因的车库为“皇家马队”，将车库管理员称为“马厩总管”。为了保证每天都有3辆车出去“散步”，“马厩总管”手下还有几个专业“骑师”，他们负责开着国王的车出去“热身”。

侯赛因是一位受约旦人民尊敬的好国王，他去世后，约旦人民为他建立了汽车博物馆。令约旦人民感到温馨的是，在这个展馆中还陈列着几辆小巧玲珑的沙滩车和卡丁车，车身刻着侯赛因和他儿子们的幸运数字，这显示出侯赛因不仅是一个好国王，也是一个好父亲，他生前经常带着孩子到红海边的沙滩上游玩嬉戏。

生活主张
LUXURY MEN

哈雷男人
奢华私享

坐着热气球环游世界 有时候，崇尚自由的哈雷男人宁愿自己更疯狂一点，丢下汽车、摩托车、飞机、游艇，返璞归真地乘坐热气球环游世界。乘坐热气球飞到空中与大气融为一体，自由飘浮，却有天仙腾云驾雾之感。这看似朴素的旅程，实际上是多么浪漫而又冒险的征程啊。一个五彩缤纷的热气球自由自在地漂浮在空中，那些地上抬头仰望的人，该有多么欣羡呢。

“科幻小说之父”法国著名作家儒勒·凡尔纳的第一部科幻小说是《气球上的五星期》。书中讲述的是19世纪上半叶，许多探险家、地理学家、旅行家对非洲进行了艰难而卓绝的探险，英国旅行家塞缪尔·弗格森乘坐自行设计的热气球横越

非洲，经过五星期劳累和惊险的生活，终于完成了前所未有的探险行程。也许在儒勒·凡尔纳的想象中，乘坐热气球探险，实在是一件壮举。几百年来，人类沉浸在这种探索的乐趣之中，对陆地、天空与海洋的征服令人们无比自信。可是现在，有了火车与轮船以后的旅行者并未比哥伦布更清晰地理解世界。1783 年，由法国人最早发明的热气球首次把人带入空中，因为热气球在空中不能主动操纵改变方向，因此驾驶热气球旅行充满了探险的意味。坐着热气球环游世界，哈雷男人会感觉自己像上帝一样君临人间，征服自然的自豪感油然而生。

热气球有点贵族血统，很优雅。在欧洲，热气球是在高端人群中普遍流行的一种运动方式。欧洲优美的景色、宜人的气候，都适合热气球飞行，而且那里500米以下的低空基本是开放的。周末和家人一起乘着热气球去郊外飞行，欣赏美丽的黎明和暮色，已经形成为一种时尚。或者几个玩家成群结伴乘着热气球出行，天气条件适宜就起飞，飞累了再停下，野餐、喝酒，休息一段继续飞。最潇洒的飞行者并不刻意控制热气球的方向，一切都由风做主。热气球的动力来源于火焰加热器，没有方向舵，它的运动方向必须是随风而行。不同高度，不同时间，不同地点，风向都是不一样的，想调整方向就需寻找不同的风层，飞行员技术水平的高低就是能否准确地寻找到所需要的风层，利用不同的风来改变方向，达到想去的目的地。

最著名的热气球玩家要数维珍集团的董事长理查德·布兰森。这位英国最抢镜头的“嬉皮士资本家”的经历极富传奇色彩：他曾经裸奔宣传公司产品，曾经驾驶坦克驶入纽约的时代广场，也曾经在海湾战争时驾驶自己的飞机进入巴格达解救人质。1985年、1986年他先后两次驾驶名为“维珍大西洋挑战号”的摩托艇横渡大西洋，虽然自己差点赔上性命，但是“维珍大西洋挑战号”却家喻户晓。一年之后他乘坐一艘名为“维珍大西洋飞行者号”的热气球首次飞越大西洋。自他之后，千千万万具有冒险精神的男人爱上了热气球。在所有的冒险行为中，热气球是最优雅的。以最优雅的姿态挑战未知的旅程，这正是哈雷男人所期待的。

投资一座欧洲古堡 哈雷男人从哈雷摩托车中体验到了逃离的快乐，然而“逃离”并不是快乐的本真，快乐是可以营造的，可以停驻的。骑着哈雷，一路向北，奔驰到一个宁静的所在，安享隐匿于世的快乐。请相信，今天，财富真的可以换来一个世外桃源。在哪儿？答案是欧洲古堡。青翠大

地上的庄严古堡从格林童话时代开始，便拥有着与众不同的神秘魅力：收藏丰厚的私人博物馆、华贵的古董家具、环绕四野的美丽景色……避开城市的车水马龙，到山间的古堡去，享受清闲的生活，在自己构建的真实可见的理想国中过一阵远离尘世的日子，是现代富豪生活中最奢华的向往。

一座城堡并不像想象中的那般高不可攀，在欧洲，密布着无数古堡，据说，仅在德国境内就有两万多座古堡，平均每16平方公里就有一座。大多数欧洲古堡都有一段不短的历史，时光早已在它们身上留下斑驳的痕迹。王朝更替，曾经的繁华已一去不返，它们的骑士主人早已作古，贵族气息渐行渐远。现在，取而代之的新主人是来自法国本土的新贵、美国的富裕阶层、英国的银行家和亚洲的新富豪们。对经典优雅的古堡建筑和文化的热爱，以及对法国精致生活方式的向往让他们纷纷搬到古堡定居。

不要以为这些老旧的古堡一定充满滞重的空气和发霉的味道，新主人早已将这些风景绝佳的名贵古堡改造成了超一流的居所。大片大片参天的古树掩映着城堡高耸的塔尖，身着传统服装的骑士骑着骏马徜徉在修建工整的庄园里，透过城堡湖边的芦苇，隐约可以看到扑扇着翅膀的野鸭和天鹅在波平如镜的湖面上游荡。尽管这种乡野之美近乎过分原始，但尽心的修缮和现代设施的添置完全可以让古堡再现昨日光彩。有的新主人还在古堡内加设了专门的健身房、台球室和宴会厅。园林中还有马厩、温室、礼拜堂、游泳池和网球场。你甚至可以为古堡添加一座喷水池，坐在客厅的沙发上，亲手用遥控器控制水花。

拥有一座古堡，不仅要拥有其躯壳式的建筑，更要了解承载其中优美的历史。购买古堡的时候，往往要通过古堡前任主人的“文化测试”，为的是考查你是否有“才力”来传承古堡的文化。其实，投资古堡的奢侈之处不在于购买，而在于养护——每年维修古堡需要上万欧元到数十万欧元。古堡

购买时的价格和整个维修运作的金额至少是1比5，就是说如果购买价格为100万欧元，那么养护经营要准备500万欧元。古堡的维护还需要主人奉献很多。住在古堡中的也不是一个家庭那么简单，还要有一个有如家庭般的“团队”，包括仆人、园丁、门房这些平时日常维护的人群，他们帮助主人照料古堡，居住在古堡里的时间甚至可能超过主人。古堡是属于历史的，也是属于私人的，古堡大门锁住的，是古老的城堡和大片的园地，锁不住的，则是那片低调奢华的气息。

马丁大夫靴子 在20世纪60年代的美国，嬉皮士是哈雷的追随者。那时的哈雷男人是狂热、叛逆、不羁的。20世纪 80 年代后的美国，哈雷逐渐由叛逆群体向主流社会渗透。特别是 20 世纪 90 年代，白领人士成为哈雷的首要顾客群。哈雷的这一特色与马丁大夫（Dr. Martens）靴子的“性格”颇为相似。马丁大夫靴子从英国警察、邮差的专属渐渐成为艺术家、音乐人表达自我的利器，一直延续着其金属感觉、略显“粗鲁”的特性，但穿过的人都知道，马丁大夫靴子个性的背后是舒服的穿着感，看似沉重实为轻便的靴子堪称最舒适的鞋款。英国教皇保罗二世也穿过马丁大夫为他定做的短靴。与一般的休闲鞋相比较，马丁大夫靴子显得特立独行，更具男人味。

马丁大夫靴子是次文化的象征、街头流行的鼻祖，是时尚文化不可或缺的符号，同时也是永不妥协的印记与连接新旧时代的流行密码。马丁大夫的首个设计是 8 孔的 1460 款，这款在 1960 年 4 月 1 日诞生的鞋充满了英国摇滚庞克的精神，其独特的 8 孔靴造型至今仍享有盛名。在英国，几乎没有一个男人不认识这个经典牌子，很多人打从学生时代起就是马丁大夫靴子的拥护者。在现代的时尚圈，马丁大夫靴子被公认为是全世界最舒适的靴子，并且外形经典，成为很多靴子爱好者的必备收藏品。马丁大夫靴子越穿越漂亮，它变得越旧，你越会觉得它好像变成了你的朋友，陪伴你去了很多不寻常的地方，经历过意味深长的事情。

卡尔文·克莱恩摩托车系列运动型腕表　一百多年来，哈雷戴维森凭借不断突破的科技和设计不仅成为摩托车界最顶级的品牌，同时也一直预示并影响着其他领域的时尚潮流。哈雷戴维森是众多国际知名品牌设计师竞相汲取创作灵感的源泉。范思哲、杜嘉班纳和卡尔·拉格斐等国际知名品牌都曾从哈雷戴维森品牌和摩托车骑手身上汲取灵感，推出过具有鲜明摩托车风格的服装。

卡尔文·克莱恩在 2008 年发布了从哈雷戴维森仪表盘上

获取灵感设计而成的 CK Celerity 摩托车系列运动型腕表。这款腕表采用了类似摩托车仪表盘的设计，把哈雷戴维森的力量和激情一并呈现在了表盘之上。超大的表盘设计，融入计时码表功能，给人以力量与速度交相辉映的联想；黑色或白色的计时码表指针，与阳光银色或酷感灰色表面相互衬托，气度非凡，更有蓝色秒表指针，带出灵动的时尚运动气息；大视窗日期设置，为此款科技感十足的运动腕表增添了几分亲和力；蓝宝石玻璃镜面，与富有运动精神、自然舒适的天然黑色树脂橡胶带的时髦组合，简洁中透露出运动和时尚，如同哈雷戴维森一般，传达着自信、凛然的男子汉气概。

LUXURY MEN 奢华解语

哈雷之格调

独一无二 哈雷摩托车最大的特点是力求个性的张扬，所以哈雷公司建立了接单后生产的营销系统。哈雷公司一般是在确定订单以后，再根据顾客的个人喜好量身定做个人专属哈雷车。哈雷公司在缔造优质产品的同时，也提供了成千上万种配件，顾客可以把自己的哈雷变成“全球仅此一辆”的摩托车，因为哈雷摩托车的每一个部件都是可以更换改装的，所以哈雷男人可以无限个性化改装自己的哈雷摩托车。

哈雷精神 哈雷摩托车之所以出名，不仅仅在于它的设计理念、产品质量，更多的在于它所创造出来的两轮文化以及哈雷精神——自由、个性、独立、进取、品位。其品牌文化已经深入到了全世界摩托车迷的脑海里，喜欢哈雷摩托车的人都是哈雷精神的信徒。

完美轰鸣 启动一辆哈雷摩托车后，会听到排气管发出有节奏的“腾腾”声。哈雷的制造商为了制造出让车手钟情的完美摩托车，每一辆车排气管的声音都要经过专门的声音测试，以保证能发出哈雷特有的轰鸣声。这种声音像音乐一样吸引人，又像马蹄声一样让人热血沸腾。

哈雷戴维森是一个被物化了的精神象征，它也被幻化为一种文化、一种生活方式、一个美国式的传奇。哈雷戴维森之所以历经百代而不衰就在于它从一开始就不是一味埋头于摩托车的设计制造，而是潜心致力于创造一种独具特色的摩托车文化。他们想方设法延续和演绎凸显美国人价值取向的“牛仔精神”，巧借纯金属的坚硬质地、令人炫目的色彩、大排量大油门的轰鸣尽情渲染富有、自由、平等、竞争的哈雷戴维森精神。

迄今为止还没有哪一个品牌在品牌忠诚度方面可以和哈雷戴维森相媲美。正如佛教的新入弟子要接受剃度之礼一样，哈雷车迷不论男女老少，身上都有哈雷戴维森品牌标志的文身，品牌忠诚度非常高。曾有哈雷男人说：“拥有自己的第一辆哈雷摩托车就像初恋一样，甚至比初恋更令人兴奋。”金属的质感、优美的线条、烫人的排气管、音乐般的轰鸣声，这一切都满足着一个男人对力量的憧憬。

百余年来，哈雷摩托车吸引了数以万计的名人顾客。美国有一句谚语，·语道破了天机——“年轻时有辆哈雷戴维森，年老时有辆凯迪拉克，则此生了无他愿。”可见，哈雷的无穷魅力是多么难以抗拒。一代歌王“猫王”在出名前已是哈雷戴维森的忠实拥护者，其热衷哈雷的程度也许仅次于对摇滚的执著。“猫王”在1956年还受邀拍摄过哈雷戴维森出版的《狂热者》杂志的封面，当年5月份出版的这份杂志现在保存在博物馆中。1996年，有人在收拾旧仓库时发现了一辆锈迹斑斑的哈雷摩托车，发现者找到了该车的生产编号，并打电话向哈雷公司询问。第二天，哈雷公司的总裁竟然亲自回电话，说愿意以10万美元买回这辆车。不久，美国著名脱口秀主持人大卫·莱特曼表示愿意以20万美元购买此车。这辆车有什么魅力？正在发现者迷惑不解的时候，哈雷公司让他看看摩托车坐垫下的标记，上面写着：“生日快乐，普瑞希拉谨祝！”原来这是“猫王”的妻子送给他的生

让我们准备出发，
去享受哈雷的激情。
也许就在今天，
也许我们一直走，
直到我们享受到，
那曾经的梦想。

日礼物！最终，这辆“猫王之车”以50万美元卖给了大卫·莱特曼。

在一代车王舒马赫退役之前，富可敌国的阿联酋迪拜皇储曾经承诺，要把著名的人造小岛“世界（The World）”送给他，可是舒马赫效力的法拉利车队却对此不感兴趣。他们最终委托哈雷戴维森定制一辆“舒马赫”个性版摩托车送给舒马赫。这辆色彩缤纷艳丽的摩托车，在蒙扎赛道的一次聚会上被送给赢得七次世界冠军的“F1之王”舒马赫，舒马赫本人也是哈雷摩托车的收藏家。

NBA“铁人”卡尔·马龙曾为不能随意驾驶哈雷摩托车而烦恼，而影星州长施瓦辛格为了合法驾驶哈雷摩托车，更是在2006年特意考取了摩托车驾照……哈雷的故事还在延续，正如它的宣传语所言：路从这里开始，没有尽头。

杜嘉班纳男人
Dolce & Gabbana & Men

杜嘉班纳不拘一格，狂野与优雅并存，充满创意，反对随波逐流。

杜嘉班纳男人桀骜不驯，并且才华横溢。他主张为自己而活，喜欢一切非公式化的东西，追求建立在自由之上的成功。

他们是特立独行的先锋。

如果你愿意尝试性感狂野风格的服装，会有90%的人为你推荐杜嘉班纳——这个充满了意大利艺术想象的品牌。杜嘉班纳那浓郁的色彩和丰富的图案带来强烈的视觉冲击，是意大利华丽冷艳风格的绝佳代表。并不是每个男人都驾驭得了杜嘉班纳，驾驭它的人骨子里必须有些桀骜不驯的东西，他们要创造属于自己的风潮，而不是一味地追随时髦。

杜嘉班纳男人是个性十足的一类人，他们一般具有较高的知识水平和技能，个性中具有反传统的特点，从他们嘴里说出来的话，并不像传统文化人那样具有装饰性，当然也不粗俗。他们努力保持自己的本性，以自己的真实的性格待人，容不得半点装模作样的虚假。所以，在一些按部就班的人眼中，杜嘉班纳男人个性十足。

杜嘉班纳男人往往是才华横溢的男人，而且是某一个圈子里的成功人士。他们谈吐不俗、机智多谋、风流倜傥。他们整天脚步匆匆地出入于酒店、写字楼、会议室、候机楼、商务会所，然后优雅地和客户握手，微笑，交换名片，签署合作意向。杜嘉班纳男人留给人们的总体印象是：穿高级服装、说外语、吃西餐、喝红酒、看美国《时代》杂志，读MBA……总之，在无限风光的杜嘉班纳男人身上，集中地体现了一个时代的时尚、品位以及格调。实际上，杜嘉班纳男人会坚持自己的风格和努力方向，就算周围的人投来诧异目

光，他们也会不为所动，而是克服千难万险，去实现自己的抱负和理想。

杜嘉班纳男人身上略带雅皮士气质，一副不羁的表情、一种略带不屑的眼神、一丝玩世不恭的微笑……他们言谈直爽，没有顾忌，喜欢无拘无束的生活方式，不喜欢故作深沉。杜嘉班纳男人将雅皮士精神、绅士风度、过人才气相结合，演绎出了迷人的风度，没有那个女人能够抗拒得了这种魅力。

杜嘉班纳男人拥有高收入，并且多为丁克家庭，所以他们有着强大的消费力，他们对奢侈品、高级享受的追求热情十足。他们住现代化高级公寓，开宝马奔驰，出入高级餐馆，穿名牌衣服，用名牌家具，连卫生纸都选最贵的。他们对奢侈品的品位摆脱了传统的樊笼。在他们看来，大宝石戒指、镶钻腕表、镶金家具是庸俗的，他们追求的是个性、另类、新潮。他们上班时穿着剪裁完美的细白条纹西装，以鸭舌毡帽搭配永不过时的白背心，或以脱线牛仔裤搭配布雷泽外套……他们是规则的制定者，而不是规则的执行者。

杜嘉班纳在上世纪 90 年代率先推出内衣外穿的风潮，引发了时尚界的震动。当然，杜嘉班纳让人惊讶的远不止这一点，其同性恋创始人的故事、其对好莱坞明星耍大牌的态度、其别具一格的时装秀，都掀起了时尚界的惊涛骇浪，这也是许多男人钟爱杜嘉班纳的理由——永远不拘一格，狂野与优雅并存。

男人志 LUXURY MEN

喜欢杜嘉班纳的男人们

理查德·布兰森是将杜嘉班纳精神融入血液的男人，他在英国媒体的民意测验中被评选为“英国最聪明的人”。他的惊人之举有：曾经裸奔为公司拍广告，曾经驾驶热气球环游地球，曾经驾驶坦克驶入纽约的“时代广场”，曾经在海湾战争时驾驶自己的飞机进入巴格达解救人质，他被看成是一个傲慢的暴发户，却同时是世界级大公司 CEO 的偶像……这些天马行空、看似毫无关联的因素构成了维珍（Virgin）集团的董事长兼总裁，企业界的顽童，欧美家喻户晓的明星，世界上最富传奇色彩的亿万富翁——理查德·布兰森。

理查德·布兰森是全世界最引人注目的“嬉皮士资本家”。他的形象超出了人们的想象，虽置身于上流社会，却蓄着一头披肩长发，终日休闲打扮，玩世不恭。这一切使他更像摇滚明星，而不是一个商业世界“穿着西装的绅士”。20 世纪 70 年代他从一间电话亭大小的办公室白手起家，80 年代通过维珍航空一举成功。1999 年，英国伊丽莎白二世女王册封布兰森为爵士。现在，他的企业王国触角遍及婚纱、化妆品、航空、铁路、唱片、手机和电子消费产品领域。

布兰森不拘一格、叛逆而风趣洒脱的个性不仅反映在他塑造的品牌形象中，也从其广告创意中折射出来。他亲自开坦克车轧过放在时代广场上的可口可乐，宣示维珍集团正式

■ 理查德·布兰森

向可口可乐宣战；他曾男扮女装地出现在维珍婚纱公司开业典礼上；他甚至在波斯湾战争期间斡旋于英国与伊拉克之间，开着飞机直接进入巴格达接回人质；自1985年来，布兰森参加了许多破纪录的陆地和空中的速度与距离的挑战。布兰森的每一次冒险行动，都必然产生极为轰动的广告效应。欧洲商界人士一提到布兰森就会皱眉，因为他们永远猜不到这位嬉皮士资本家下一步又会做出什么惊人之举。

理查德·布兰森还被评为“员工心目中最理想的老板”。他曾花费500万澳元买下了澳大利亚东部的一座小岛，专供自己公司的员工度假之用。在维珍创立初期，每一个新员工都会得到布兰森家的电话号码，布兰森鼓励他们，若有任何好的想法，或者有何不满，可随时打电话给他，可以来他的私人住所。布兰森没有老板作风，甚至在狂欢中被员工戏弄的事也时有发生。

拉斯韦加斯威尼斯酒店

英国著名摇滚歌星斯汀是杜嘉班纳的忠实顾客。在欧美，斯汀不仅仅受到歌迷们的欢迎，同时也受到了英国王室的认可。除了查尔斯王储公开表明自己是斯汀的忠实歌迷之外，英国女王也表示经常听斯汀的歌曲。

在斯汀的前半生里，他做了很多意义深远的事：在监狱里与无数个失去自由的人共享音乐，参加国际大赦年音乐会，为人类登上月球的壮举而创作歌曲，建立并援助法国热带雨林基金会，发起巴西亚马孙河印第安人拯救家园的运动，用修炼瑜伽来寻觅一种新的宗教。当斯汀得知美国的世纪灾难“9·11”发生后，他立即取消了新专辑的录制工作，并在当夜举行了一场向世界上所有处于战争、专制、毒品、恐怖、核武器和环境污染威胁之中的受难者致敬的演出。斯汀还是宣传环保的得力主将，他在自家农场上种植最好的农产品养活他和他的家人，就连红酒他也喝自家庄园里酿造的。

生活主张
LUXURY MEN

杜嘉班纳男人
奢华私享

在拉斯韦加斯纵情狂欢 杜嘉班纳男人怎么能不爱拉斯韦加斯呢？这个光怪陆离的城市能带给他们独一无二的快乐——昼夜不停息的赌场、豪华购物中心、世界各地演绎大师的表演、稀奇古怪的娱乐设施……杜嘉班纳男人要做一名合格的游客，就要将所有的烦恼卸在城门之外，待离开之时再去认领——拉斯韦加斯只接纳快乐的人。拉斯韦加斯一直是一个神话：足以颠倒贫富，让倾城富有与一贫如洗在一夜之间彼此互换。如果你是在天黑之后抵达拉斯韦加斯，在通过一片干燥的不毛之地后，大地的边缘突然出现一个金碧辉煌的不夜城，你一定会被这个特别的城市所震撼。是的，这就是拉斯韦加斯，一个不可思议的人工化城市。任何人的目光都会被那闪耀的霓虹灯及特有的豪华观光酒店所吸引，甚至于在完全脱离日常生活的幻境中迷失自我。这里是全世界的娱乐中心，所有的城市设计都是为了让人尽情享乐。

拉斯韦加斯的大小赌场不可胜数，然而最为惹眼的，还是坐落在主干道拉斯韦加斯大道两侧的数家超级酒店赌场。这是在其他地方见不到的奇特景象——几百米长的道路边，密密麻麻排列了十几家四星或五星级酒店，里面赌场、餐厅、卧房一应俱全。这些招牌酒店每一座都有自己特定的主题：米高梅酒店拥有客房 5005 间，号称世界之最，酒店外墙全部以祖母绿玻璃作装饰，宛如富丽堂皇的宫殿；而拥有 2526 间客房的金字塔大酒店则以天蓝色金字塔形建筑为主体，同时仿照古埃及胡夫金字塔的样式也在其前面建造了狮

■ 拉斯韦加斯喝彩酒店 XS 夜总会

身人面像，酒店内的布置完全是古埃及的韵味风情，并有古埃及装束的服务员行走其中；古城堡酒店从外观到房间摆设、娱乐设施，甚至服务员的制服，都带有浓郁的中世纪美学的余韵；百乐宫酒店造价高达 18 亿美元，大堂上的几百盏吊灯，每盏价格超过 2 万美元，酒店前庭有一个人工湖，喷泉会随着乐声变换出各种图案和造型；威尼斯酒店的天花板被装饰成天空的样子，任室外或雨或晴，赌场的掌控者恣意操纵着这里的天气变幻。拉斯韦加斯铁了心要把一切在其他处不可见的景象变为现实，让人在这样的幻境中沦陷。

此外，每个大型赌场酒店还有容纳上千人的大型会议厅和宴会厅，以及各种风味的商店、健身俱乐部、剧院。这里的赌场从不关门，人们困了可以到楼上房间休息，醒来后可以下楼入赌场继续拼搏。据说赌场里的氧气要比外面的多 60%，灯光控制在最佳效果，使人们在里面从不感到疲劳，永远处于一种要战胜老虎机的亢奋状态。

杜嘉班纳男人喜欢体验新奇的去处，他们一定不会错过拉斯韦加斯最豪华的酒店——韦恩·拉斯韦加斯赌场酒店，这座由美国赌业大亨“拉斯韦加斯之父”史蒂夫·韦恩耗资 27 亿美元精心打造的赌场式度假村酒店，是迄今为止世界上最豪华的娱乐休闲王国。史蒂夫·韦恩曾创办过海市蜃楼酒店、金银岛酒店和贝拉吉欧酒店。

韦恩·拉斯韦加斯度假村酒店的规模超乎人们的想象，酒店共有 2359 个标准客房，270 个会客厅和会议室，45 个主管人员套房，36 个带有一居室或两居室的别墅、6 个面积为 700 平方米的私人别墅。酒店外面有一座造价 1.3 亿美元的人造山，山上有松树和其他迷人景色，最高处可达 7 层楼高。在酒店里面，杜嘉班纳男人能欣赏到高山、瀑布、喷泉和其他美景。韦恩用这座 50 层楼高的、外面是青铜玻璃的“弯塔”再次改变了拉斯韦加斯的地平线。

韦恩·拉斯韦加斯度假村酒店简直就像一个小型城市，

除了拥有一个面积达10000多平方米的硕大赌场，还拥有12140平方米大的湖泊，18个餐厅，一个夜总会，一个超豪华休闲大厅。在这个度假村里甚至还有法拉利和玛莎拉蒂汽车经销店、26个零售精品店、一个美术馆、两个婚庆教堂、一个大型综合游泳馆和一个18洞冠军高尔夫球场。度假村里的雇员人数高达9500名。值得注意的是，韦恩拉斯韦加斯酒店要求大厨现场烹制，而不像其他度假村那样，明星厨师都是在幕后操作的。

在这个用金钱和欲望勾画出的盛世幻象中，经济衰退和恐怖威胁都不存在。除了赌博之外，拉斯韦加斯还有辽阔壮美的自然景观，举世闻名的高尔夫球场，全球最高的云霄飞车……拉斯韦加斯给人太多意想不到的惊喜。以拉斯韦加斯为中心画一个圈，科罗拉多大峡谷、胡佛水坝、米德湖国家公园和火焰谷国家公园等世界级景观矗立在这座华丽都市的周围。拉斯韦加斯是不夜城，更是一座缤纷多彩的阳光城。

骑着摩托车去漫游　杜嘉班纳男人对摩托车的喜爱远远大于汽车，在他们的世界里，汽车是工具，而摩托车是玩具，骑着摩托车去漫游的乐趣是驾驶汽车无法比拟的。骑着摩托车去漫游的休闲方式并不是新兴的潮流，早在三四十年前，摩托车就是西方青年文化的符号，是嬉皮士们喜爱的机械。在美国，摩托车潮流在敏感的文化人群中持续了30年之久。摩托车一族倡导的生活方式就是：无拘无束、自由自在地在大地上漫游。这种生活方式是由小说发起的，其中最主要的一部作品是毛姆的《刀锋》。该小说当年十分畅销，影响深远。毛姆笔下的拉里成为很多男人的偶像，他们渴望着像拉里那样前往印度，横穿南亚次大陆，直抵喜马拉雅山南麓，去寻觅精神方面的奇迹。

大多数杜嘉班纳男人对大排量摩托车感兴趣，他们酷爱在深夜和三五好友骑着摩托车穿梭于街头，感受大地沉睡时

多年以前，人们给拉斯韦加斯起了另外一个名字——罪恶之城。如果纵情欢乐是错的话，那么拉斯韦加斯就是有罪的。在这个人间天堂中，人们竟然不知真正的天堂为何物了。

的安详与宁静，这也是他们独特的解压方式。当然，杜嘉班纳男人对电动摩托车嗤之以鼻，他们认为只有大排量摩托车才具有狂野的气质。日本的川崎摩托车非常符合他们的“口味”，它非常有个性，质量和价格都很高，而且川崎摩托对小排量的车根本不感兴趣，它永远把目光放在大型车上，一旦有人威胁到它在大型车豪华车领域的王者地位，它必然拍案而起，给对方点颜色瞧瞧，俨然一个傲慢的贵族。

日本四大摩托车品牌每个都有鲜明的特征，我们可以将之形象地比喻成四个人：本田——世界摩托车的领袖，日本摩托车的霸主，不论是在赛场还是在民用车领域都常常受到其他品牌的夹攻，然而它每次都能成功突围，化解危机占得先机；雅马哈——充满浪漫情调的艺术家，有些理想主义，

也有点叛逆，但总是激情澎湃，创意无限，多数情况下扮演挑战者角色；川崎——忍者，目标明确，行动利落，稳中求胜；铃木——我行我素的侠客，以犀利的剑法著称，有很多追随者和仰慕者。川崎并不好斗，在四大摩托车家族中它很少主动挑起战争，也从不插手小排量摩托车领域，但是，千万别以为它不过如此，一旦有人主动挑战，它必然积极反攻，赢得胜利。大型摩托车的极速之争，似乎就是川崎故事中永无止境的主题。

收藏 MOOLLONA 灯饰　男人喜欢收藏各种生活艺术品，他们仿佛一个兴趣盎然的探索家，在生活中找寻一切有升值潜力的收藏品。当灯饰超越了一般照明工具的意义，升华为品位的象征；当灯饰的设计、工艺脱离了一般商品的范畴，升华为艺术品，灯饰便成为一种不同寻常的收藏品。MOOLLONA 灯饰便是生活鉴赏家们青睐的收藏品。如果你了解 MOOLLONA 灯饰几近“苛刻”的生产工艺，你一定会认为它有进入世界上任何一家博物馆的资格。MOOLLONA 生产一款灯的工期是其他普通灯饰品牌的数倍，仅一道手工玻璃或水晶的打磨与抛光工序所耗费的时间就超过一般品牌制造一盏灯的时间；MOOLLONA 每设计一款新灯，必须经过三次负面评价，在设计者完全找不到反对理由的情况下，再由资深市场调研人员反复论证，直到一切无可挑剔后才能投入生产。正是由于精雕细琢的制作工艺和一丝不苟的严谨态度，使得 MOOLLONA 灯饰的制作周期比同类产品更长，而且产量非常有限，如果一位客户同时需要两盏同型号的灯，必须提前半个月订购。而昂贵和珍稀的特性，使得 MOOLLONA 灯饰注定成为人们争相抢购的收藏品。

当灯饰超越了一般照明工具的意义，升华为品位的象征；当灯饰的设计、工艺脱离了一般商品的范畴，升华为艺术品，灯饰便成为一种不同寻常的收藏品。

奢华解语

杜嘉班纳之格调

矛盾气质 从1985年诞生之日起，杜嘉班纳便渗透出强烈的矛盾气质。Dolce & Gabbana是两位设计师名字的组合，意大利语中，Dolce意思是“甜蜜”，但他却喜欢简洁冰冷的现代感；Gabbana意思是“厚大衣”，他更喜欢华丽繁复的巴洛克风格。两位设计师相助互补、合作无间使两种矛盾气质戏剧性地融合于一体，构成了品牌无可取代的特质。

灵感无处不在 你也许不会相信，跳蚤市场中的素材，到了杜嘉班纳那里，就会成为最佳的灵感来源。设计师说：“我们喜欢拼拼凑凑的东西，因为它集合了不同的灵感和经验。”所以，人造皮毛、透明纱料、皮革、英国清教徒的饰品，都可能出现在杜嘉班纳的作品中，还真有点惊世骇俗的味道。

个性表达 杜嘉班纳的男装充满了一种桀骜不驯的浪荡气息，显得非常有个性。杜嘉班纳表达了一种风格，更代表了一种生活方式：年轻、狂野、与众不同。

杜嘉班纳是时尚界的另类先锋，其作风非常独特，创立之初不但婉拒交付大成衣工厂代工生产，坚持自己制作装饰配件及所有服装，还只任用非职业模特儿走秀，在当时讲究排场的时装界，杜嘉班纳的做法是独树一帜的。

当杜嘉班纳出现时，意大利时装界有三大巨头，分别代表不同的审美观：阿玛尼品位高雅，时尚的感觉要淡一些；费雷工业化味道浓厚，线条非常硬朗；范思哲则有点艳俗，有鲜明的流行元素。大家都以为，意大利风格就是这些了，然后杜嘉班纳出现了，它开始向人们展示了别样风格。

杜嘉班纳的设计灵感大多来自于品牌创始人之一的多米尼格·多尔斯的出生地西西里岛，形成了一种具有强烈视觉感官震撼的风格。品牌大量使用红、黑等厚重的色彩，搭配紧

绷的束腹、内衣外穿以及以豹纹为主的动物图纹，呈现出强烈的对比，这种风格同时被称为“新巴洛克风格”，一种新式的华美艳丽的意大利风。设计师曾说：“西西里岛一直都是我们的出发点。那里充满了无比的热情、缤纷的色彩，空气中充满了香味与愉悦，那里融合了来自各地不同的影响，结合而成一种新的文化与视觉。”多米尼格·多尔斯和斯特法诺·格巴纳在设计服装时就像在导演一部电影，他们会幻想一部电影的情节，然后针对这个情节设计出服装来。将过去与现代相结合，再加上两人特有的巧妙构思和意大利式幽默，杜嘉班纳的强烈个性无人能取代。

多尔斯和格巴纳那是时尚圈里不太多见的二人组合，大家喜欢把他们叫做时尚界的“哼哈二将”。要想穿他们的服装，你得先看看自己血液里有没有狂野的因子，如果没有，很遗憾，即使你再有钱，也穿不了。每年的奥斯卡颁奖晚会，许多设计师都会花重金聘请明星们穿他们的衣服，替自己的品牌做广告。多尔斯和加巴纳却向明星们宣告，衣服在那儿，你们想穿就来穿好了，但我们绝对不会花钱请你穿。这样的大牌作风对品牌毫无负面影响，两位设计师深受好莱坞明星的青睐，他们为当今所有知名摇滚乐歌星设计服装，并获选为“无可争议的设计先锋人物”。当然，杜嘉班纳品牌本身并非是无可争议的，老派男人们通常不喜欢它，但是这又如何呢？杜嘉班纳本来就不是为他们设计的，它只为具有同样精神的人服务。

阿斯顿·马丁男人

Aston Martin & Men

阿斯顿·马丁善于创造传奇，善于营造英伦格调的快乐，善于将奢华的运动风格和古典优雅的格调集于一身。

阿斯顿·马丁男人是现实版的“007”，他并不反对以硬邦邦的肌肉来显示原始的男性魅力，但他更崇尚内在魅力——幽默、睿智、彬彬有礼，在气宇不凡的外表之下，是冷静从容的内心思维和果断敏捷的行动方式。

他们树立了一种榜样——可以被追随，却无法被模仿。

他有俊朗性感的外表，全身装备着最先进的武器，身边常有美女陪伴。他的衣服出自最好的裁缝之手，从不起皱。他常驾驶一辆与众不同的跑车，并配有杀人执照。他有许多的敌人，都是世界上最危险的敌人。他既是一个出色的间谍，也是一位风度翩翩的绅士。以上这些描述可以让你在众多电影中圈定几个特工角色，如果再告诉你，他驾驶的那辆与众不同的车是阿斯顿·马丁，你一定惊呼：“他是007——詹姆斯·邦德！”

“007”，这三个阿拉伯数字的组合，在45年间已经成为世人心目中极品魅力男人的LOGO，同时也成为男人们膜拜的对象。詹姆斯·邦德是地地道道的英国人，他身上有不可抹杀的绅士风格，在任何情况下，在地球的任何地方，他的举止都十分得体。无论是在高尔夫球场、赌场或是在富贾名媛云集的宴会上，他都如鱼得水，与人们打成一片，但却从不放弃自己的个性。因此，詹姆斯·邦德本身最终也成了“名牌产品”。

邦德式人生是阿斯顿·马丁男人的梦想。一个男人可能永远成为不了邦德，但他有权坐在电影院里欣赏邦德的生活，也有权拥有邦德式奢侈生活的视野和期待。德国人沃夫冈·拉茨勒曾在《奢侈带来富足》一书中指出：“当代世界中没有一个真实的人物或艺术形象能像詹姆斯·邦德那样，

■ 肖恩·康纳利

完美地担当了某类奢侈品尤其是技术奢侈品的代言人形象，他展示了人们为什么需要奢侈品，从而使奢华与成就相联系。”“007”使原本没有名气的阿斯顿·马丁一夜成名，也使本来就比较有名的劳力士、欧米茄更加有名，同时也为布莱奥尼西装招揽了更多的顾客。

当然，这么多年来，“007”中最有代表性的品牌非阿斯顿·马丁莫属。你丝毫不用担心汽车会在电影中无用武之地，1964年，阿斯顿·马丁在《金手指》中亮相，汽车第一次展示了自己与众不同的个性。它与邦德的情况有些相似，一个是深藏不露的英国特工，一个以普通汽车面目示人，实际上是绝无仅有的超级武器。很多时候我们甚至会怀疑，当邦德和他的座驾在一起时，到底谁是决定胜负的主角。世界上的阿斯顿·马丁男人们大多有“007”情结。全世界的男人用40多年的时间不厌其烦地追看另一个男人，这样的咄咄怪事只能发生在“007”詹姆斯·邦德身上，这也再度证明了一个简单的道理：如果说女人们永远抵御不了灰姑娘的故事，那么男人们同样对“英雄无敌，坐拥美人”式情节怀有无限憧憬。很多男人并不愿意公开承认这一点，阿斯顿·马丁男人却并不觉得崇拜“007”会让自己丢脸，他们有时候真的会像邦德一样酷酷地说一些话，做一些事，让人眼前一亮，但这绝不是出于模仿，而是他们坦诚、不做作的个性散发出的魅力。我们甚至可以说，阿斯顿·马丁男人就是现实版的“007”，他们可以是生活中任何领域的“特工”，他们可以是商人、运动员，甚至是美食家。如果用一句话概括他们，那这句话就是——他们真的很酷。

男人志
LUXURY MEN

喜欢阿斯顿·马丁的男人们

皮尔斯·布鲁斯南是第五任“007”的扮演者，在七年的时间中，他先后四次出演詹姆斯·邦德一角，是好莱坞当之无愧的动作明星。上世纪90年代的《谁与争锋》中，詹姆斯·邦德开的是灰色的阿斯顿·马丁V12“征服（Vanquish）”型跑车。事实上，布鲁斯南真的花费16万英镑购置了一部同影片中一模一样的阿斯顿·马丁。在1996年美国一份杂志的评选中，布鲁斯南荣膺“全球最美丽的50位明星”之一，凭借矫健的身手和俊朗的外表，布鲁斯南早已被公认为史上最帅的“007”。

生活中的布鲁斯南颇具詹姆斯·邦德的神韵风骨，他是那种个性鲜明、敏感多思的人，他的迷人不是来自外表，而是来自成熟的男子气概。一年冬天，我们的“007”和一群爱冒险的朋友一同去位于墨西哥的加利福尼亚湾看鲸鱼。当时一群人坐在充气艇上，风大浪高，充气艇离海岸线越漂越远。忽然一群灰鲸围上来，喷着水，不断地用庞大的身躯撞击皮艇。所有人都吓着了，“大家脸都白了，不知道接着会发生什么事，”环境学家、当时船上的探险者之一鲁宾·阿罗尼回忆道，“惊惶之中，我扫了一眼船上其他人的反应，发现没有人能保持镇静——除了布鲁斯南，他居然连头发都一

■ 皮尔斯·布鲁斯南

丝不乱！他永远都是那么风度翩翩。”

阿斯顿·马丁是时尚大师拉夫·劳伦最喜欢的车之一。拉夫·劳伦是拉夫·劳伦时尚帝国的创建者，旗下的 POLO 品牌风靡全球。在时尚界，拉夫·劳伦的房子最好辨认，因为他的每一所房子看上去都像一个拉夫·劳伦式的广告。劳伦常常偕妻子去位于牙买加朗德山的别墅中度假，劳伦曾对《纽约时报》的记者说，他常在别墅中穿着马来西亚的土著花裙游来逛去，“花裙上点缀着橘黄和松绿的珠子，而胸部则一丝不挂。”这足以说明一个事实：当你的资产达到 20 亿美元时，你所穿的任何东西都可能成为一种时尚。

男人的魅力需要靠内涵与风度来成就，这种魅力就好像降落伞一样，如果你不打开它，它就永远不会起作用。

除了时尚事业，拉夫·劳伦最大的爱好就是收藏汽车。“我一直羡慕永恒，而我收集的车带有永恒的美的信息。”拉夫·劳伦收藏的汽车以速度、风格和美而著称，这位在时尚界呼风唤雨的设计师绝对是全世界车迷嫉妒与崇拜的对象。在他庞大的收藏中，有保时捷、法拉利、奔驰、阿斯顿·马丁等名牌的各时代经典名车，甚至还有威利斯吉普、F1 赛车和一个老爷车车队……当人们在波士顿的博物馆观看他的私人名车收藏展览时，犹如看见了一部汽车的发展的历史。为了看管这么多经典汽车，拉夫·劳伦还雇用了私人汽车管理员。这项爱好的花费想来已是天文数字，但拉夫·劳伦着实将车玩出了名堂。

2009 年，世界排名第一的网球选手拉斐尔·纳达尔花费数十万美金购置了一辆超级豪华的阿斯顿·马丁 DBS。拉斐尔·纳达尔是蝉联四届法国网球公开赛冠军的不败神话。在网球场上，纳达尔冷酷无情，犹如一个从不放弃猎物的捕食猛兽。在生活中，拉斐尔·纳达尔是一个普通的大家庭里的儿子，过着和任何一个普通西班牙人一样的生活。由于家庭的熏陶，纳达尔至今仍然保持着西班牙中产阶级的真诚礼貌，在社交场合永远衣着得体。他的爱好是打高尔夫、钓鱼和玩电脑游戏。

拉斐尔·纳达尔个性率真，当被记者问到谁是他心中的偶像时，纳达尔毫不犹豫地回答：“我的偶像就是我自己。在各个级别的比赛中，我总能获胜。我打算追随我自己。”也许话语中带着些许的轻狂，但是，正如他母亲玛丽亚所说：“难道这不好吗？”在阿斯顿·马丁男人眼中，谁也不是谁的传奇，所有的传奇都由自己创造。

生活主张

LUXURY MEN

阿斯顿·马丁男人 奢华私享

到瑞士的圣莫里茨滑雪 阿斯顿·马丁男人的生活是动感的，夏天他们到马尔代夫潜水，冬天他们到瑞士滑雪。美国雪硬，欧洲雪滑，最好的仍在瑞士，因为这里的雪不但软而且滑，还有最好的滑道以及经常可见的世界滑雪冠军。

位于瑞士东南部的圣莫里茨是世界十大滑雪胜地之一。人们说：上帝独爱圣莫里茨。说有山，便有了恩嘎丁山，说有水，便有了湖光潋滟的圣莫里茨湖，一个山水相依的小镇诞生了。被美丽的森林、湖泊、阿尔卑斯群峰环绕的圣莫里茨一百多年来一直是名流们钟爱的旅游休闲胜地。

作为瑞士著名的滑雪胜地，圣莫里茨曾举办过两届冬季运动会和一届滑雪锦标赛。圣莫里茨附近有四个大滑雪区，包括内尔山、科尔瓦奇峰、穆奥塔斯穆拉佑和迪亚沃勒札，其中最高处的海拔高度超过3000米。银色的陡斜山坡是滑雪者们的最爱，踩着滑雪板从峰顶滑下，就像在飞，山风吹动头发，感觉自己如羽毛般优美和轻盈，一个大回转，滑出完美的弧线，眼前的雪末则飞扬成一片薄烟。滑累了，躺在湖边的雪地上，看温暖的阳光照在无比纯净的雪山与湖泊上，淡淡的水汽一点点在空气中蒸腾，带着雪里深埋的植物的清新，与温泉弥漫出的雾气融合，空气犹如冻成薄片的香槟，轻轻呵一口气，就如同冰凌一样嗞嗞地裂开，带着气泡轻微的、沙沙的破裂声，清新的水汽迎面而来。

平均每年322天的晴天让圣莫里茨成为全瑞士日照天数

最多的城市。因为离海洋最远，圣莫里茨是瑞士最冷的地方，冬季湖水会结冰，夏季七八月都可能下雪，在一天之内，春夏秋冬也许会轮番登场，令人叫绝。无论阴晴雨雪，圣莫里茨均以不同的美态回报远道而来的游客。云海突现时，雪山下的村庄如同天外仙境；当薄雾缭绕时，湖畔的山间有乱云飞渡；天气放晴时，阳光射进溪谷，雪峰、蓝湖、黄杉，绚丽夺目，完美如画……

圣莫里茨是运动的天堂。夏天，这里绿草如茵，繁花似锦，游客可以充分享受高尔夫球、山地自行车、直排滑轮、帆船、滑浪风帆、风帆冲浪及滑翔伞、吊索滑翔翼、皮筏漂流、涧泳、冰河体验、热气球等冒险运动带来的快乐；冬天，重重冰峰雪藏了小镇，却无法雪藏冰雪的乐趣，这里的户外活动有 150 多种：冰上高尔夫球、冰上马球、赛马、赛狗、

■ 圣莫里茨酒店

板球、旋螺和翼伞……它们是如此有趣和富于想象力，即使不亲身上场，单是观看也乐趣无穷。夏天的圣莫里茨湖是泛舟钓鱼的好去处，冬天结冰后，就成了冰上赛马、冰上马球、冰上高尔夫球或是冰上钓鱼的最佳场所；若有空闲，安步当车，绕湖一周，一年四季都满眼好风景。

早在古罗马时代，人们就发现圣莫里茨的矿泉水具有神奇的疗效，于是许多人慕名而来。圣莫里茨的闻名源于一个不老的传说。1830 年，圣莫里茨还只是个寂静无名的小镇，稀稀拉拉住着二百余人。一个冬季的一天，一位旅行家迷路误闯此地，却被眼前的景色迷住了：那终年积雪的阿尔卑斯山脉前，深幽的森林衬托着澄碧的湖泊，草地上繁花竞放，挨挨挤挤地望不到头，冰冻的空气竟然满含香槟气息！最神奇的是，这里似乎没有老人，居民们个个面色红润，皮肤细腻，腰背挺直，在大雪纷飞中无惧严寒，健步如飞。旅行家装病住下来，查探其中隐秘。稍后他发觉疲惫的自己日渐容光焕发，体能日趋旺盛，原因与浸泡热温泉有关。几经查探才知道这口热温泉已经有三千多年的历史，温泉水含丰富的矿物质，居民从小浸泡，不但得享长寿，更使青春常驻。后来，旅行家依依不舍地离去，某夜酒醉将小镇的奥秘不经意道出。于是世上少了个世外桃源，多了个被叫做“香槟小镇”的度假胜地，现在这里已是瑞士著名的高山温泉疗养区。即使圣莫里茨隐藏在群山之中，也毫不影响王公贵族的兴致。

圣莫里茨是瑞士拥有五星级宾馆最多的地区，知名腕表品牌欧米茄每年都会邀请各国明星相聚于此。从街上林立的高级酒店、汇集的 LV、阿玛尼等名牌商店，就能感受到这里奢华的气息。人们为什么如此迷恋圣莫里茨？也许一切就像美国作家罗伯特·勃莱所说的：“它为人们展示冰雪的另一重性格——没有丝毫的危险，也没有丝毫的压迫感，只是从容、安静、亲切、纯净、甜美，像一块放大了的、精致的冰激凌蛋糕，让人迫不及待地想要细细品味。”

缔造一个“海上宫殿” 哥伦布说：“必须再到海上去，到那孤寂的海天之间。”对大海的迷恋，让个性飞扬的欲望，促使阿斯顿·马丁男人驾着游艇出发了。任凭风吹雨打，驰骋在碧海蓝天间，让心灵在浩瀚的空间自由呼吸，这样的人生该是怎样的轻松写意和令人振奋？难怪当年微软的掌门人保罗·艾伦要驾驶自己的豪华游艇“章鱼”去赴年度股东大会，难怪俄罗斯石油大亨罗曼·阿布拉莫维奇要与他那艘名为“无尽蓝色”的豪华游艇一起去看欧洲杯。

从17世纪中叶的第一艘皇家狩猎船开始，“游艇”就成为了顶级奢华的代名词，受到王室、名人和顶级富豪的宠爱。在各个历史时期，游艇都是一种财富和身份的象征。因为游艇需要最先进的技术、最豪华的配置，以及最美丽的码头。更重要的是，游艇是一种真正的专属品。现在，越来越多的富豪级旅行家，开始钟情于配备职业船员的私人豪华游艇这一名副其实、逃避世俗喧嚣的终极旅行平台。

私人豪华游艇是地位和身份的象征——享受过游艇旅行后，就进入了一个国际标准的社交圈。在属于自己的海洋行宫上，船主人拥有绝对的自由私密和王者般的发号施令权，每一分钟都享受着皇室般的尊崇。

游艇斗富风潮很像法国路易十四时代的贵族奢侈比赛。路易十四为了确保贵族的忠诚，不断提高对宫廷贵族的最低要求，使得贵族们的服装越来越昂贵，府邸也造得越来越大。当今富豪争相摆阔的目的也不外乎如此，希望借此增加投资者或合作伙伴对其的信心和支持。俄罗斯亿万富翁阿布拉莫维奇名下的三艘游艇分列“世界前100艘大型游艇”的第5、第6和第16位，其中最大的一艘长约112米。但阿布拉莫维奇的游艇在比英国皇家海军驱逐舰还要长的“白金号”豪华游艇面前，立刻显得有点拿不出手。这是迪拜王储阿马克图姆最新的“玩具”，长达160米，超过了目前世界上最长的“升阳号”游艇。“白金号”的设计极其先进与奢华，游艇上各种娱乐设施

■ “内陆号”游艇

一应俱全，甲板建有一个停机坪，可以起降小型飞机；游艇上有多个停放水上摩托和四驱汽车的车库，这些汽车可以通过特殊的登陆艇上岸；还有装修一新的体育馆、壁球场和游泳池；各种电子安全系统和先进武器将把不速之客阻挡在游艇之外。“白金号”的造价是一个秘密，行家估计超过1.2亿英镑。

在世界的另一端，自从服装业巨头莱斯利·维克尼建造了一艘“无限号”游艇后，微软创始人之一保罗·艾伦、甲骨文公司前总裁拉里·埃里森等亿万富翁纷纷涌入这一新的斗富战场，建造的游艇一艘长过一艘。保罗·艾伦的“章鱼号”初建成时，埃里森也正在建造他的游艇，看到前者的“章鱼号”长126米，他马上改变计划，将自己的“升阳号”加长至137米。

不久后，澳大利亚游艇设计师山姆·索奇奥瓦尼竟然为富豪托德·贝内特建造了一个会游泳的“沙滩海景房”。无论从任何角度评判，这艘名为“内陆”（Outback）的游艇都是真正的豪华游艇，但它同时又具备“沙滩海景房”般的简洁与舒适。“内陆号”的太阳甲板足有35米长，超过了船体长度的一半。索奇奥瓦尼还为其布置了许多移动家具，这样，游艇主人就可以随意地塑造这个空间。此外，索奇奥瓦尼还将其他甲板上的附属艇和直升机停放区设计成“兼职”娱乐空间。当然，它们只能在不停放这些“玩具”时使用。除此之外，贝内特还为这艘游艇配备了大量的娱乐设施，例如各类潜水设备、篮球架、人造高尔夫场地草皮、水上摩托、水下推进器、冲浪板、拳击球和休闲海钓椅。

抛开超强的娱乐功能，“内陆号”在住宿条件上同样远超同类游艇。按照国际惯例，61米左右的租赁游艇的载客量不超过12名，而“内陆号”却可轻松容纳16名主客（当然，这和贝内特拥有一个人口众多的大家庭有直接关系）。该游艇的舱室布局方式同样独一无二，而且成功保留了游艇主所喜好的开放感，这同样也是租赁客户们所期望的。主卧套房和保姆舱位于主甲板上，两间VIP客卧位于上层甲板，这些卧室都拥有大面积的长方形落地窗。此外，还有三间双人床客卧位于底层甲板上，它们所拥有的大面积舷窗同样没有辱没“沙滩海景房”的主题。

富豪们的游艇越来越豪华，阿斯顿·马丁男人当然不甘示弱，也许不久之后，他们会制造出一个“海上宫殿”来。

LUXURY MEN 奢华解语

阿斯顿·马丁之格调

赛车背景 阿斯顿·马丁的创始人是莱昂内尔·马丁和罗伯特·班福德，他们一个是有钱的赛车手，另一个是有名的工程师，对赛车的热爱使他们开始合作制造高档赛车。从品牌创立伊始，阿斯顿·马丁就是赛车场上的英雄。曾经有一个时期，阿斯顿·马丁推出了一系列威力惊人的跑车，这些车基本上都是为参加比赛而设计的，它们让阿斯顿·马丁达到了一个历史巅峰。赛车场上的成就为阿斯顿·马丁赢得了荣誉，也为跑车开发提供了技术支持。

手工打造 所有的阿斯顿·马丁跑车全部由手工制造，这并不是出于怀旧情绪，而纯粹是因为只有手工制作才能达到阿斯顿·马丁工程师及设计师所设定的标准，而批量生产不可能达到如此高的标准。一辆车既是手工制作，又极具现代感，这就是尊贵的体现。如今，具备这种特质的车越来越少了，而以后将会更加稀有。

严谨的研发　每一款阿斯顿·马丁在研发过程中都经过了全面而又煞费苦心的测试。以 V8 Vantage 为例，在试验过程中，有 50 多辆样车经历了 80 多万公里的严格测试。在酷热的迪拜，测试行驶里程超过 19000 多公里，这里的温度经常在 48℃左右，而车体温度有时高达 87℃。在瑞士 –30℃的环境下进行了耐低温测试。在意大利的 Nardo 试验赛道上进行了连续数小时高速行驶，还有大量的测试在被称为“世界上最令人敬畏的赛道”的德国纽伯格林的 Nordschleife 赛道上进行。在任何一个细微环节，阿斯顿·马丁都尽善尽美。

跑车阿斯顿·马丁与“007”这个银幕英雄一样深入人心，阿斯顿·马丁告诉整个世界：速度可以控制，唯有激情无法控制。阿斯顿·马丁的历史有无数值得怀念的片段，那些南征北战、绝尘于赛道的日子给予它“追求胜利与荣誉”的精神，而 DB 系列的永恒之美早已引发无数的话题。如果说跑车的精髓仅仅在于追求速度，那么未免有些狭隘。实际上，那些名贵跑车带给人们更多的是“享受”的过程。阿斯顿·马丁找到了动力性能与舒适驾驶的平衡点，它丰富的运动细

胞丝毫不逊于意大利跑车，豪华程度与劳斯莱斯不相上下。

40 多年前，由肖恩·康纳利扮演的詹姆斯·邦德在电影《金手指》中首次与他的阿斯顿·马丁 DB5 结缘。在“007”电影中，阿斯顿·马丁可以说是另一个邦德。虽然它只是一部机器，但它同样神奇、果敢、忠诚和讨美女喜欢。

跑车阿斯顿·马丁的故事多少有些离奇，它贵为“007”座驾，然而自品牌建立以来，公司几经易手，几乎没赚过什么钱。也许，公司连年亏损的原因是太执著于完美——它从不生产大众化的汽车，永远精打细作。90 多年来，仅仅生产了 16000 辆阿斯顿·马丁跑车，然而时至今日，四分之三的阿斯顿·马丁仍在使用中，其性能之优越让人瞠目结舌。

人们一提到阿斯顿·马丁就会想起“007”，虽然部分“007”电影间杂使用着一些别的品牌汽车，比如宾利、莲花和宝马，但是阿斯顿·马丁是其中使用最多、也最成功的，最根本的原因是身为英国贵族车品牌的阿斯顿·马丁与“007”邦德的形象实在太契合了。

2002 年，第 20 部“007”电影《择日再死》依旧锁定阿斯顿·马丁为“007”座驾。影片中，詹姆斯·邦德驾驶着阿斯顿·马丁在冰岛冰面上极速狂飙，杀手开着一辆装有机关枪的美洲豹 XKR 在后面穷追不舍，而邦德却毫无惧色，应对自如。从 2006 年的《皇家赌场》开始，影片中阿斯顿·马丁 DBS 也变得更真实，除一套可以远程医疗的急救设备在关键时刻救了邦德一命，没有看到更夸张的改装。就连影片中创造的吉尼斯纪录：阿斯顿·马丁 DBS 在空中翻转了七周半成为汽车在单个镜头中空翻最多的一次，也是由真车反复实验完成而没有经过电脑处理。也可以说，作为一款性能超群的跑车，真实的阿斯顿·马丁已经无须太多改装，就能胜任协助邦德完成艰巨的任务了。当布鲁斯南苍老得已经不能再继续扮演邦德，阿斯顿·马丁却越发年轻，它吸引了无数艳羡的目光，车坛再次掀起一股英伦旋风。

芝华士男人
Chivas & Men

芝华士是大地、空气、水和时间酿造的艺术品，它是来自苏格兰的传奇。它散发着太阳的光芒，洋溢着生活的乐趣。

芝华士男人是勇气的化身，他光明磊落，以勇气为盾，以信心为矛，在时间的长河中铸就永恒的辉煌。

他们是世人的榜样、目标和希望。

在这个时代，我们似乎已经远离骑士岁月了，那些荣耀和勇气已经随风远去。但是，真正的骑士精神，始终在我们身边。芝华士唤醒了男人内心的勇气和梦想，他们发现原来自己能够变得无比英勇。芝华士男人有钢铁一般的身躯，火一般熊熊燃烧的热情，他们勇敢地追求自己的爱情和自由，哪怕倒在了奔跑的路上，他们也是面带微笑的。当他们站在云端，望着那无边无垠的大地，闭上眼睛感受着自由的空气流进自己的体内，润泽着身上每一个细胞的时候，会感到无比的幸福和自豪。

芝华士男人也许是《勇敢的心》的里面的华莱士，也许是《泰坦尼克号》里面的杰克，也许是《壮志凌云》里面的麦德林，也许是《阿甘正传》里面的福雷斯特·甘，也许是《肖申克的救赎》里面的安迪，也许是《辛德勒名单》里面的奥斯卡·辛德勒，也许是《这个杀手不太冷》里面的莱昂……他们充斥在世界的各个角落，有着各自不同的体貌，扮演着各种各样的角色，唯有一点是相同的，那就是勇气。

在这个世界上，总是会有那么一些男人，让我们充满嫉妒而又无可奈何地承认，他们是英勇无比的，就像《勇敢的心》中的华莱士。虽然时间已经跨越了几个世纪，到了一个快节奏、浮夸的时代，一个充满泡沫虚荣的时代，但那些勇敢的男人们，如闪亮的钻石一般，总是在时光的长河中安静

地散发着光芒。他们敏锐而干练，是成功的开拓者，对于生活中的一切从无畏惧，当危险来临时，他们敢于担当。他们的感情丰富而细腻，对于爱勇敢追求。《话说威士忌》一书的作者迈肯基爵士有句名言："爱情绝对不是令地球旋转的动力，唯有威士忌才能促使这个世界旋转如飞。"也许，芝华士正是男人们的勇气之源。芝华士男人直爽不做作，正如村上春树在《如果我们的语言是威士忌》里许下的心愿："如果我们的语言是威士忌……只要我默默递出酒杯、你接过，静静送入喉咙即可，非常简单，非常亲密，非常准确。"这是男人式的交流方式。芝华士男人能把容貌和气质这两者完美地结合，并且还有一个高尚的灵魂。

很多男人对苏格兰威士忌的认识来自于芝华士几年前推出的那首著名的广告歌《苏格兰勇气》，它让人想到这样一个国度：低沉的天空下一望无际的绿色旷野，海浪拍击着那渐已退色发白的蒸馏坊，清澈的泉水从山谷间潺潺流过，空气中飘荡着风笛的旋律。好莱坞大片《勇敢的心》中那种慷慨激昂的战斗场景在脑海中掠过，苏格兰偶像诗人罗伯特·彭斯“自由与威士忌同在”的诗句在耳边回响。

对于许多人来说，芝华士几乎就是苏格兰调和威士忌的代名词。它美丽的名字动人心魄，它向人们宣示：

“在这个唯我主义时代，个人利益高于一切。但是，有一条迥然不同的路。

以信念为盾，积极成就梦想，完美彰显荣耀、绅士风度、勇气与手足情义，

领悟时间和友谊才是生命中最珍贵的财富，为这群捍卫另一种生活方式的绅士们干杯。

这就是芝华士，这就是骑士风范。

……

何为勇气？坚定信念，义不容辞！

心中无畏，只为信仰值得捍卫，满怀信心，

做该做的事，敢承担，敢抗争，更敢成功！

这就是我们心中的勇士，这就是英勇气概，这就是骑士风范！”

威士忌有一个非常形象的称呼，男人们称呼它为“生命之水”。也许它无法给人多一次的生命，但它却能够让生命变得更为精彩。这个理由，也许就是对这个美丽称呼的最好诠释了。

男人志 LUXURY MEN

喜欢芝华士的男人们

1923年，英国国王乔治五世为芝华士颁发了皇室特许状，任命芝华士为苏格兰威士忌供应商，足见乔治五世对芝华士的青睐。英国人普遍认为，乔治五世是一位“水手国王”，因为这四个字准确抓住了他性格中的一个重要方面，即乔治五世早年受的是当海军职业军人而不是当国王的训练。乔治24岁时成为一艘鱼雷艇的艇长，然而1892年长兄维克托王子的病逝改变了他的命运。他被封为约克公爵，进入上院，并开始接受王储教育。

乔治五世一生都喜爱赛艇和体育活动，他虽抱病在身，仍热衷于参加快艇比赛。他的父王死后，他获得了国王专用快艇“不列颠”号。第一次世界大战结束后，他对快艇进行

■ 乔治五世国王

改装，作为赛艇出现。比赛这一天，乔治五世特意穿上海军制服，容光焕发，神采奕奕，他仿佛又回到了青年时代。除了赛艇，集邮也是乔治五世一生的爱好。英国皇室邮集是目前世界上最完美的邮集之一，而这部邮集之所以会有今天的规模，也要归功于乔治五世。

关于乔治五世最有名的故事是，他曾为了照顾人民感情为皇室改姓。第一次世界大战期间，英国人民对战争的罪魁祸首——德国统治阶级深恶痛绝。而此时英王乔治五世还保持着具有浓厚德国色彩的朝代名称——萨克斯·科堡王朝，引起英国人民强烈的愤怒和不满。为了安抚民众情绪，乔治五世决定放弃“萨克斯·科堡”这个德国姓氏，另外取一个带有鲜明英国特色的新姓氏。有一天，国王的私人秘书斯坦福特汉姆突然想起骑士时代，爱德华三世曾被封为“温莎的爱德华”。他立即向国王建议用“温莎”作为一家之姓。在乔治五世继承王位的第八年，一个新命名的温莎王朝就这样诞生了。英国人民心中永远不会忘记这样一位国王：年轻时他是潇洒的水手，乘着帆船进行过漫长的远航，继位后，他在国内外大变动中发挥了中流砥柱的作用。英国的群众爱戴乔治五世，是由于真正认识到，乔治五世作为一代君主创下了不朽的传奇。

爱喝威士忌的村上春树在他的小说《海边的卡夫卡》中，让尊尼获加变成“猫之杀手”，却让芝华士成为他放松心情品尝佳酿的首选。村上春树是个别具一格的作家，在当今的日本乃至整个世界，他都是一道亮丽的文学景观。村上春树文风异于他人，行事也如此：他很少与外界往来，不属于任何作协组织，不爱抛头露面，不上电视，不作报告，采访也很有限。村上春树的个性非常执著而且单纯，他简朴而有规律的生活就是最好的写照，就好比他数十年如一日的慢跑，稿子绝无迟交记录，甚至他自嘲从出生到现在从没有过醉宿、便秘、头痛和肩酸的记录，难怪外界会觉得他特立独行，不易亲近。

像村上春树一样品味美食，像村上春树一样欣赏爵士乐，像村上春树一样慢跑，像村上春树一样去京都喝一杯威士忌……村上春树用文字构建了一个华美的国度，像村上春树一样生活，俨然成为一种受人追捧的生活方式。

生活主张 LUXURY MEN

芝华士男人
奢华私享

去《浮士德》诞生的酒馆畅饮 芝华士男人的生命是在酒馆中流连的。在家中喝威士忌和在酒馆中喝威士忌是两种截然不同的感受，酒馆不仅仅是一个卖酒喝酒的地方，几个世纪以来，酒馆一直是男人们谈天说地的地方。在一些地方，酒馆还开展一些文化活动，比如诗歌吟唱等。几百年来，有多少先进的思想在酒馆中迸发，又有多少伟大的作品在酒馆中诞生，真是不可计数。

歌德用了近60年创作的伟大诗剧《浮士德》就是在酒馆中诞生的。歌德在这部巨著的第一部中写过一幕发生在一个地下酒馆的故事，这一章的小标题就叫《莱比锡城奥尔巴赫地下酒馆》，这个酒馆是《浮士德》所描绘的众多场景中唯一真实存在的地方。在奥尔巴赫地下酒馆喝一杯威士忌，一定会让芝华士男人终身难忘。

歌德是一个喜欢漫游的人，从法兰克福中国味十足的房屋，到终老之地魏玛，他的一生都在漫游。1765年，年轻的歌德在德国东部的莱比锡研读法律。莱比锡在18世纪时就是德国的文化中心，云集了当时德国最具规模的出版社，是最重要的出版基地。城中的莱比锡大学是欧洲最古老的大学之一，不仅歌德就读于此，德国科学家莱布尼茨、哲学家尼采、历史学家兰克、德国女总理默克尔、中国教育家蔡元培、作家林语堂等名人也是这里的毕业生。

1552年，一个名叫海因里希·斯特莫的人在紧临莱比锡大学校区的一座华丽的购物长廊下开了一家地下酒馆，因为

■ 奥尔巴赫酒馆

此人是奥尔巴赫村人，人们便称此酒馆为“奥尔巴赫酒馆”。这里原是一个被废弃的酒窖，里面还留着一个巨大的橡木酒桶。斯特莫在改建酒馆时，保留了这个酒桶，并将其置于酒吧大厅的中央做装饰。在酒馆创立之初，德国东部民间开始流传关于浮士德借用魔力遨游世界的传奇故事，并很快成为酒馆的话题。100 多年后，酒馆传人意识到传说中的浮士德已成为一个有趣的文化符号，为了装潢门面，提高酒馆的文化品位，他委托画家在酒馆的天花板和墙壁上绘制浮士德故事中的一些片段，同时又请雕塑家制作了一尊浮士德骑在橡木酒桶上的雕塑置于酒馆大厅。

歌德是1765年10月来到莱比锡大学的，那年他16岁。在一个周末的傍晚，年轻的歌德在同学的陪伴下，来到了奥尔巴赫酒馆。他一边大口地喝着啤酒，一边打量酒馆的装饰画和雕像，浮士德借用魔力遨游世界的情景一幕接一幕地在脑海中浮现，他的灵感就这样被酒馆所营造的诡异气氛激活了，《浮士德》诗剧由此埋下了注定要萌芽的种子。

虽然，歌德正式创作《浮士德》是在离开莱比锡八年之后，但创作冲动却是始于奥尔巴赫酒馆。在莱比锡的两年大学生涯中，他几乎把所有的课余时间都花在了这家酒馆，除了与同学聊天喝酒之外，更多的时候，是收集和整理有关浮士德各种版本的民间传说，为日后创作《浮士德》奠定了基础。

奥尔巴赫酒馆不仅为歌德带来了创作的灵感，而且也给他带来了许多快乐，并因此留下了深刻印象。从《莱比锡城奥尔巴赫地下酒馆》这一章节可以知道，当年的奥尔巴赫酒馆是多么热闹，歌德和他的同学们在这里是何等快乐。这样的印象，这样的记忆，促使歌德在后来的创作中不能不把这里当做故事的场景之一。在《浮士德》洋洋数十万字的巨著中，这个酒馆是唯一真实的场景。

在歌德的《浮士德》问世之后，奥尔巴赫酒馆的名气如日中天，很多读过《浮士德》的人因为对这个酒馆充满了好奇，所以只要到了莱比锡，首先就要打探奥尔巴赫酒馆的所在。酒馆的主人借势造势，成立了歌德俱乐部，由俱乐部成员排练的《浮士德》话剧不定期地在酒馆免费演出。为了突现自身的特殊地位，酒馆还在入口处立了两尊铜像，左边是浮士德，右边是利用魔法控制浮士德灵魂的魔鬼梅菲斯特，他们是《浮士德》中一正一反的两个主人公。

现在的奥尔巴赫酒馆虽然经历过多次装修，但依然保持着歌德时代的格调，高高的穹顶，昏暗的灯光，浮士德骑着橡木桶的雕塑依然在原来的位置。所不同的是屋顶的四周多了几幅连环壁画，画的是浮士德在他的恋人玛格丽特的引导下进入天堂的情景。这样，奥尔巴赫酒馆全然成了浮士德的世界，浮士德这个人物形象也便成了酒馆的标志。

1912年，当商人安东·马德勒要修建购物长廊时，有人曾建议把奥尔巴赫酒馆拆毁。但马德勒说：“什么都可以拆，但奥尔巴赫酒馆一定要保留。”如今人们能通过狭长、幽暗的阶梯下到奥尔巴赫地窖。奥尔巴赫酒馆里有一个房间就叫“歌德屋”，里面有一个座位游客不能坐——这就是歌德当年饮酒、写作的地方。

收藏大马士革刀 刀是芝华士男人勇气的象征，他们爱刀，把刀当做艺术品来收藏。世界三大名刀之一的大马士革刀原产地是印度，这种刀是用乌兹钢锭制造的。大马士革刀通常为弯刀，其最大的特点是刀身布满各种花纹，如行云似流水，美妙异常。这种花纹是在铸造中形成的。在过去相当长的一段时间内，大马士革刀独特的冶炼技术和锻造方式一直是波斯人的技术秘密，不为外界所知。在现代制造工艺的冲击下，乌兹钢锭的制作工艺已经失传，现在的大马士革花纹钢是现代工艺的产物。所以，每一把古代大马士革刀都是极为珍贵的艺术品。

骑着博思浩斯去兜风 芝华士男人和摩托车之间存在一个永恒的命题，没有一个热血男人不想拥有一辆狂野的摩托车，比如博思浩斯，它是带着热情和执著的高性能成人玩具，极速奔驰时，博思浩斯就像一团燃烧的烈焰，燃起车手征服的欲望。博思浩斯仿佛有一种强大得令人不敢问津的力量，芝华士男人在驾驭博思浩斯之后几乎都有这样的感觉：“下次我会骑得更好”。驾驭博思浩斯是一种享受，因为这期间的每一秒钟，你都能感受到血脉贲张的快感。

永远不要指望博思浩斯是物美价廉的代步工具。它很昂贵，昂贵到你不舍得把它当代步工具使用。博思浩斯很会

“耍大牌”，它的 V8 发动机的巨大“胃口”会不断吞食你的金钱，而且会不断地散发热气。虽然如此，芝华士男人还是爱它到无以复加，因为除了它，绝对不会有别的摩托车使人在任何时候都能吸引无数惊讶的目光；也没有任何一种摩托车，能让人体验永不厌倦的驾驶乐趣。当轰隆隆的大卡车排气声从遥远的地平线传来时，人们满以为是辆全负荷加速的重型卡车，不经意地抬眼一看，却吃惊地发现一辆又大又酷的摩托车迅速而来又绝尘而去。这就是博思浩斯，让芝华士男人倍感自豪的超级摩托！

博思浩斯被称为“巡航车中的巨无霸”，它的体形、排气量都堪与汽车相媲美。狂野的造型，桀骜不驯的风格，像汽车一样的排气声音，蛮牛一样的动力……当博思浩斯突然加速的时候，很多人都会感到吃惊万分，因为在他们听到隆隆的大拖拉机或者大卡车声音的同时，看到的是一个大铁球迅速滚来！如果芝华士男人有创新精神和经济实力，博思浩斯厂家甚至可以出售除了发动机以外的所有散件，供他们发挥想象力和创造力，组装一辆属于自己的博思浩斯。

LUXURY MEN 奢华解语

芝华士之格调

苏格兰佳酿 苏格兰的土地肥沃，非常适合作物的生长，所以芝华士苏格兰威士忌得以有优质的麦芽和谷物作为原料。而苏格兰甘甜的天然泉水纯净见底，芝华士威士忌就是以当地天然的泉水加工而成的。那新鲜的空气，适宜的气候，为芝华士威士忌的酿造提供了最好的环境。同样，苏格兰人一丝不苟的严谨精神，使芝华士的酿造标准已经成为法律。

橡木桶的艺术 用来酝酿威士忌的橡木桶的品质对将来威士忌的口味有着巨大的影响。在漫长的酝酿过程中，芝华士苏格兰威士忌使用优质橡木桶来提高酒质，使其更为纯粹。这么做使酒体与苏格兰独特的空气融合，萃取环境的精华而更为醇香，也使每桶威士忌每年有2%被蒸发，加上芝华士独创的三重调和，历年累月，各种不同的酒香互相融合，充盈在空气之中。威士忌的清香缭绕在酿酒厂古堡的上空经久不散，据说天使会在此处流连，而不愿返回天堂。

调和的艺术 出于对威士忌事业的无比热爱，芝华士兄弟遍访欧美大陆，成为最早发现威士忌酿制秘密——调和的艺术的先驱。将几种麦芽威士忌和谷物威士忌调和在一起便可以得到一种更美味，风格更独特的威士忌。种种发现使得芝华士兄弟成为19世纪调和威士忌的先行者，从此芝华士兄弟生产的威士忌就一直得到世人的广泛认同，从未有过动摇，在威士忌品牌中独树一帜。

有人说，若把苏格兰的纯净、睿智、丰饶和别致融合在一起，就诞生了如今被无数人视做生命的，最让人沉醉的芝华士威士忌。20世纪英国杰出作家和评论家艾弗·布朗一语道破苏格兰威士忌卓尔不群的秘密："苏格兰威士忌是一个谜，它拥有产地所赋予的魔力。外国人可以从苏格兰进口大麦、水、蒸馏器具，甚至雇用一个苏格兰酿酒师为他酿酒，但那样的酒已经不具有苏格兰威士忌特有的荣耀，因为荣耀只属于这片土地。"产于苏格兰的芝华士威士忌，是拥有200多年悠久历史的芝华士兄弟公司奉献给世界的瑰宝，它诞生于人们对"生活"与"分享"的梦想。

时光倒流，1801年，詹姆士·芝华士和约翰·芝华士兄弟俩在苏格兰阿伯丁郡开设了一间食品和酒水店铺，他们梦想能够酿造一种与众不同的威士忌，口感醇和，易于饮用，并且适合与朋友分享。通过尝试将几种最优质的陈年威士忌进行调和，最终他们得到了一种醇和丰润、风味独特的威士忌。

CHIVAS REGAL
12
PREMIUM SCOTCH
WHISKY
CHIVAS

1837年，维多利亚女王登基。作为大英帝国中心的她拥有崇高的地位及奢华的生活，而一颗年轻的心也渴望在非正式的社交活动中与朋友们一起尽情享受美好时光。1842年，女王首次造访苏格兰，并深深爱上这片宁静美丽的土地。此后，她在苏格兰居住的时间越来越多。不久，芝华士兄弟以他们卓越的服务，被正式委任为“王室御用供应商”。芝华士兄弟开始向维多利亚女王供货，芝华士的名声迅速传遍了整个国家乃至更远的国度。芝华士兄弟生意兴隆的酒窖，氤氲着诱人香气的异国器皿，满载的足以取悦贵族敏锐味觉的丰富美食，成为当年关于美味的代表和象征。身为王室唯一供应商的同时，芝华士兄弟还荣幸地为高贵的伯爵、公爵、将军、海军上将以及欧洲其他王室供应真正的好威士忌。

多年后，芝华士兄弟公司又生产出芝华士12年高级苏格兰威士忌，使当年芝华士兄弟乐于分享的梦想得以延续。拥有纯正苏格兰血统的芝华士12年，在二战后生机勃勃的美国获得了巨大的商业成功。当时，美国社会繁荣而丰富，人们追求积极的生活，与朋友相聚，共享美妙时光。易于饮用，适合分享的芝华士，自然成为了人们在聚会共饮时的首选。

拥有浓郁而清澈的金琥珀色，散发出水果的馥郁芬芳和柔和的花蜜清香；平滑柔和的口感，略带干果芬芳，回味丰润醇厚而悠长——芝华士的特质令其如此与众不同，而又备受推崇。今天，几乎每一秒钟，就有一瓶芝华士在世界某个地方被打开分享。无论身处何地，你都能发现芝华士在与朋友相聚的美好时光中的独特地位。因为芝华士所代表的，正是追求丰富生活，把握美好时光，乐于与朋友分享的人生态度。

科伊巴男人
Cohiba & Men

科伊巴是一种诱惑，是男人的梦想，更是精神力量的源泉。

科伊巴男人是勇敢的开拓者，优雅、沉静、思想深邃。在困难面前，他从容不迫，进退有度；在成就面前，他气定神闲，宠辱不惊。

他们展现出一种成熟的魅力，一种夺人心魄的气度。

世界上，总是会有那么一些男人，让我们充满嫉妒而又无可奈何地承认，他们是趋向于完美的。虽然我们身处一个快节奏、浮夸的时代，一个充满泡沫虚荣的时代，而那些男人们，如闪亮的钻石一般，总是在时光的长河中安静地散发着光芒。那些男人永远是目光的焦点：他们是敏锐而干练的，他们感情丰富细腻，他们是彬彬有礼的绅士，同时也是勇敢的开拓者，他们能把容貌和气质这两者完美结合，并且还有一个高于世人的灵魂。这样的男人不会迷恋香烟，香烟是一种太过于简单和粗糙的东西，有味道，却没有灵魂，它是一个好工具，却不是一个好伴侣。这种男人如果吸烟，他们会不可自拔地迷恋雪茄，雪茄让爱过香烟的人移情别恋。吸雪茄不是一个简单的吸烟问题，而是一种鉴赏活动，需要依赖一定的技巧、经验和修养。从某种程度上说，吸雪茄不但是一种生活方式，也是一个感悟人生的过程。富有开拓精神的男人迷恋最好的雪茄，最好的雪茄非科伊巴莫属。

科伊巴男人追求自我个性，讲究生活质量，注重享受。他们西装革履，习惯用香水。科伊巴男人是属于富裕阶层的，按照一支普通的进口手卷雪茄为300元来计算，如果一天吸三支，则一天花在雪茄上的消费就近千元。如果他还是一个雪茄收藏者的话，无疑需要添置价值10万元以上的雪茄保养设备及精美配件，而这只是男人一个小小的爱好而

已。另外，在享受雪茄的时候，可能还需要配有一定的怡情饮品，比如咖啡、红酒、威士忌、白兰地，这些含有一定糖分的饮品，可使雪茄的口感柔润而饱满。而能够与科伊巴雪茄相匹配的东西，应该是蓝山咖啡、勃艮第红酒、苏格兰威士忌、科涅克白兰地，这使得享用雪茄的过程比其本身更为奢侈。一个男人只有修炼到一定的人生境界和财富境界，才能把握好他手里的那支粗壮有力的科伊巴雪茄。

科伊巴男人是冷静的人，他们从容不迫，知所进退，享受孤独而珍惜友谊。最重要的是他们有一颗勇敢的心，永远锐意进取，积极面对人生。古巴前领导人卡斯特罗是科伊巴雪茄帝国的缔造者，把卡斯特罗称为最伟大的科伊巴男人也不为过。进入 20 世纪 80 年代，古巴流行追求健康的生活方式，卡斯特罗顺应历史潮流，宣布戒掉心爱的雪茄。由于他有40多年的烟龄，这次戒烟他是分步进行的。起初，他只是坚持在国内公众场合戒烟，其余时间照抽不误。一次，一位记者将他叼着雪茄会见外宾的照片公开发表，他表里不一的戒烟行为大大损害了他的领袖形象，为此他痛下决心：戒掉雪茄。卡斯特罗认为，为了人民的健康，自己的任何嗜好都可以舍弃。这就是科伊巴男人，也许他不是最具实力的人，但他值得信赖。因为他能担当、有毅力，懂得权衡利弊，在必要的时候，愿意为了大多数人的利益牺牲自己。

男人志
LUXURY MEN

喜欢科伊巴的男人们

拉丁美洲首富卡洛斯·斯利姆·埃卢的喜好是抽古巴雪茄和收藏艺术品。2007年，斯利姆抢占了比尔·盖茨雄踞13载的“世界首富”之位。美国前总统比尔·克林顿几次造访他的住所，著名未来学家托夫勒是他的好朋友。斯利姆拥有墨西哥固定电话巨头——墨西哥电信公司和拉美最大的移动电话公司——美洲移动通信公司，旗下还有保险、银行、建筑、矿业、制造业、烟草、酒店、连锁卖场和媒体等多个行业的诸多企业。也许连斯利姆本人都不太清楚自己究竟有多少家企业。任何一个在墨西哥逗留的人，都很难保证不让自己的钱落入首富的口袋。

2009年，受金融危机冲击，斯利姆在全球富豪榜的排名退居到第三，但他依然是拉丁美洲的首富。尽管有着巨额的财富，但埃卢的生活过得相当节俭。他只用纸和笔，从不用电脑；在一个为足球痴狂的国度，他却喜欢棒球；他精力充沛，患有失眠症，每晚读历史书籍读到很晚，成吉思汗的军事战略是他商业理念的源泉；当地的其他企业巨头们经常飞往非洲打猎，热衷于建造奢华的公司总部大楼，而他则很少外出旅行，现在的办公场所仍是几十年前修建的二层小楼，他曾很自豪地宣称自己在墨西哥之外没有任何住宅。个人生活方面虽节俭，不过埃卢却有着比较高雅的嗜好，那就是收藏法国艺术家罗丹的雕塑作品，如今他的藏品已经足以称得

■卡洛斯·斯利姆·埃卢

上是一个罗丹雕塑作品博物馆。和比尔·盖茨一样，斯利姆也是一位热心的慈善家。

古巴前领导人菲德尔·卡斯特罗是当代世界政坛上最具传奇色彩的领袖人物，半个多世纪以来，他在世界政治舞台上特立独行、叱咤风云，赢得了古巴人民的爱戴和世界人民的尊重。卡斯特罗被西方称为“一个时代的最后神话”。半个世纪以来，美国曾637次暗杀卡斯特罗，以至于暗杀方式花样百出，不断推陈出新，古怪荒诞到可以让007詹姆士·邦德都自惭形秽——美人计，带有病菌的雪茄，爆炸性软体动物……

卡斯特罗在生活中兴趣广泛，他最喜欢读书、写作，也喜欢打篮球、玩棒球、拳击、登山、钓鱼、潜水、滑雪，甚至对打猎、烹饪、电影等也有所研究。卡斯特罗是个钓鱼迷，他的纪录是在4小时内钓了180公斤鱼。他经常戴上氧气罩练习潜水，对他来说，潜到18米深的海下不在话下。和许多男人一样，卡斯特罗也是个忠实的足球迷。他最喜爱的球星是阿根廷“球王”马拉多纳。在首次与马拉多纳见面时，卡斯特罗表现得异常兴奋和热情。后来，两人接触频繁。卡斯特罗还多次邀请他到古巴，两人从午夜一直聊到早晨6点，依然兴致勃勃。

卡斯特罗爱好钓鱼是人所共知的。但鲜为人知的是，卡斯特罗也擅长烹饪。他做的菜色、香、味俱佳，连高级厨师都拍手叫绝。卡斯特罗耐心地垂钓数小时满载而归之后，还会不知疲倦地卷起袖子下厨，亲自用战利品——鱼、龙虾等烹制美味菜肴。卡斯特罗还是把意大利面条的生产方法引进古巴的人。他还发明了一种用大麦芽制造的叫做“老哈瓦那”的威士忌酒。卡斯特罗不仅让大家见识了他的烹调技术，而且还改变了古巴人民的饮食习惯。

和世界上其他国家的领导人相比，卡斯特罗生活极其简朴。能够到卡斯特罗家里去的人很少，他家里的会客室装饰很简单，只有古巴常见的沙发，唯一可以称得上奢侈品的是一台大电视，它是卡斯特罗用来看新闻的。

生活主张
LUXURY
MEN

科伊巴男人
奢华私享

在海明威喜欢的酒馆里喝杯“莫希托” 喜欢雪茄的男人都有哈瓦那情结。世界上最好的雪茄始终出产自哈瓦那，虽然哈瓦那没有巴黎那样的浪漫情调，也没有伦敦那样的古典味道，但它就是与众不同，有一种难以言传的吸引力。二战以后，海明威和妻子长期居住在古巴哈瓦那。他爱那个地方，爱那里的人，爱喝浓烈的朗姆酒。海明威三分之一的人生是在古巴哈瓦那度过的。他曾经这样描述古巴：“我热爱这个国家，感觉像在家里一样。一个使人感觉像家一样的地方，除了出生的故乡，就是命运归属的地方。”

从1933年到1939年，海明威曾经在哈瓦那老区的安斯莫托旅馆的511号房间住了整整五年。511号房间现在成了海明威纪念室，一切都保持着原样。

柯希玛尔是哈瓦那城东的一个小渔村，这是海明威出海钓鱼的地方，《老人与海》中提及的露台酒店就在这里。由于海明威的妻子玛莎不喜欢住酒店，于是海明威买下了位于哈瓦那东南郊的维西亚庄园，在那里他完成了《丧钟为谁而

■ 五分钱酒馆

鸣》。在创作《丧钟为谁而鸣》时，海明威经常到哈瓦那大教堂广场旁的“五分钱酒馆”喝他钟爱的朗姆酒。现在，许多访问古巴的外国政要都不忘到此一游。许多酒吧都禁止顾客在墙上乱涂乱画，而这里却随便顾客涂鸦，因此小酒馆的墙壁上布满了顾客的签名和留言，其中不乏国际名人的笔迹。在吧台正中央最显眼的位置是海明威的留言，上面写着：“我的‘莫希托’在‘五分钱酒馆’，我的‘达伊基里’在‘小佛罗里达餐厅’。”所谓“莫希托”和“达伊基里”是用朗姆酒调制的两款鸡尾酒，而“莫希托”是海明威自己的独创，慕名来喝的人最多。

佛罗里达酒馆在蒙斯拉瑞特街附近，大堂昏暗，吧台是红色的，酒杯和不锈钢调酒器却锃亮。傲慢的侍者不停地用电动搅拌机制作着达伊基里鸡尾酒，据说这里的喝酒纪录也是海明威创造的——17 大杯。

令海明威钟情一生的不只是小酒馆，哈瓦那老城区本身就像一个巨大而无形的吸引人前来的磁场，面积不大却有许多风情各异的广场。在 20 世纪初，为了接待世界知名人士

和富豪，哈瓦那盖起了气派的大旅馆和饭店。宫殿般的国家饭店就是当时社会名流纷至沓来的地方之一。国家饭店建在凸出到海里的一块陆地上，今天它已经被正式列为具有历史意义的建筑。这座辉煌的饭店面向世界上富有的旅游者，于1930年12月30日在盛大的庆祝仪式中开业。当时美国的百万富翁们与古巴的内阁部长以及当地的土地所有者经常光顾这里，社会名流也都住在这个饭店里，因为在当时它是加勒比地区最豪华的饭店。今天当人们走进国家饭店的花园，仍然能够感受到当年哈瓦那作为一个国际娱乐中心时该饭店的盛况。市内的其他著名饭店也经常有名人光顾，女歌唱家约

■ 塞维利亚饭店

瑟芬·贝克是塞维利亚饭店的常客。塞维利亚饭店于1908年3月22日开始营业，是按照西班牙南部安达卢西亚的西班牙-摩尔风格建造，该饭店以能够浏览海湾最佳胜景而著称。

吸雪茄时品饮苏格兰威士忌 吸科伊巴雪茄时适合搭配威士忌。威士忌干辣，很男性化，非常适合在轻松休闲的气氛中品尝，其亦柔亦刚、动静皆宜。加拿大威士忌轻柔淡雅，美国威士忌强烈奔放，日本威士忌辛辣芬芳，爱尔兰威士忌清淡柔和……不同的威士忌产品，有着迥然不同的口味与风格。最好的威士忌仍在它的故乡——苏格兰。

没有人知道苏格兰人何时学会了酿造威士忌的技术，但传说这种制酒方式最少已有1500年的悠久历史。威士忌的辉煌就如同不屈不挠的苏格兰人所创造的辉煌，广袤辽远的苏格兰高地生长的丰饶的谷物，滋养出了液体黄金般的“生命之水”。而苏格兰人的勇敢和不屈则赋予了它琥珀色厚重的性格。全世界再没有其他国家能像苏格兰一样，与威士忌酒的关系那么密切，不像苏格兰有那么多威士忌酿酒厂。在众多的威士忌种类与品牌当中，尊尼获加（Johnnie Walker）为很多威士忌拥趸所推崇。开混合型威士忌先河的这种神奇酒品，像一个火辣的女郎征服了全世界的男人。在任何一个烈酒酒吧，或任何一个喜爱威士忌的男人的酒橱里，你都不难找到“黑方”或是“红方”。它带给男人的是一种梦幻般的迷醉感。尊尼获加又像一位苏格兰绅士，200年来稳健徐行，让人信赖。

早期，尊尼获加公司的产品只有“红方”及“黑方”两款，前者是普及品，后者则是12年陈年佳酿。很多威士忌行家都会用“黑方”同皇家芝华士比较，因为这两者的知名度难分仲伯，且都是12年陈酿的苏格兰威士忌。虽然很多人认为“黑方”在入口之初不如皇家芝华士那般顺口，但细细品味，却多了一种独有的个性。曾经有人形象地说，芝华士就如同一个温顺的古典淑女，而“黑方”却如更加前卫的现代女郎。

尊尼获加那个戴着绅士帽子、眼镜，手中持杖，脸带微笑的肖像，是世界上知名度最高的商标之一。一百多年来，这个微笑的苏格兰老头伴随着风风雨雨，更伴随着沧海桑田，默默地鼓舞着世界上所有热爱着它的人们。

在“国王酒店”中享受奢华假日 科伊巴男人注重享受生活，他们懂得工作要张弛有度，人生重要的是寻找一种飘逸的生活态度、一种人性的回归。提及享受生活，酒店一定是不可或缺的环节，那舒适而华丽的椅子，充满优雅气息的陶器、桌布、鲜花，让人沉醉的菜肴和美酒，柔和沉静的灯光，让人乐不思蜀的床榻，斟酒的姿势充满舞蹈美感的侍者……酒店生活仿佛是一个个奢享生活的范本，吸引着科伊巴男人的脚步。巴黎的莫里斯（Le Meurice）酒店是享受奢华假日的理想之选，它就像一个平静的港湾，让人回归自我，忘却时间。

1935 年，一位法国诗人将巴黎酒店的客人分为三类：“不好的客人、好的客人和莫里斯酒店的客人”。当时莫里斯酒店有许多王室成员入住，酒店因此被称为“国王酒店”。莫里斯酒店占有巴黎酒店的六顶皇冠之一，位于巴黎著名的杜乐丽花园和卢浮宫对面，有 70 个窗户面向杜乐丽花园，160 个房间保持着 18 世纪的古老建筑风格。酒店整体装潢得金碧辉煌，带有花纹图案的地板、手工雕刻成型的卧床和华美的织物都彰显了此地华贵的气质。莫里斯酒店的创始人奥古斯汀·莫里斯深知英国游客希望在法国享受舒适便利的英式服务，他提出：莫里斯酒店在任何时代，都必须配备最先进的设施，满足客人最离奇的愿望。所以，后来的莫里斯出现了另一些身影：维多利亚女王、达利、洛克菲勒家族。

达利是莫里斯酒店最奇特的客人之一。20 世纪 30 年代

期间，达利每年都要在莫里斯酒店的皇家套房住一个月。他肆意在客房墙上涂上油画颜料，他驯养的猎豹把地毯抓得伤痕累累。达利有时还要求酒店服务生去杜乐丽花园的小树丛中为他捉昆虫，或向他车轮下抛撒硬币，使他仿佛“走在铺满黄金的道路上”。酒店人员满足达利的种种要求，达利也常在石版画上签名作为礼物送给他们。

像典型的巴黎老酒店一样，莫里斯酒店给人的感觉非常温暖，任何时候进出，遇见的员工都会微笑着跟你打招呼，就像碰到了老朋友；但和巴黎很多老酒店不同的是：这里几乎所有员工都能说很好的英文，这在整个法国都很少见。低调背后的高贵，这正是莫里斯的宗旨之一，也是许多名人入住此地的原因。

早上，躺在床上就可以远眺到塞纳河和埃菲尔铁塔；夜晚，和朋友在酒店仿照卢浮宫设计的餐厅享用晚餐，环顾周围宏伟的壁画，品尝由米其林三星大厨精心打理的每一道菜肴，啜饮一杯波尔多红酒，还有比这更令人愉悦的事情吗？

LUXURY MEN 奢华解语

科伊巴之格调

精选再精选 生长地的土壤、阳光、风、雨的味道会一直保留在烟叶中，同一品种的烟叶生长在不同地区味道便会不同。科伊巴的制作者深知其中道理，他们在布埃尔塔阿瓦霍地区建立了10个顶级烟草园，每年会挑选其中5个最好的种植茄衣、茄套、浅叶、干叶和淡叶。

三段式发酵法 这种只是运用于浅叶和干叶这两种类型烟草上的发酵法在哈瓦那所有雪茄品牌中是独一无二的。烟叶加入湿气后，放入木桶中发酵以除去叶子残余的粗糙痕迹。这种精益求精的态度也奠定了科伊巴雪茄之王的基础。

最好的卷烟师 世代相传的制作工艺使雪茄制作成为一门艺术。科伊巴工厂选用素质优良、技艺精湛的卷烟工，而且所有卷烟工都是女性。在制作雪茄时，她们全身心投入，熟练的卷烟手法，恰到好处的收尾……每当完成一支雪茄后，她们总是自豪地凝望着自己的杰作。

科伊巴雪茄在古巴雪茄史上颇具传奇色彩。1966年的某一天，古巴前领导人卡斯特罗偶然抽到一根由他的侍卫所购买的散装手卷雪茄，发觉无论口感还是香气都非常出众，于是便吩咐侍卫聘请那位卷烟工人——爱德华多·里贝拉担任卡斯特罗专职的雪茄卷制师。从那以后，爱德华多·里贝拉便住进了有严密监控的哈瓦那郊区的一座意大利式的豪宅里，专门为卡斯特罗卷制雪茄，起初这种雪茄并没有名字，直到1968年才以“科伊巴”的名字命名。科伊巴雪茄因卡斯特罗的青睐而风靡全球，成为雪茄之王。

一支科伊巴雪茄的生产要经过上百道工序，它产量稀少，因此更显得珍贵。卡斯特罗不仅本人酷爱科伊巴雪茄，还经常把极品科伊巴作为国烟赠送各国政要和外交官，生动形象地宣传科伊巴的不凡之处。到了1982年，科伊巴才开始商业化，真正面向大众市场出售，供应西班牙王室及其他国家的王公贵族的份额逐渐减少，但是也仍然需要经过授权才能购买。

欧洲人认为只有在古巴产的烟叶和雪茄才是最好的，因为古巴是欧洲人最初发现雪茄的地方。葡萄酒鉴赏家或许会为好酒的产地而争论不休，但了解雪茄的专家们却一致认为，只有古巴肥沃的红土，才能孕育出世界上最好的烟草。科伊巴是最好的古巴雪茄，在《雪茄迷》的排名中，科伊巴始终排在前列。

吸雪茄有着一整套严谨的规矩、复杂的讲究，不像吸香烟那样随时随地拿起打火机点燃就可以了。对于一支经过222道人工工序的科伊巴雪茄来说，你一定要拿出一大段完整的时间来，关掉手机，关上屋门，一个人坐在那里，以虔诚的态度慢慢地、专心致志地去品味。当你怀着无比崇敬的心情，吸入第一口科伊巴雪茄，把身体往椅背上一靠，然后再轻轻地吐出第一缕烟雾，让目光随着那袅袅的烟雾缓慢地盘旋、流连，这个时候，你一生中所有的美好回忆都会渐渐地浮现在脑海里，比如温暖的亲情，宝贵的友情，一个难忘的女人，一次愉快的旅行，一种可口的美食，事业上的成就感……那种感觉，用音乐家瓦格纳的话来说：“仿佛阿波罗神殿的女祭司清晨沐浴在太阳神的温暖中一般。”

火光，烟雾，幻想，梦境，鼓舞，消遣，欣赏，这些就是科伊巴带给男人们的享受，也是男人们与科伊巴最深的情结。

COHIBA

奥莱·尼思男人
OLANIES & Men

奥莱·尼思是一段沉淀的历史，匆忙不了，轻浮不得，用贵族的高雅情操和绅士的内敛风度去交换这个世界的奢靡和浮躁。

喜爱奥莱·尼思的男人是感性的男人，他们喜欢城堡、庄园、歌剧以及散文诗，既有着驾驭财富和权力的能力，却又能不相信这是生活的全部，他们崇尚简单的生活，又注重生活的品质，好像一切都与他无关，又似乎一切都如他所愿。

他选择了古老的城堡，城外都是他的世界。

奥莱·尼思男人从不刻意去表明他的身份，可是人们还是很容易就从他的成就中感受到他非凡的影响力。他们总是低调的进行着事业和生活，注重品质和内涵远远高于荣誉和赞美。他们天生就有诗人的气质，感情细腻并且懂得去爱，他们喜欢用简单的几句话来说明所有的情况，絮叨和嘈杂总是与他无关，奢靡和好高骛远的人很难结识到他。这一点和几个世纪前的西班牙贵族迥然不同，那批自称“蓝血贵族”的家伙四处炫耀他们手臂上的蓝色血脉，目的仅仅是为了与那些皮肤黝黑的劳工区别开来，而这个奢靡浮华的王室很快就灭亡了，蓝血贵族的炫耀变成了历史的讽刺。

而真正讽刺他们的正是打败西班牙的英国王室，这里有一群精致的贵族，低调而又充满艺术气息。除了继承之外，各界的精英与成功人士经过英国国王的册封，都可以成为贵族。这不仅仅是一种荣誉，更是对一种品格和秉性的认同。那是优雅的谈吐、文明的举止，对人彬彬有礼，即使对待下人也尊重有加。他们对艺术的渴望与生活品位，远胜于西班牙王室，更超过了法国王室。

作为法国宫廷水晶艺术的代表人物之一，奥莱制作的水晶灯独具匠心，巧夺天工，每一盏都堪称传世之作。当时的巴黎上流社会，一直流传着“千金易得，奥莱难求”的说法。然而，18世纪的法国室内艺术在奢靡之风影响下，制作

的物品都离使用和实用越来越遥远了，一味地追新逐异和在细节上的费尽心机，使它们背离了艺术的精神品格，繁缛的艺术趣味败坏了制造者和欣赏者的品位，奥莱对此深有感触。他对自己的作品越来越不满意，在创作中也找不到任何乐趣。奥莱认为，当奢华成为衡量艺术价值的唯一标准时，艺术离沦落也就不远了。于是，他在法国大革命爆发前夕选择离开法国，来到英国，立即引起了英国贵族尼思公爵的注意。

从某种意义上讲，法国大革命的爆发彻底灭亡了法国贵族的灵魂——贵族精神。不过，奥莱却在英格兰的土地上，找到了真正的贵族精神。正如英国肖像画家雷诺兹说的那样："我们所从事的艺术以美为目标，我们的任务是寻求美、表达美；但我们所追求的这种美是普遍的美、智慧的美。"而这种观点恰恰是奥莱所要追求的。

奥莱的水晶灯艺术，在英国获得了重生。他愿意为这样一群有着尊贵身份，但又极其低调的英国贵族服务。当尼思公爵成为他的赞助人之后，奥莱舍弃了繁复的奢华设计，而是用理智的智慧对待自己的创作，其作品呈现出严肃、深刻和庄重的艺术风格，这种风格恰恰赢得了这些英国王室和贵族的欢迎，其作品被称为奥莱·尼思。

奥莱·尼思男人的气场是蓝色的，安静的时候最具有感染力，就像一股不露声色的蓝色火焰，受到感染只有旁人，而他依旧泰然自若。他们看起来总是一个人高高在上的，可是仰慕他的人却是不计其数。那是一种纯粹而又极丰富的内涵：是复古与优雅的化身；是现代和简约的代表；是奢侈和巴黎的贵族精神；是浪漫的异域情怀。一种风格，却有很多个侧面，很多种解释，就像一颗纯净的钻石，因为被切割而呈现出层层光辉。

男人志
LUXURY
MEN

喜欢 奥莱·尼思的 男人们

路易十四——巅峰时代的太阳王，世界上执政时间最长的君主之一，他的执政风格是欧洲君主专制的典型和榜样。把君主比做太阳，可能不仅仅是因为路易十四敢于喊出"朕即天下"，并缔造了法国封建史上最鼎盛的时期，同时也因为他在宫廷里掀起了一股"金光四射"的奢华之风，并把这股风气吹遍了整个法国大地。

无论是以恢弘奢华而举世闻名的凡尔赛宫，相当于法国全年税收一半的庞大宫廷开支，还是富丽堂皇的宫殿极尽奢华的宴会，或者是法国的室内艺术，已经奢华到了无以复加

的地步。1678年，路易十四让他的御用建筑师为凡尔赛宫设计了最豪华瑰丽的殿堂镜厅，将路易王朝的奢华之风引领至极致。自此镜厅就一直被誉为法国王室的瑰宝，无数面巨大的铜镜反射着从后花园映进的光芒，这里是路易王朝接见各国使者时的专用宫殿，被认为是无上权力的象征。

除了对精工制造和繁复装饰的追求，材质的贵重也是不可忽略的。比如餐具非金即银，即使在木质家具上也要四角镶嵌铜饰，再贴上金箔……其中，以法国宫廷水晶灯最具代表性，材质的选用饱含奢华气息，创意、设计和手工都具有无以伦比的精巧细致。可以说，法国宫廷水晶灯记录了法国横亘百年的室内艺术发展，没有谁能在这些金碧辉煌的水晶灯面前无动于衷。

乔治四世是奥莱·尼思男人的典型，作为英国国王乔治三世的长子，自出生之后便被册封为康沃尔公爵和威尔士亲王。小的时候，乔治·奥古斯塔斯是个才华横溢的学生，除了母语英语外，他还精通法语、德语和拉丁语，尤其喜爱古典散文诗。

但是称其为奥莱·尼思男人的代表，最重要的原因是因为他对城堡的钟情。晚年乔治四世长期住在温莎城堡中，满脑子尽是异想天开的建筑构思。乔治四世决心修建堪与欧洲媲美的宫殿。他要求风格多样化，包括恢复温莎城堡的哥特式风格、王室的乡村别墅的农家风格，以及布赖顿阁楼所特有的东方式风格。乔治四世主持设计的建筑是成功的，圆屋顶和尖塔夹杂在一起，除了运用一些中国元素之外，那形似莲花和蛟龙枝形的水晶灯为这座古堡增色不少。

■ 凡尔赛宫　镜厅

奥莱·尼斯男人
奢华私享

到温莎城堡倾听皇室传奇 英伦是值得骄傲的，骄傲得可以让人从任何角度去审视它，然后赞美它。从白金汉宫到庄园古堡；从泰晤士河边的大英博物馆到波光水影中的风情小镇，从巨石阵的千古之谜到巴斯古罗马浴场……无论是在物质上还是在精神上，英伦一直都把贵族气质作为一种传统，一种象征，一种怀念和追求。而坐落在泰晤士河畔小镇中的温莎城堡，不仅是国王为王族、贵族等颁发爵位和封号的重要场所之一，这里还是一个真正的帝王之家，是征服者威廉为了巩固伦敦以西的防御而修筑的，距今已近千年。

阳光下的温莎城堡呈淡黄色，一派中世纪建筑的气息。圆柱形的主体城堡位于小山坡的顶端，让所有慕名而来的人都只能仰视其貌。这是世界上至今仍有王室居住的最大的城堡，也是女王最喜欢的周末居所。就连城堡所在的温莎小镇都习惯地被人们称为“王城”。

英国历史上在位时间位居前列的乔治三世，晚年因精神方面的疾病，被幽禁在温莎城堡之中。在生命中最后的 9 年当中，这位优雅的英国国王便很少离开温莎城堡。此时，作为英国国王的乔治四世，即乔治三世的长子，在 1820 年—1830 年之间，说服国会支付 30 万英镑重建温莎城堡。为此，建筑师杰弗里·亚特维尔组织了一个庞大的设计团队，那些技艺出色的水晶灯大师，成为了这个团队中的成员，其主要工作就是设计并制作温莎城堡内部各个私人套房的灯饰。

整座温莎城堡的重建工程分外部与内部同时进行，为了呼应建筑师杰弗里·亚特维尔的整体设计风格，城堡内部大部分的美化处理与外部相同。那些被聘用的大师为其制作的水晶灯均显示出超人的尺度和繁缛的装饰，形成统一向上的造型，营造出轻盈修长的飞天感。可以说，大气典雅的水晶灯为整座温莎城堡内部塑造出高贵的庄严感与恢弘的气势。不过乔治四世，并没有看到竣工后的温莎城堡，他于 1830 年去世，10 年后，温莎城堡才最终重建成功，历时 12 年的

时间。此后，这些水晶灯一直悬挂在温莎城堡之中，见证着王室更替，成为了英国王室尊贵的象征。

在国宾套房和滑铁卢厅里也装饰着众多无与伦比的艺术珍藏。在这些雍容华贵的房间里，无处不萦绕着浪漫的故事，让人对温莎堡浮想联翩：那个宁可将王位拱手让人，也执意要与心爱的辛普森夫人结婚的温莎公爵；那个在温莎首次与查尔斯王子美丽邂逅，随后却迎来不幸婚姻的戴安娜王妃……在温莎的滑铁卢厅里还有许多英国贵族的族徽，温莎从某种意义上说更是英国王室的精神别墅。

不仅如此，作为王室的重要活动场所之一，温莎城堡是国王为皇族、贵族等颁发爵位和封号的重要场所之一，其中最著名的就是“嘉德骑士”封号。“嘉德骑士”是英国骑士勋爵里最高的级别，由爱德华国王为鼓舞日见没落的骑士精神而专门设立的，当今王储查尔斯王子就被授予过“嘉德骑士”勋爵封号。

体验伦敦朗廷酒店的英式优雅 在伦敦，寻找朗廷酒店并不是什么难事，路人会指向一片繁华地带告诉你它的位置——著名的波特兰花园和丽晶街，朗廷酒店已经在那里屹立了100多年。朗廷酒店于1865年6月10日正式开业，当时的威尔士王子主持了揭幕仪式，从此朗廷酒店创造了一个不朽的传奇。这座充满维多利亚华丽风格的酒店，楼高7层，逾600个房间，是整个伦敦较大型建筑之一。其设计融合了豪华乡间别墅、高贵城市住宅和舒适英国绅士会所的多种风格，旨在捕捉维多利亚时代的优雅和高贵。

在当时，它的豪华装潢受到来自世界各地的艺术风格的影响，包括意大利式的石膏天花板和错综复杂的马赛克地板、受君士坦丁堡与西班牙设计风格启发的摩尔壁画、超过15000码的波斯地毯……尤其是当时悬挂在酒店大厅高达数米的顶级水晶灯更是吸引了无数达官显贵的目光。

一个世纪以来，伦敦朗廷酒店一直是奢华而令人迷醉的服务典范。酒店自开业伊始便吸引了无数尊贵的商贾名流、皇室成员、外国达官显贵以及上流社会知识分子。当维多利亚女王因她的阿尔伯特而悲伤之时，许多外国君主纷纷下榻伦敦朗廷酒店等候女王的接见。威尔士亲王也是朗廷的老主顾，因此皇亲贵族也不时光顾朗廷。其他尊贵宾客包括指挥家阿图罗·托斯卡尼尼、诗人郎费罗以及福尔摩斯小说的作者柯南·道尔爵士。

1890年，伦敦朗廷酒店迎来了25周年庆典，柯南·道尔爵士甚至在他的几本福尔摩斯小说里经常提及关于朗廷的情节，比如于1889年出版的《波西米亚丑闻》。在书中，当福尔摩斯问到男主人公的住处时，得到的回答便是："您将在伦敦朗廷酒店找到我。"再后来，像小说家索默斯特·毛姆、演员及剧作家诺维·考沃、好莱坞演员查尔斯·劳顿、安娜·尼格尔及格瑞斯·菲尔兹、流亡海外的埃塞俄比亚国王海尔·塞拉西，以及与爱德华八世有过一段饱受争议情缘的沃利斯·辛普森等等都在此停留过。

此外，第一份英国下午茶也诞生在这里。那时朗廷酒店的"诗人角"已经成为伦敦知识分子们的据点，王尔德等人都是忠实拥趸。今天，当人们穿过精致的手工艺铁门，水晶灯在迷人的镜面墙壁上投射下星光点点，柔美的钢琴乐声中，几位打扮优雅的女士一边谈天，一边品尝着诱人的茶点，不由得让人想起19世纪时那些英国的绅士、作家、贵妇们坐在这里一边饮茶一边聊天的情景。

朗廷酒店在服务了近140多年的时间后，进行了一次重建工作。该重建和翻新工程持续了5年，耗资达8000万英镑，这个与皇室贵族紧密相关的酒店选用了奥莱·尼思。从走进伦敦朗廷酒店的那刻起，就可感受到历史的韵味。一如既往的尊贵英伦式服务，一如从前的古朴的壁画，一如既往的艺术品走廊……奥莱·尼思也一如既往的亲历着。

触碰施华洛世奇透明的灵魂 在奥莱·尼思男人看来，经典便是被广泛接受、经过时间考验后的时尚，并且能够引导我们对美好生活的向往与憧憬。在希腊、罗马、印度和德国的神话故事里，天鹅是纯洁、力量和神圣不可侵犯的象征。一只姿态优雅的天鹅在“SWAROVSKI”上垂首冥想——这个富有创意和美感的标识给人留下很深的印象。

奢华的珠宝，不一定要有多复杂的造型，多么瑰丽的外表。它可以很简单，像水晶一样，是一个听起来就让人心醉的名词。当丹尼尔·施华洛世奇在100多年前开始揭示水晶的美态时，他绝对料想不到自己会用这种迷人的物质缔造了一个充满魅力的璀璨天地。精确的切割面、钻石般的璀璨光芒、纯净的品质、缤纷的色彩以及多样的造型，施华洛世奇以精湛的传统工艺和迷人的时尚气质，被认定为优质、璀璨夺目和高度精确的化身，其灵感不断延伸到每一个能被水晶装饰的角落。

施华洛世奇至今仍保持着家族经营方式，独揽多个与水晶切割相关的专利，百年如一日的守护着精湛的工艺秘密，这使其水晶制品在纯净透彻中更有一丝神秘的气质。作为世界上首屈一指的水晶制造商，施华洛世奇每年还要为香奈儿、古驰、迪奥等世界各大顶级奢侈品牌提供大量优质的切割水晶石，奥莱·尼思水晶灯也是其中之一。

奥莱·尼思选用施华洛世奇®元素，使得整个水晶灯拥有宝石般璀璨的光芒，看起来格外耀眼夺目。闪动的光芒、流连的光影、跃动的色彩，拥有着璀璨光芒的施华洛世奇水晶总给人带来梦幻般的遐想和奢华贵雅的气质。

LUXURY MEN 奢华解语

奥莱·尼思之格调

灯饰艺术的贵族精神 今天的奥莱·尼思，被誉为“水晶灯中的贵族”。无论是简约大气的时尚设计，还是精致华美的实用主义，都散发出既庄重又奢华的艺术气息，它宛如一盏悬挂在空中的艺术王冠，不仅彰显着主人的尊贵地位与傲人财富，凸显主人的非凡品位与气质，还在无形之中透露出英国绅士所特有的贵族气质与精神。

奥莱·尼思水晶灯吸取了英国传统的艺术风格，不仅给人们留下了英国王室贵族那种克制、低调的豪华优雅印象，同时又不失现代艺术风格，两者的完美融合让其营造出既激昂兴奋又安静平和的浪漫意境。

olanies

奥莱·尼思一直坚持这样的理念：优雅，以细节论成败。以灯架材质为例，其选料极为考究，要求铸铜排号必须达到65以上，远高于同行业数个量级，从而保证了铸件表面光滑度；专业的弯管部选材厚度更是超过同行业25%，使灯架款型经久不变，数十年风采依旧。除此之外，价值数百万的德国激光切割机等高科技生产设备，为奥莱·尼思水晶灯完美品质提供了最坚实的科技后盾。从研发设计到最后出厂上市，每一盏奥莱·尼思水晶灯都要经过12道原材料检测程序、22道产品品质检测程序和100道生产工序，最后的成品还必须经过专业人员鉴定，合格后才允许装配出厂。

在一件美妙的奥莱·尼思水晶灯中，你可以感受到其中蕴含的非物质价值，那就是工匠们的直觉、技艺、激情和创造力的凝聚之和。当我们幸运的欣赏到奥莱·尼思作品时，那种令人窒息的美丽、复杂的工艺和丰富的想象力不由不令我们的感官震撼不已。

现代绅士的钟情之选 完美，是精致绝伦的凡尔赛宫，瞬息一瞥之间，便让人在眩目的光影中回到了太阳王时代的法兰西，在巴赫的旋律中邂逅那遗失已久的歌舞升平；完美，是杯中琥珀色酒液的迷人光晕，恰如波光潋滟的夏朗德河水，游走于舌头齿颊的丝滑醇香，带思绪来到空气弥漫着醉人酒香的干邑镇；完美，是极具王室气质的奥莱·尼思水晶灯，在奢华的空间中，几乎没有人能在奥莱·尼思水晶灯的光芒下无动于衷，它宛如一盏悬挂在空中的艺术王冠，彰显着主人的尊贵地位与傲人财富。

18世纪的欧洲皇室与贵族在政治上的无力，让他们沉湎于一种优美的文化艺术中，逃避现实中的无奈。在尽可能小的宏伟建筑里创造一个想象中的光明、精致而欢乐的世界。于是水晶灯用它那含蓄而奢华的外表，精致而淡雅的色彩，纯净而神秘的气质以另一种姿态继续受到人们的追捧。在宫殿、府邸里，到处可见水晶灯那优雅如女王般的身影。

奥莱·尼思穿越了历史的长廊，那华丽、璀璨的光芒，曼妙婀娜、晶莹剔透的身躯并未改变，但已不再彰显欧洲宫廷贵族的奢华，而是作为一种艺术的载体出现在现代人的生活之中。正因为此，它赢得了世人的青睐，这些人如两个世纪前的绅士一样有内涵，他们是各行各业的翘楚，兼有财富和权势。百年前的奥莱·尼思曾为奢靡、疯狂、任情纵性的王公贵族而明；百年后，它则为尊贵的空间和无上的荣耀加冕，这是对人们人生与事业的成功的至高礼赞！

奥莱·尼思和那个远去年代的传奇故事还持续地施放出强大的魅惑之光，催眠着今天的世界。它的继承者们还在传承着这个尊荣名号的精神旨意，用更加完美的臻品延续传奇大师的无上荣光。

OLANIES
奥莱·尼思

这个的标志是以英国“嘉德勋章”为创意原点，将骄傲的雄狮镶嵌勋章中心，一边是世界上历史最悠久、荣誉等级最高的勋章，一边是王者象征，巧妙的体现了荣耀与领袖的结合。它彰显了奥莱·尼思的领袖气质，宛若一顶王冠，为人们的荣耀加冕。

兰博基尼男人

Lamborghini & Men

兰博基尼，有人说它像恶魔，具有乖张的性格；有人说它是撒旦之子，为了复仇而来到世间。它从不定义自己，它的存在只为一个目标——制造世界上最好的跑车。

兰博基尼男人具有典型的双面性格，他是温和的，也是偏执的。他的性格中有一股牛劲儿，任何特定的压力和挫折都会成为他爆发的诱因。

请记住，千万不要尝试挑战他们的极限。

要想了解兰博基尼男人还得先从斗牛说起。在斗牛运动中，牛和斗牛士一起构成了一个具有象征意义的整体，一个野性与优雅的对立统一。公牛一直是力量的象征，它意味着奋进和勇气，而正是这种力与美的统一使斗牛成为一项让人着迷的运动。这也正是兰博基尼跑车和兰博基尼男人一贯具有的品质。如果你知道兰博基尼跑车的公牛车徽所代表的含义，你一定会惊叹，兰博基尼男人的性格简直和这头倔强的公牛一模一样。

兰博基尼男人的头脑不是杂乱无章的，他们决不会靠运气或拖泥带水地过日子，也不可能成为一个赌徒，冒险的事情会使他们烦恼不安，不确定因素会使他们感到安全受到威胁。有的人可能靠一时的机遇和别人的指点来做事情，兰博基尼男人则完全靠坚忍的意志和献身精神，他们享有的成功完全是靠自己的力量换来的。简而言之，强大、守纪律的兰博基尼男人不愿意在生活中放荡不羁，他们将通过自己的努力以一个胜利者的姿态出现在众人面前。

美国博科通信公司的创始人亨利·尼古拉斯是典型的兰博基尼“倔牛型”男人。1991 年与人合伙创建布罗德科姆计算机芯片公司。他性格强悍，用铁腕管理公司，使博科公司从一个小公司发展成为全球屈指可数的高科技公司。受益于近些年 IT 领域里的增长势头，尼古拉斯名下的公司股票在

10余年间涨了40倍，他遂成为名副其实的亿万富翁，购入私人喷气式飞机、兰博基尼高级跑车和半山腰的豪华公寓。

亨利·尼古拉斯是一个身高接近2米的男人，仅仅外观威武是不够的，更重要的是要不断地取胜，不断地证明自己的强大，才能保证其发号施令的权威性。一次，尼古拉斯为加州大学厄温分校的划船队捐款128万美元，捐献典礼上，他同那些虎背熊腰的队员聊天，他表示要和这些队员比试引体向上，只要这些队员中有一人能比他多做一次，他的捐款就增加1000美元。划船队长接受了挑战，尼古拉斯脱下西装，露出他那NBA明星般壮硕健美的身材，队长做了13个引体向上，而尼古拉斯轻松地完成了27个，由于领先太多，最后几次他改用反手做以减少这场比赛的单调感。对尼古拉斯而言，胜利如同是生理所需的营养物质，没有大小，没有主次，只要比试，就一定要赢。他对胜利的渴望达到了不顾一切的地步。

兰博基尼男人大部分时间是温和的，但他们在认准的事情上比较固执己见，对人的喜恶分得清楚，绝不会勉强自己和不喜欢的人交往。他们有神奇的忍耐力，然而一旦忍无可忍，他们会爆发可怕的“牛脾气”。兰博基尼男人不善于直接表达自己的情感，他们在这方面较为保守，喜欢以低调的间接的方式表达。在兰博基尼男人的生活中很少看到抒情诗和月光小夜曲，甚至他们喜欢接受和送给他人的礼物也是一些结实耐用的东西。别人从兰博基尼男人那里得不到一句多余空洞的感谢话，他们对华丽的辞藻和过分的奉承感到不舒服。然而兰博基尼男人的诚实、不做作和坚定的原则性很受人尊敬、爱戴。另一方面，这种性格使他们无法胜任玄妙机巧的商业谈判，对精细入微的工作也缺乏耐心，他们最适合当自己的老板，按照自己的时间表独立决定事务。

在细微之处，兰博基尼男人不喜欢欠债，他们付给别人的欠款会精确到小数点后最后一位，当然他们对别人也有同样的要求。作为一家之长，兰博基尼男人有一点傲慢和武断，定下的规矩不允许他人反对。尽管兰博基尼男人十分喜欢他的家庭，并引以为自豪，但他们对家庭成员的要求很高，对生活持唯物的观点，总是用成功的尺度和取得的成绩来衡量家人对家庭的爱。虽然他们不易为感情所动，但愿意为全家康泰做出最大的努力。

男人志 LUXURY MEN

喜欢兰博基尼的男人们

比尔·盖茨日常的座驾是一辆保时捷，有机会的时候，他也愿意驾驶法拉利、兰博基尼这样的速度机器体验急速奔驰的快感。作为世界首富，比尔·盖茨的生活并不像其他富豪那样奢侈，除了西雅图那座价值5300万美元的豪宅，比尔·盖茨在私生活上简朴得令人吃惊——这位世界首富没有自己的私人司机，公务旅行不坐飞机头等舱却坐经济舱，衣着也不讲究什么名牌。更让人不可思议的是，他还对打折商品感兴趣，不愿为泊车多花几美元。另一面的事实显示，比尔·盖茨并不是那种悭吝的守财奴，他为公益和慈善事业一次次捐出大笔善款。比尔·盖茨是富豪中的另类，对他而言，创业是他人生的旅途，财富是他价值量化的标尺，他把自己看做财富的看管人，他给自己设定的任务就是找到最合适的方式来使用它。

■比尔·盖茨与梅琳达·盖茨

比尔·盖茨不欣赏那些喜欢用财富摆阔气的人，他在杂志上发表自己的见解："如果你已经习惯了过分享受，你将不能再像普通人那样生活，而我希望过普通人的生活。"比尔·盖茨不希望因为富有而改变自己的本色，过着前呼后拥的生活，他更喜欢自由自在地独立与人交往。甚至见到熟人时，他还像从前一样热情地与他们打招呼："喂，你好，让我们去吃个热狗如何?"我们的世界首富仿佛是生活在另一个世界的人，普通人喜欢的珠宝、飞机、游艇、名表等他都不感兴趣，就连美食和美酒也不能让他心动。他通常会在公司以汉堡包当午餐，这已经成为他的习惯。有一次，办公室来了一位新秘书里卡，为了庆祝她的生日，比尔·盖茨特意带着几个职员来到一家高级饭店，每个人都点了酒与风味菜肴，只有比尔·盖茨点了酒与汉堡包。他的妻子后来抱怨说："你为什么不点些菜，你那样会让里卡感到难堪的。"比尔·盖茨笑笑说："我就喜欢吃汉堡包，没想那些。"对于自己的衣着等生活用品，比尔·盖茨从不看重它们的牌子或是价钱，只要穿起来、用起来感觉很舒服，他就会喜欢。他生活的信条就是："一个人只有用好了他的每一分钱，他才能做到事业有成、生活幸福。"

对富人们来说，当他无所不有的时候，最时髦的姿态就是让一切远离而去。那些财富日益增长的金融家和企业家们，用越来越多的钱施与和馈赠，他们用自己的名字成立慈善基金会，这是新近流行的最前卫的"奢侈品"。

"飞侠"科比·布莱恩特是当今 NBA 赛场上最顶尖的得分高手，回到生活里他也无比迷恋那些速度感极强的超级跑车。科比对车只有一个要求——"动力，狂放不羁的动力"。当年，他开着顶级奥迪 TT 迎娶了美丽新娘瓦妮莎。或许是因为童年在意大利生活的缘故，科比后来对意大利名车更为偏爱，特别是产自中古小城摩德纳的法拉利和兰博基尼。

科比是当今 NBA 最有影响力、最具偶像气质的篮球巨星，他在 24 岁时就已获得三枚 NBA 总冠军戒指，被认为是篮球之神乔丹最佳接班人。科比有个打篮球的父亲，他的童年是漂泊的，跟随着父亲辗转于意大利和法国联赛。频繁的转学对科比的性格产生了很大的影响，无论在队友间还是生活中，他本能地与周围人保持着分寸和距离，他对每个人都相敬如宾。科比其实很讨厌这种状态，他努力和身边的人拉近距离，比如请队友吃饭，到家里参加他女儿的生日派对，在飞机上打牌的时候故意装得兴致盎然，跟大家打得火热，送队友名贵手表。但是他的队友对他骨子里的那种孤傲还是敬而远之。所以科比非常珍惜家庭的温暖和幸福，他喜欢在家人的注视下进行训练，那已经成为了他的动力之源。如果你只认识球场上那个 24 号，那你永远也想象不到他在看自己女儿时的深情目光；同样的如果你只知道 24 号在训练时是多么的认真，多么的狂热，那么你永远不知道他在生活中是多么的浪漫和细致。他送给妻子的钻戒价格高达 400 万美元，足可以买下一幢 600 平方米的豪宅。而当他一手抱着女儿，一手举起 MVP（最有价值球员）奖杯时，全世界因为飞侠而感动。

生活主张 LUXURY MEN

兰博基尼男人 奢华私享

到巴哈马潇洒挥杆 兰博基尼男人喜欢传统的休闲运动方式，比如打高尔夫。高尔夫是一项具有特殊魅力的运动，它让人们在天然优雅的自然环境中锻炼身体，陶冶情操，提高技巧。早期的高尔夫运动主要是流行于宫廷皇室成员之间，热衷者多为皇家贵族和上流社会的佼佼者，并一时风靡英伦及欧洲、北美。这项运动是如此的迷人，以至出现了为打高尔夫球而荒废军训、政务，甚至影响正常休息和做宗教礼拜等不良现象。现在，因为高尔夫强调公平、自律的特点，高尔夫球场成了男人们结交朋友的一个好场所。被誉为全球 CEO 第一人的杰克·韦尔奇在其自传中用了整整一章的篇幅写了“来自高尔夫的启迪”，他在其中说：“我一生中最牢固的友谊就是在高尔夫球场上结下的。”

西半球最激动人心的两个高尔夫胜地，一个在墨西哥，一个在加勒比海。巴哈马在地理上并不真正属于加勒比海，它是西印度群岛的三个群岛之一，实际上位于佛罗里达海峡口外的西大西洋上，但人们通常将它看做是加勒比海地区的海岛群。这里有世界上最纯净的海滩、奢侈豪华的大型酒店

度假村、浓郁热烈的高尔夫氛围。男人们对这里的喜爱，一切归于两个字：诱惑。

“他们无法不美，每个角落，都澄澈透明，万物无所遁形……”巴哈马是诗人口中的乐园，也是哥伦布日记中的“人间的伊甸园”。巴哈马的吸引力有多大？只要到酒店的游艇码头看看就知道，那里通常停满了大大小小的私人游艇。

大巴哈马岛是真正的高尔夫海岛，在 20 世纪 80 年代的球场改建热潮中，这个曾经的自由港有了新的名字——巴哈马高尔夫群岛。已经改建完成的四个球场，加上正在规划和建设的至少三家以上新球场，让这座海岛实至名归。在大巴哈马岛打球非常舒服，因为和其他岛相比，这里离炎热的赤道较远。又因为这里的日照时间比较长，人们尽可以用一天的时间从容地体验高尔夫球的乐趣。岛上的威斯汀酒店拥有两家风格不同的高尔夫球场。其中更值得称道的是卢卡岩（Lucayan）球场。这是一座有着浓郁热带风情的老球场，建

巴哈马亚特兰蒂斯酒店

于1962年，是大巴哈马岛上的第一座球场。站在平整的发球台上，整个球场的球道高低起伏，随处可见的高耸松树，浓密的美洲棕榈等灌木，高低错落地将球道层层隔开，果岭旁的凤凰花开得鲜艳，整个球场就是一幅浓墨重彩的油画。这座球场曾经被美国《高尔夫周刊》杂志列为加勒比海最好的三家球场之一，被《高尔夫》杂志评为世界百佳高尔夫度假村等等。

威斯汀酒店的另一座附属球场海礁球场（Reef Course）则是另一种完全不同的风格。球场出自设计师罗伯特·特伦特·琼斯之手，带着大师设计初期浓郁的林克斯海滨球场风格，球场虽然经过改建，但仍保留了最初的风格。与各个树木茂盛的球场不同，这里几乎没有任何树木，来自大西洋的海风是球场最大的障碍。另外就是高高在上的炮台果岭，令挥杆者的每次击球都需要仔细思量。

与巴哈马首都拿骚一桥之隔的天堂岛，最主要的风景是充满传奇色彩的著名酒店亚特兰蒂斯。这个酒店根据传说中消失的大陆建造，最具吸引力的是占地85亩的世界上最大的室外水族馆——亚特兰蒂斯水景馆，其中遨游着包括鲨鱼在内的100多种鱼类，种种精心设计让人仿佛回到了沉没在海底的亚特兰蒂斯古城。酒店由两栋粉红色的大建筑组成，中间有桥相连——而这就是酒店最贵的套房，每晚需要2.5万美元。身处其中，仿佛君临人间，大有俯瞰众生的感觉。

有很多种方式可以享受天堂岛上的生活，包括在午后前往加勒比地区最好的球场之一——海洋俱乐部打一场球。海洋俱乐部曾经是金融家维罗尼卡·卡特莱特二世的私人财产，南非一位娱乐业寡头斥资1亿美元重新改建，于是建成了加勒比海地区最有格调的球场。该球场深受篮球明星迈克尔·乔丹和厄尼·埃尔斯喜爱，前者将自己组织的乔丹名人邀请赛安排在这里举行；而后者则将自己的家安在了球场旁边，并在接受左膝手术之后，在球场边的家里休养生息。

海洋俱乐部高尔夫球场是汤姆·魏斯科普夫的伟大作品，球场三面环海，有7个球洞临海，在18洞处都能看到海景。球道上洁白而巨大的沙坑和海岸边的白沙坑相映成趣，起伏变化的球道、两个巨大的人工湖、变幻莫测的大西洋海风、绵延起伏的果岭，构成了在这里打球的乐趣。

巴哈马保留了那些已经流逝的时光的魅力，在这里打一场高尔夫，兰博基尼男人一定会有时空交错的美好错觉。

收藏都彭打火机　在追求细节美的今天，打火机已经从单纯的点烟工具演变成男人的饰物。推开打火机的顶盖所发出的金属声，用手转动齿轮点火的种种复杂手法都令男人着迷，有打火机在手的男人仿佛更具风采。打火机寄托了男人渴望燃烧的原始欲望，这个小小的金属方块散发着不可抗拒的雄性美学。一个男人的品位，不一定取决于他所拥有的物品的价值，从某种程度上说，一个打火机的美学价值绝不亚于一架私人飞机。都彭打火机是男人喜欢收藏的名品，它秉承了法国皇族尊贵高雅的格调，而且对品质的要求非常苛刻，赢得了众多品位男士的垂青，成为他们口袋中不可或缺的物品。

享用玻利瓦尔雪茄　兰博基尼男人有一些共同的特征：成熟、冷静、热爱生活、享受孤独而且珍惜友谊——他们对雪茄的追求像极了人们对于男人品质的想象。兰博基尼男人对过于细腻的风味不感兴趣，他们喜欢厚重的味道，比如玻利瓦尔雪茄。世界上没有任何一种雪茄可以像玻利瓦尔雪茄这样浓烈，它浓得如此纯粹，烈得如此彻底，就好像烈酒伏特加一样。这种以拉丁美洲著名的革命家西蒙·玻利瓦尔命名的雪茄是力量的化身，它代表的意义如同一头被激怒的公牛——激烈、热情、坚强、精力充沛、斗志昂扬。

玻利瓦尔的命名是为纪念19世纪拉丁美洲著名的革命

BOLIVAR

家和军事家——西蒙·玻利瓦尔，由于他的努力，委内瑞拉、秘鲁、哥伦比亚、厄瓜多尔、玻利维亚和巴拿马六个拉丁美洲国家从西班牙殖民统治中解放出来，西蒙·德·玻利瓦尔带领人民获得了独立，因此人们尊称他为“南美洲的乔治·华盛顿”。从某种程度上说，西蒙·玻利瓦尔和兰博基尼男人是一类人，他们同样野心勃勃。

玻利瓦尔雪茄是最容易辨认的古巴雪茄之一，因为其标签和盒子上都印着这位南美英雄的肖像。玻利瓦尔代表着哈瓦那雪茄中最为强烈、最具浓郁口感的一种，其浓烈的味道甚至会使人呛出眼泪，但它又有一股淡淡的柠檬草的清香。因此，玻利瓦尔雪茄是那些老雪茄客的最佳选择，而对于那些刚刚抽雪茄的人来说，最好对它先怀有一片景仰之心，直到你成为一名真正的雪茄客之后，才能体验到它的美妙之处。

吸雪茄，与其说是兰博基尼男人的一种习惯，不如说是一种风格。就像镜子对于女人一样，雪茄对于兰博基尼男人也总是充满不离不弃的诱惑。兰博基尼男人喜欢独自一人享受雪茄。雪茄不像香烟，拿出来就点，抽完就扔。享受一支好的雪茄，需要剪去雪茄帽、用专业打火机，享受之前有强烈的仪式感，这种仪式能渐渐地把兰博基尼男人从日常事务中解脱出来，回到让自己完全舒适放松的本真状态。

LUXURY MEN 奢华解语

兰博基尼之格调

最优秀的设计师 兰博基尼帝国创建之初，佛瑞肯·兰博基尼从法拉利和玛莎拉蒂笼络了大批设计人才组建他的团队。加盟者中包括著名的乔托·贝萨里尼，多年后恩佐·法拉利对放走乔托·贝萨里尼追悔莫及，他设计的3.5升360马力的V12发动机成为兰博基尼挑战法拉利的重要筹码。车身外形方面，马赛罗·甘地尼是兰博基尼的金牌设计师，“穆拉”和“康塔什”都是他鬼斧神工的作品，而举世闻名的剪刀式车门也是他的独门巧思。

力量至上 想开好一辆法拉利你也许需要一名职业车手的技术，但想开好一辆兰博基尼你只需要将油门踩到底。正如车标上那头浑身充满力量的公牛一样，兰博基尼非常注重车辆的马力输出和扭矩，这要得益于兰博基尼标志性的V12

发动机，在兰博基尼40余年的历史中，这款发动机一直担当着重要角色。总的说来，在车重、操控灵活性上兰博基尼略逊于法拉利，但是高速行驶的稳定性比法拉利更强。

产量永远低于需求 兰博基尼从来没有销售指标，产量永远低于市场的需求，2007年，兰博基尼共销售了2400辆跑车，尽管产量不能满足需求的增长，但是兰博基尼并不打算增产。

故事源于在意大利乡间出生的拖拉机制造商佛瑞肯·兰博基尼与当时已经功成名就的恩佐·法拉利的一次会面。一天，佛瑞肯·兰博基尼收集的四辆法拉利跑车中的法拉利250出现了故障。他心急如焚地到法拉利跑车制造公司的服务部反映问题，却遭到冷遇。兰博基尼不甘心就此罢休，他决定亲自拜访恩佐·法拉利。恩佐·法拉利静静地听着这位不速之客细数法拉利跑车的优点，在听到对方直指变速箱的缺点时，恩佐·法拉利眼皮也不抬地回答说：“用不着一个制造拖拉机的人告诉我如何造车！”聚会不欢而散。平时温文尔雅的佛瑞肯被激怒了，他决定要争一口气，制造一部比法拉利更好、更快、更强的超级跑车，让恩佐·法拉利知道，一个拖拉机的制造者同样有智能设计一部独一无二、加速力及

LAMBORGHINI
LP 650-4

极速强过所有跑车的超级跑车。于是他变卖了自己视若珍宝的四辆法拉利跑车，决心与恩佐一决高下。兰博基尼车厂就此成立。兰博基尼跑车从外形到动力都明显表明了向法拉利挑战的意图。兰博基尼从来不愿在赛车场上与人争锋，这种只比设计图、不比赛道的规则，是它独一无二的造车哲学。兰博基尼公司的标志是一头浑身充满了力量，正准备向对手发动猛烈攻击的公牛。这头公牛是佛瑞肯·兰博基尼本人牛脾气的写照，也体现了兰博基尼公司的产品特点，那就是大功率、高速度。法拉利的标志是一匹跃马，这一牛一马从此展开了激烈的较量，而一款款让人瞠目结舌的超级跑车也在较量中诞生了。

为了与法拉利“跃马”车型争先，兰博基尼先后推出了350GT、“穆拉”（Miura）、“康塔什”（Countach）和“鬼怪”（Diablo）等超级跑车，不仅震惊车坛，更带动了车坛的风潮与趋势。兰博基尼跑车拥有经典性的外形设计，其最大特点是整车外形呈楔形，所有的棱角、线条和凹陷形成一种颇具进攻性的蹲伏状态，显示出一种野性与强劲的风格。直视它时，使你感到有一头野牛在向你冲来，它身上的每一根线条和棱角都显示着坚硬和力量。尤其当车门掀起打开时，跑车好似雄鹰展翅，跃跃欲飞；当车门掀下关闭，跑车又似箭在弦上，势在必发，充满了强烈的动感和魅力。它这副怪面孔使人觉得它并不属于这个世界，所以有人干脆把它称为“外星来客”。

没有多少人可以拥有兰博基尼，因为它非常昂贵，产量也比法拉利更少。岁月流转，恩佐·法拉利和佛瑞肯·兰博基尼已先后离世，兰博基尼和法拉利车厂的命运也几经坎坷波折，二者之间的硝烟也在渐渐消散，然而兰博基尼车型好战乖戾的性格并未改变，它的每一款车、每一个设计都承载着疯狂的欲望、强大的力量以及近乎邪恶的美。它高高在上，呼吸着天空稀薄的空气，吸引着地上景仰的目光。

蓝山男人

Blue Mountain Coffee & Men

蓝山咖啡有一种忧郁的气质，深沉，不张扬；它拥有魔力，让人沉醉，让人迷恋。

蓝山男人是儒雅又浪漫的男人，周身散发着笃定、淡雅、超脱的气息。他穿越了尘世纷扰，欲望之河从面前流过，他静伫一旁，细细地品味现世的快乐。

他们用一生的坚忍换来成功后的平和，用一生的淡定洗去曾经的浮躁，使生命趋于平静，静静地散发出迷人的芳香。

一个喜欢喝咖啡、愿意拿出时间和耐心冲泡咖啡的男人，是浪漫的男人，是懂得品味生命的男人。他熟谙一张一弛的道理，知道除了日夜兼程奔赴人生理想之外，更需要偶尔停下脚步，欣赏一下路边的风景，知道在纷繁狂乱的尘世里洗净风沙，低下头来审视内心。

湿冷的冬日，房间里播放着迷人的爵士乐，他放下手边的工作，起身煮一杯蓝山咖啡。喝一杯蓝山咖啡的过程是冲泡速溶咖啡无法比拟的，所以蓝山男人通常极富耐心。他们热爱咖啡，更热爱制作咖啡的过程，他们一定要亲耳听到烘烤咖啡豆时豆子爆裂的声音，一定要亲手用手磨咖啡磨研磨咖啡豆，之后将水加入考究的比利时咖啡壶中，用火柴点燃酒精灯，然后静静地等待咖啡粉与水的融合。在这个快节奏的时代，谁还有闲暇去花上一个小时的时间，只为喝上一杯上好的咖啡呢？蓝山男人愿意。他们明白，对于好的东西，要全身心地投入，才能体会其中的真味，才不会暴殄天物。他们更加懂得，制作咖啡的过程也是修养身心的过程。

喜爱蓝山咖啡的男人，无论他的职业如何，他的骨子里都会有一种儒雅的气质。他们富于魅力的一笑，多么耐人寻味，他们意味深长的一个眼神，令人浮想联翩。他们多多少少是有些人生经历的人，面容和心境都透着沉稳，年轻的男人与他们相比，就像一坛酿到半途的酒，原料虽然好，但是

离醇厚浓香的味道还差很远，而蓝山男人就像揭开盖子的酒坛，满屋飘香，把人的鼻子勾走了。

蓝山男人不会给人留下苍老的印象，男人需要阅历和经历，受过一些挫折和磨难，才能对人生有深刻感悟，这是一笔难得的财富。这种男人也许脸上有了皱纹，但是他们不世故，不虚伪，不矫情，不颓废。人世的历练让他们的心胸变得博大，有了容纳万物的宽广，有了无欲则刚的超然，有了心静如水的豁达。蓝山男人对感情往往是极度专一的，他们喝蓝山的时候，从来不放糖也不加奶，呷一口，当浓郁的液体在口中酝酿沉淀，甜酸苦香充斥味蕾，当液体沿着喉咙、食道慢慢滑进胃里，蓝山的味道就越发淋漓尽致地遗留在口中、心里，如同黑夜里的一抹曙光，强烈却温柔地刺激着身体里的每个细胞、每根神经。

蓝山男人是浪漫的，清晨看日出，星光下划船，都可能是他们采取的行动。他们对世界上发生的一切，乃至虚无缥缈的事物都有浓厚的兴趣。这种令人捉摸不透的思想使他们拥有一轮神秘的光晕，吸引着许许多多的人。人们觉得他们安静、温柔、真挚，但又觉得他们的思想是那么深远莫测。他们那诗一般的思想意境、内在的敏感以及神秘色彩常唤起他人与之亲近的愿望。蓝山男人同样也是睿智的，他们喜爱读书，常常有自己独到的见解，与人交谈娓娓道来，引经据典。就连他们的所穿所用之物，他们也能一一说出来历。或是一件承载着历史和文化的月白色唐装，或是一方真丝绣花手帕，他们说的总能让人心服口服。他们身上所散发出的一道道迷人的光环，汇聚成一片灿烂的风景，这样的景致，让人百看不厌，备生敬意。

蓝山男人大概是要活在别人的注目中的，女人们迷恋他们的浪漫，男人们嫉妒他们的洒脱，不过好在这些并不会打扰到蓝山男人，他们有自己的精神乐园，那是一个别人看不到，也无从介入的乌托邦。

男人志 LUXURY MEN

喜欢蓝山的男人们

美国前总统乔治·沃克·布什喜欢喝蓝山咖啡，但是由于蓝山咖啡的稀缺性，他每年也只能得到一公斤的蓝山咖啡。

“他喜欢搞笑间谍电影《王牌大间谍》，并非人们普遍认为的那样缺乏好奇心，也喜欢给下属和朋友起外号；他讲话时，你手机响，他会盯着你看；他是自行车健将，尽管来自牛仔故乡，但禁止在白宫里穿牛仔服。”这是美联社记者在布什即将离任时描述的“你所不了解的布什”。其实布什不为公众所知的生活趣事不止这些，他是喜欢在酷热天气里清除灌木以及在林间冒险骑山地车来放松；他喜欢收看棒球比赛，即便周围满是嘈杂的工作声；他会给工作人员写生日祝福语，记得他们家人的微小细节；他喜欢锻炼，每周至少有 6 天会抽出时间锻炼，不管身在哪里，而且他练得非常认真、辛苦，尤其是在周末去山上骑自行车，他总是催促特勤处特工跟上他的速度；他每天早上起床的时候都会为妻子劳拉泡一杯咖啡，端到床前；他一直保持着一些人说的“不可原谅的”乐观，他“每一天都充满了欢乐”。

■ 乔治·沃克·布什

生活中的布什戏称自己是一个“守巢者”。没有别的地方比得克萨斯州的克劳福德农场更适合当他的“巢”了，那里是他真正的家，也是他和家人的永久栖息之地。在农场的日子，上午，布什最喜欢在池塘里抓鱼，或者干点农活，他对伐木也颇感兴趣。有一次，他亲自动手锯倒一株雪松，结果累得汗流浃背，身上的衣服也肮脏不堪，手腕还因此受了伤。下午，布什同劳拉骑马到溪流深处或河床里，或是去探寻他发现的石灰岩小峡谷的入口。晚餐后，夫妇二人带着他们的小狗，手牵手地散步。此外，布什乐此不疲的事是在烧烤炉前干活，当然也不会忘记慢跑健身、读《圣经》、研究问题和读书消遣。布什和劳拉都认为，在牧场休假是他们最快乐的日子。卸任后，布什更是将所有时光都花在了农场。尴尬的是，布什和劳拉都不喜欢煮饭，所以他们的晚餐一般都得依赖邻居们送来的饼干，或者到附近的市场买些快餐。

如果说，世界上有人将咖啡视为生命的话，那个人一定是巴尔扎克。“巴尔扎克豪饮咖啡近 20 年，喝了 5 万杯浓咖啡。除大量剧本、短篇小说和杂文之外，他还写了几乎本本都属上乘之作的 74 部长篇小说。”这是奥地利著名作家茨威格在《巴尔扎克传》中的记载，如果按此推算，20 年内，巴尔扎克平均每天要喝 6 ~ 7 杯咖啡。巴尔扎克逝世后，他的遗著《司汤达研究》出版。书的封面印上了与作者一生相伴的咖啡壶，题记如下：“就是这把咖啡壶，支持他一天写十六七小时的文章，心脏受伤，活到 51 岁去世，骨头都快为喝咖啡而变成黑色的了。”这则题记并非空穴来风。巴尔扎克的创作离不开咖啡，他说他的书都是在“成了河的黑咖啡帮助下完成的”。他的好友拿克加尔医生认为，巴尔扎克是“因为夜间工作，因为滥用咖啡，借助它来和人类需要的睡眠竞争”而形成心脏衰竭才导致死亡的。

生活主张 LUXURY MEN

蓝山男人
奢华私享

享受下午茶的美好时光　浪漫的蓝山男人并不是没有事业要忙，他们也有在全世界飞来飞去参加会议的时候，也有为合约而烦心的时候，那么是什么让他们显得浪漫而有情调？当然是生活中的一些与众不同的习惯。比如不管多忙，每天下午四点的钟声一响，他们会放下手中的工作，让秘书端来甜点，自己亲手煮一杯咖啡，或者泡一壶茶。在午后温暖的阳光下，通过味蕾的滋润与满腹之感，让忙碌的身心得到了一丝宽慰。在下午茶的美好时光中，偷得浮生半日闲。懂得享受生活，这就是蓝山男人与众不同之处。

下午茶起源于英国。17世纪时，英国上流社会的早餐都很丰盛，午餐较为简便，而社交晚餐则一直到晚上八时左右才开始，人们便习惯在下午四时左右吃些点心、喝杯茶。一

位懂得享受生活的女伯爵，每天下午都会差遣女仆为她准备一壶红茶和点心，她觉得这种感觉很好，便邀请友人共享。很快，下午茶便在英国上流社会流行起来。

英国贵族视下午茶为社交的入门，时尚的象征，是招待朋友开办沙龙的最佳形式。享用下午茶时，英国人喜欢选择极品红茶，配以精美的瓷器或银制茶具，摆放在铺有纯白蕾丝花边桌巾的茶桌上，并且用小推车推出各种各样的精制茶点。至于音乐和鲜花更是必不可少，并且以古典为美，曲必悠扬典雅，花必芬芳馥郁。

传统上，下午的专用茶为大吉岭茶与伯爵茶或锡兰茶，一般都是直接冲泡茶叶，再用茶漏过滤掉茶渣才能倒入杯中饮用，并且只喝第一泡。以大吉岭红茶为例，此款茶叶外形条索紧细，白毫显露，香高味浓，鲜爽，发酵程度达80%左右，初摘茶叶颜色显绿色，次摘茶叶显棕褐色。香气属高香类，被称为麝香葡萄香味茶，香气比较持久，滋味甘甜柔和。汤色清澈明亮，橙黄红艳，令人赏心悦目，被世人誉为“茶中的香槟”。

正统的英式下午茶光是礼仪就能繁琐得叫人再也提不起喝茶的雅致。旧日时光已不再，现在，只要在下午能有一方安静而优雅之地可放松身心就已足够，礼仪早就不再重要。也不一定偏要按照老英国的传统喝红茶，咖啡、日本的抹茶、中国的功夫茶都是不错的选择。红茶以美妙的滋味取胜，而抹茶奢华于文化、奢华于意境、奢华于修为、涵养。一杯清茶，却寻觅不到叶的芳踪；飘一缕清香，却不必忍受味的苦涩，这就是抹茶。它有绿茶的清高，也有如水般的平和；有自成一体的个性，也具有容乃大的精神，这就是抹茶态度。品饮其他茶类，人们可能单纯地品其味，高档些的茶也会有观其形色的乐趣，但是对于日本抹茶，则饱含了“醉翁之意不在酒”的意味。人们通过抹茶平静浮躁，通过抹茶寻求慰藉，在饮抹茶中增益智慧。抹茶通常按照日本茶道的方式饮用，需要遵循一系列复杂的规则。基本的方法是用茶筅在茶碗中放入少量抹茶，加入温水，用茶筅搅拌均匀，调匀后即成清香、杏绿、鲜爽的抹茶。如果泡得浓些，则称为“浓茶”，泡得淡些则称为“薄茶”。新鲜的抹茶入口香甜，口感香滑，配一件精致而甜到入心的和果子，绝对是一流的享受。

至于下午茶的点心和甜品则更可以随心所欲，不必拘泥于形式。经典传统下午茶有三层点心，其中第一层和第三层是甜品，中间一层是不同口味的三明治。传统的吃法是自下而上，先甜，后咸，然后再回到甜甜的味道。不过现在下午茶的吃法比较随意，可以根据自己的喜好随意品尝。

在下午茶中，唯有一样是不可马虎的，那就是精致的瓷器。茶味再美，缺少精致优美的瓷器，风味也会减半。考究之人，饮下午茶多用骨瓷器皿，因为骨瓷有很好的保温效果，能保证喝到的每一口饮品都热而香浓，而且骨瓷天生就充满了贵族气质。中国的瓷器美在意境。英国骨瓷的美，不单纯是华丽漂亮，而是一种协调的细腻。镶金的杯沿是英国茶具的独有特色，华丽隆重却不媚俗。创立于 1759 年的韦奇伍德以生产精美的骨瓷见长。其骨瓷杯具质量精细及具有高度的艺术性，获得了英国皇室的欣赏。1902 年罗斯福总统白宫之宴，1935 年“玛丽皇后号”豪华邮轮首航，1953 年伊丽莎白女王加冕典礼，在这三场世纪著名盛宴中，韦奇伍德皆以其精致骨瓷餐具参与其中。同样有二百多年历史的英国皇冠德贝瓷一直是英国王室的瑰宝，它是唯一同时拥有英国皇室颁发的“皇家”与“皇冠”两项荣誉与头衔的名窑。皇冠德贝瓷的尊贵客人，如果罗列起来，一定会让人觉得不可思议。1973 年英国安妮公主和菲利普上尉的婚礼，2005 年英国查尔斯王储与卡米拉的婚礼，均使用了皇冠德贝瓷的餐具。皇冠德贝瓷也被请进著名的“泰坦尼克号”头等舱的餐厅，这批瓷器最原始的订单至今仍保留在德贝博物馆里。

生活是不能粗糙的，有品位的生活更是如此。下午茶是生活中的细节，对细节的忽视最终会使提升生活品质的所有努力功亏一篑，而习惯粗糙的人即使有一天产生了追求精致的意识，他也已经不具备精益求精的能力。蓝山男人是聪明的，他懂得给生活增添一些奢侈的因子，用一个下午茶的时间让自己享受到生活的清雅风情。

到西班牙马尔贝亚享受阳光假期　每一个人的心中，都有一个不同的西班牙，自古便是如此。对古希腊人而言，西班牙就是大力士海格立斯金苹果的生长地；而对阿拉伯人来说，西班牙就是天堂的底层……但无论处于哪个时期，无论来自哪个国度，西班牙在人们的心目中都有一个亘古不变的常数：那就是她的风情和神秘。在浪漫的蓝山男人眼中，西班牙这个国度有如神话。这是一个被艺术包围的国度。很奇

■ 马尔贝亚的巴努斯码头

怪，最为世人熟知的西班牙人竟然都是虚构的：唐璜、堂吉诃德以及卡门。当你真正地深入这个国度，并融入到当地的生活细节之中时，你会发现，现实生活中的西班牙人身上的气质，竟然也深刻烙上了这些虚拟人物的生命印迹：风情万种，富于激情，敢于幻想……蓝山男人的性情竟和西班牙人有几分相似。

是的，西班牙是美丽的，美丽得不同凡响。在西班牙大地行走着，一切明艳得晃眼：蔚蓝的天空，灿烂的阳光，或古朴或精致的建筑、街道，夜晚皎洁的月光，柔美的灯影，或宁静或喧哗的夜生活，西班牙的一切令人迷醉。

马尔贝亚是位于西班牙马拉加省的城市，是太阳海岸的明珠，拥有欧洲最美丽的海滩，这使马尔贝亚毫无争议地成为了地中海沿岸独具特色的城镇。美丽的公园和花园，一流的高尔夫球场，风景如画的老城区，这些特质使马尔贝亚成为精英旅游的目的地。许多世界名人经常造访此地，马尔贝亚的港口总是停满了游艇，街道上闲晃的都是来此度假或养老的欧洲富豪，整个城市迷漫着悠闲的气息。而且，更重要的是这个地方诞生了一位天才画家——毕加索。就在这个艺术的殿堂里，那些街头的豪华车也被渲染上了艺术的气息。

马尔贝亚有一个西班牙前国王阿尔方索十三世之子契利用王室关系发起的马尔贝亚俱乐部，吸引各国豪客前来投资。其中最著名的是刚过世的沙特国王法赫德，每当法赫德到马尔贝亚的夏宫避暑，动用的仆人就超过400名。好莱坞硬汉肖恩·康纳利、西班牙小生安东尼奥·班德拉斯，以及情歌王子胡利奥·伊格莱西亚斯都在此留下了美好的回忆。

在马尔贝亚市中心的巴努斯码头可以遥望北非，这里是豪华游艇和名车的天下。海角的灯塔处那些最为宽硕的游艇是阿拉伯王室的财产，要想知道全球最新款游艇的模样，来此即可。马尔贝亚因每年超过300天的日照而成为天堂，很多来自世界各地的富豪为颐养天年而在此一掷千金。

用比利时皇家咖啡壶煮咖啡 当我们谈论蓝山男人时，千万不能把他和他的精致生活分离开来。一个崇尚精致生活的男人不允许生活中出现任何一个粗糙之物，尤其是一些精美的器具，常人说那是艺术品，而在蓝山男人眼中，那都是生活的必需品。

绝大部分美丽的东西看上去都有一条绝妙的曲线，比如溪流的浪花，蝴蝶的翅膀，或者火焰的边缘，还有一些曲线是藏在香气里的。咖啡的香气里，蕴涵着比利时皇家咖啡壶的动人曲线。喝咖啡是理性与感性的游戏，想让咖啡喝得更有情调，不能不认识比利时皇家咖啡壶。比利时皇家咖啡壶是传世典藏，极品经典。

19 世纪 50 年代的欧洲社会名流不只要求最好的烹调技术，同时也要精致的手工艺术。为了彰显皇家气派，比利时工匠费心打造造型优雅的壶具，包金铸铜，把原本平凡无奇的咖啡壶打造得光灿耀眼、贵气堂皇，仿佛与生俱来一股贵族气，因此受到 19 世纪欧洲列国名流青睐。比利时的巧匠光耀了这一历史传统，并将之翔实记录下来，流传至今。所以，具有专利的皇家虹吸式咖啡壶不仅拥有完美的咖啡制作过程，且本身就是一件艺术品，它兼具实用性、观赏性和收藏性于一身，是任何咖啡壶都无法比拟的。

比利时皇家咖啡壶其外表只是历史的一半，虹吸管本身亦相当值得探讨。它结合了数种自然的力量，火、蒸汽、压力、重力，这些使得比利时皇家咖啡壶的操作过程更具观赏性。当咖啡与水在比利时壶中一起共舞时，便是整晚最明亮的部分。整个煮咖啡的过程值得一看再看，令人惊奇不已！所以，一位曾游历过 120 个国家的旅行家说：“我从未在任何人的家中看过如此棒的咖啡壶。”

LUXURY MEN 奢华解语

蓝山之格调

完美的味道 真正的蓝山咖啡，将咖啡的酸、苦、甘、醇等味道完美地融合在一起，令其他咖啡望尘莫及。而且蓝山咖啡的味道非常纯正，它是世界上最甜美的咖啡之一。它的味道被描述为：“牙买加的蓝山咖啡有着无与伦比的芳香、顺滑浓厚……它的质量就好像宝石一般，它像宝石一样的宝贵。它复杂，但是非常温和，它甜，有非常强的醇度。”

优越的种植条件 蓝山咖啡是世界上种植条件最优越的咖啡之一，牙买加的天气、地质结构和地势共同提供了得天独厚的理想种植条件。蓝山山脉高达 2100 米，这里地处咖啡种植带，拥有肥沃的火山土壤，终年多雨，最重要的是，每天午后，云雾笼罩整个山顶，不仅为咖啡树天然遮阳，还可以带来丰沛的水汽。

政策保护 蓝山咖啡能保持今天的极品地位，与当地的经营政策密不可分。大多数的咖啡生产国只愿意种植其他产量多但品质较差的品种，牙买加却以品质为优先考虑，宁愿牺牲蓝山咖啡的产量，来换取最佳的品质。如果有人把不符

合蓝山咖啡标准的牙买加咖啡或者高山咖啡当做蓝山咖啡销售，一经发现，将被处以重罪。

人们喜欢蓝山咖啡，也许是从喜欢“蓝山”这个美丽的名字开始的。蓝山，听起来像童话里精灵居住的地方，蓝蓝的山，忧郁的颜色，使人感觉沉静安谧。蓝山是牙买加岛上首都东北方的一座山峰，这座山之所以有这样的美名，是因为从前抵达牙买加的英国士兵看到山峰笼罩着蓝色的光芒，便大呼：“看啊，蓝色的山！”这座山因而得名“蓝山”。实际上，牙买加岛被加勒比海环绕，每当晴朗的日子，灿烂的阳光照射在海面上，远处的群山因为日光经蔚蓝海水的折射而将它笼罩在一层淡淡幽幽的蓝色氛围中，显得缥缈空灵，颇具几分神秘色彩。

1494年哥伦布第一次登上牙买加岛时，在他的航海日志里写下了这样一段充满赞美之意的话语：“这是一个清澈明丽的绿色岛屿，崇山峻岭直达天际，真是使人看之不倦。”在岛上原居民印第安阿拉瓦克人的语言中，“牙买加”的意思是：充满树木和水的大地。当你置身于蓝山的青山绿水之中时，不必多言，一切都得到了证实。在加勒比海地区炽热的阳光下，蓝山山脉呈现了一幅田园牧歌般的美丽画卷，令你不禁感叹大自然对牙买加人的青睐。

蓝山山脉大多海拔1800米以上，其中最高峰海拔2256米，也是加勒比海地区最高的山峰，是著名的旅游胜地。美景润物。蓝山如梦幻般美好的景致孕育了这个世界上最高贵的咖啡。并非所有牙买加蓝山地区生产的咖啡都被冠以“蓝山咖啡”的标志，这里的咖啡有两个等级：“蓝山咖啡”和“高山咖啡”，只有在蓝山地区海拔1800米以上的6000公顷土地上培育出来咖啡的才被授权使用“牙买加蓝山咖啡”的标志。这极少的产量让“蓝山”从一个产地变成了一个咖啡的等级，它们被称为“闪着金光的豆子”。90%以上的蓝山

咖啡被日本人喝掉，剩下的被英国人和加拿大人分享，所以其他地方的人想要喝到纯正的蓝山咖啡非常难。

牙买加蓝山咖啡是世界上最昂贵的咖啡，它被人们称做“黑色宝石”。有人这么评价蓝山咖啡，如果喝上一杯上品蓝山，你就会理解当中世纪咖啡初抵意大利时，教皇亲自啜下一口咖啡后，情不自禁地感叹“让咖啡成为上帝的饮料”时的心情。蓝山咖啡不像曼特宁咖啡那样张扬，它很安静，安静得像静静的蔚蓝的湖水，它会安静地陪你度过一个慵懒的下午，或是一个深沉的午夜。看着杯中浓香的液体缓缓流动，袅袅地释放着来自加勒比海岛国高山上的独特情怀，悠长沉静，咖啡香气弥漫在空气中，使人仿若置身于隽永的蓝山情调之中。

摩根男人
Morgan & Men

摩根汽车以古典韵味著称，它周身散发着新时代机械化生产所不具备的贵族气质，在现代汽车界独树一帜。

摩根男人是古典男人，他身上没有流行文化的浮光，而富有古典式的英雄主义和理想主义情结，他诠释着属于男人的力量、仁慈和风度。

他们深邃隽永，回味绵长。

摩根男人是典型的古典男人。古典男人是相对现代男人而言的，现代男人受新时代文化影响较深，站在潮流的最前面，通常很酷，用各种各样的方式来证明自己的价值，注重生活的享乐和自我感受。而古典男人与之相反，他们承袭着传统，他们的审美大多垂青古典，无论在音乐、绘画或家居设计方面都偏爱古典风格，因为他们明白历史能使人的精神深邃，忽视或漠视古典是一种浅薄。思想上，他们富有古典式的英雄主义和理想主义情结。他们就像是一口深深的古井，又像是一首古典的乐曲，更像是老牌子、老款式的钟表，也许样子有些过时，但走得非常精准。

摩根男人一般慢条斯理，他们时刻把优雅视为目标，追求细节的完美。即便是房子失火，他们也需要把干净的外套穿上再出逃。他们的眼神深情款款，让人无法置疑；如果他们展露笑容，一定是徐徐绽放的，他们让人想起中世纪的骑士，举手投足间有抵挡不住的贵族气质。

别指望摩根男人四面来风、八面玲珑、投机取巧，他们不会去做一个务虚的交际家，而会用自己的真本领实实在在地创业赚钱，让家人过上富足的生活。摩根男人的生活非常有规律，他们在早上起床后喜欢用手工剃须刀慢慢地刮胡须，习惯在清晨去公园散步。他们穿衣服讲究西装革履，发型一丝不乱。在外在形象上，古典男人的代表或者是冷峻逼

人的高仓健，或者是皮尔斯·布鲁斯南年轻时拍的《环游地球八十天》中的那位衣冠楚楚的绝对绅士。

摩根男人是朴素的，尽管他们很富有，但他们不喜欢奢靡的生活方式。他们相信，如果追求那些用来炫耀或者享受的东西，生活就会变得华而不实。全球零售业帝国沃尔玛的现任董事长罗布森·沃尔顿就是这样一个男人，他是沃尔顿家族的第二代，净资产达158亿美元。罗布森小时候和三个弟弟一起给父亲老沃尔顿“打工”。他们跪在父亲的商店里擦地板，帮忙修补仓库的房顶，帮助装卸货物，以换取相应的“工资”。他说：“从那时起，我就知道赚钱不容易。”现在，罗布森深居简出住在故乡小城纽波特，过着与美国蓝领工人一样的简朴生活：他开的是一辆老式车。每次出去理发都只花5美元，这几乎是当地理发价格的下限。

与那些行事张扬、挥金如土的富豪相比，罗布森实属另类，在沃尔玛公司的网页上，找不到他的个人肖像，也无法从沃尔玛总部查询到“他是否有游艇”之类问题的答案。这位富豪不接受记者采访，他的新闻秘书拒绝回答有关罗布森私生活的问题。《星期日泰晤士报》曾经向沃尔玛总部询问过有关罗布森私人生活的三个问题：目前罗布森住在什么地方？他经常旅行吗？他有游艇吗？报纸不但没有得到任何答案，反而被沃尔玛的发言人提醒：还是问点跟业务有关的问题比较好。

这就是摩根男人，他们一丝不苟地爱惜自己的名誉，是那种用一生一世专心致志干好一件事的男人，不紧张、不激烈、不尖锐、不轻狂、不灰心，永不言败。他们认为男人应当富有责任心，他们一般是比较低调的，尽管他们其实也很优秀，但是他们不会表现出得意扬扬的样子，所以，挂着谦和从容的微笑的他们在人群中不那么引人注目。在酒会或者派对上，他们常常是聆听多于诉说，微笑多于喧哗。他们轻易不愿吐露心事，也无意打听别人的隐私。也许，你说他不善交际，但他值得信赖。

男人志 LUXURY MEN

喜欢摩根的男人们

摩纳哥亲王雷尼尔三世不仅喜欢摩根跑车，他几乎迷恋所有的速度机器。雷尼尔三世为人处世果断而机敏，几十年来政绩斐然。在婚姻方面，雷尼尔三世于 1956 年娶了当时好莱坞的人气明星格蕾丝·凯莉为王妃。但在艺术品收藏方面，他会去搜集并不为人所知的画家的作品，或者知名画家的不知名作品，甚至如同珍藏魔法秘籍那样收集一些只能在橱柜里收藏而不宜拿出来展示的作品。他把整个摩纳哥王国作为一个艺术品来经营，使这个以赌城蒙特卡洛为中心的弹丸小国成为全世界富人的天堂。

比起凯瑟琳·赫本把奥斯卡金像奖的小金人放在浴室门脚作为挡门之物，雷尼尔三世亲王更加高明。他知道，重要的不是要表明我不在乎财富，而是要让人们知道我根本不在乎别人看没看见我的财富。他深知缩小观众群是隐晦型炫耀的要点，要抬高欣赏的门槛，只有那些细心的、有品位的和有知识的人才能在他财富宝库的迷宫中找到出口。这样他的

■ 摩纳哥亲王雷尼尔三世与王妃格蕾丝·凯莉

品位和财富就会变得更加神秘，更加值得回味。这样，那些能够嗅到雷尼尔三世亲王高贵气息的崇拜者，就能在不断的发现中明白雷尼尔三世家族的财富构成了一个独立的世界，而且是一个无穷无尽的世界。

雷尼尔三世除了热爱收藏艺术品，他还是一个狂热的赛车迷，正是由于他的极力推广，才使赛车运动在摩纳哥繁荣起来。尤其是他一手倡导并成功运作的世界汽车拉力赛蒙特卡洛站和F1摩纳哥大奖赛，雷尼尔三世也因此成为赛车运动史上不可磨灭的功臣。

宜家家居创始人英格瓦·坎普拉德是古董车的喜爱者。坎普拉德是全球家居零售连锁业的顶级富豪，他的个人资产超过了200亿美元，然而，坎普拉德依然过着极其俭朴的生活。没有人看到他穿着光鲜的服装，或用什么奢侈品。他喜欢喝威士忌，因为少量的威士忌会使他精神焕发，但必须是那种廉价的。如果有人拿一瓶较好的威士忌放在他的跟前，就会惹他恼火。他去购买蔬菜或水果通常是在下午，因为上午的总是要比下午的价格高出几分或几角，而他认为果蔬一天之内的保鲜水平相差无几。不仅如此，坎普拉德基本不穿西装，而且总是光顾便宜的餐厅，还会为买了一条像样的围巾、吃了一顿瑞典鱼子酱而心疼好一阵子。在公司，他要求员工用纸的正反两面写字。他号召宜家的员工在不用电脑、电灯或水龙头时一定要把它们关掉，如果哪个机构省电最多，哪个机构就会受到应有的奖励。对于被扣上“小气”的帽子，坎普拉德大度地说：“我小气，我自豪。”坎普拉德的确是应该自豪的，他在公益事业方面表现得非常慷慨，他设立了助学基金、癌症研究基金等多种基金，力所能及地帮助儿童和其他需要帮助的人们。

尽管全瑞典的人都想知道这位瑞典首富的休闲娱乐方式，但是坎普拉德恐怕要让人们失望了，因为他是个不折不

扣的工作狂。工作以外，他把所有的时间都用来陪伴家人。虽然已年过八十，但是坎普拉德说：“我现在没有时间来考虑上帝的召唤，我觉得还有好多的事情等着我去做!”坎普拉德的从容让人们明白了一个生活的真谛：只要活着，就要踏实积极地走在路上。

生活主张
LUXURY MEN

摩根男人
奢华私享

到“世界高尔夫之乡”打一场中世纪的高尔夫 住豪宅，听巴赫的曲子，远离城市喧嚣，追求心灵的宁静与和谐。摩根男人是一群以“匿名”的方式表现自己品位与奢华的人。摩根男人喜欢在闲暇时约上挚友打一场高尔夫球，他们喜欢看高尔夫球在天空缓缓划过一道完美曲线后，稳稳地落在心中指定的地方，喜欢这种在自然中操控一切的感觉。

摩根男人喜欢在苏格兰小镇圣安德鲁斯打高尔夫。作为高尔夫球的发源地，圣安德鲁斯名扬天下。在圣安德鲁斯并不宽敞的街道上驻足或漫步，随时会产生时光倒流的幻觉——如果不是停放在鹅卵石路面上的汽车，你甚至可能误以为自己是一位中世纪打球归来的绅士。

高尔夫起源于英国圣安德鲁斯，时至今日，圣安德鲁斯镇都骄傲地以“世界高尔夫之乡”自居。在英国，高尔夫是一项绅士运动。于是，在皇家古老高尔夫俱乐部出版的每个版本的《高尔夫规则》的前几页，讲述的都是“高尔夫礼仪”，其中包括着装要求，以显示对高尔夫这项“皇家古老运动”的尊重。由于最早期的着装要求是西服，所以现在皇家古老高尔夫俱乐部仍要求它的会员必须穿着西服才能进入俱乐部会所。那么当你在圣安德鲁斯见到一些上身穿着西装，挂着松松垮垮的领带，下身却穿着毫不配套的高尔夫球裤，看起来相当怪异却又满脸自豪的男人时，请尊敬他们吧，至少为这份坚持传统的大无畏。

皇家古老高尔夫俱乐部的前身是始创于1754年的圣安德鲁斯高尔夫球手协会。1834年，国王威廉四世授予它“皇家古老高尔夫俱乐部”的头衔。一个多世纪以来，这家俱乐部掌管着全球除美国和墨西哥以外的高尔夫规则，由它仲裁高尔夫领域的任何争执，由它运作着伟大的英国公开赛和其他十一项赛事，由它负责在全世界范围内推动高尔夫运动的发展。唯一的例外是美国高尔夫协会，它负责着美国和墨西哥的高尔夫规则。建于1854年，至今仍傲然矗立在老球场一号发球台后面的俱乐部会所，是全世界高尔夫球手和球迷朝拜的圣地。俱乐部的主席在一份体育人物权力榜上和当时的萨马兰奇、阿维兰热同列，人们可能很难想象为什么全世界的球场、球手、组织至今服膺皇家古老高尔夫俱乐部，答案或许很简单，那就是对传统的尊重。

圣安德鲁斯一共有六个历史悠久的球场，还有十个小型球场，但最让人骄傲的是那座老球场。已有600多年历史的老球场不仅因浓郁的苏格兰风情和迷人的海边风景闻名于世，更以世界锦标赛举办地的身份而令全世界高尔夫球迷们神往。这里发生过太多的传奇故事，这里曾举办过26次高

■ 圣安德鲁斯皇家古典高尔夫俱乐部

尔夫公开赛，泰格·伍兹、杰克·尼克劳斯、费度及老汤姆·莫里斯都曾在这里荣膺公开赛桂冠。

圣安德鲁斯老球场是一个公众球场，每个人都有相同平等的机会在老球场打球。于是，每年的4月到10月——高尔夫旺季来临的时候，每天到老球场打球的机会将由抽签决定。想到老球场打球必须提前一天通过电话或传真报名，每天下午两点钟后在老球场的出发亭由专人抽签，并安排开球时间，每天下午四点钟后，第二天打球人员名单及开球时间会公布在球场会所、出发亭、球童经理办公室以及当地的高尔夫俱乐部和游客信息中心。想确保自己能获得打球机会

■ 圣安德鲁斯老球场

吗？可以，预订吧，提前一年，但不能超过两年。还有，星期天是不营业的，老球场在这个时间开放，任由当地居民和游客徜徉。

圣安德鲁斯老球场的演变史，几乎就是一部高尔夫运动的发展史。据史料记载，最初的老球场有 22 个球洞，前 11 洞打出去，后 11 洞打回来。500 多年前的高尔夫先知们，根本没有发球台的概念，打完前一洞后，他们就在离洞口两杆范围内就地开球——在球洞附近随手铲一把沙，堆成小球座，架上球，下一洞开始了。直到 1764 年，圣安德鲁斯高尔夫社区（皇家古老高尔夫俱乐部前身）作出决定：由于某些球洞距离太短，必须对老球场进行改造。于是，部分球洞被合二为一，老球场最终定格在 18 洞——也就是现在世界通行的球场标准洞数。老球场的 18 洞只有 11 个果岭，也就是说，其中14洞共用着7个果岭。双果岭，这种被如今的大牌球场设计师们争相模仿的经典设计，最早其实并非一个创意，而是迫于无奈。

没有花哨的金雀花，没有平坦流畅的球道，在老球场打球，你遭遇的每一个障碍都是自然和历史形成的。这里保持着最原始的丘陵和错落茂密的树林，幽美的湖泊镶嵌其间，其中包括112个天然的沙坑。实际上，圣安德鲁斯球场的大多数沙坑都是天然形成的——海风刮走地表薄薄的土层，埋藏在下面的沙子浮现形成低势。不过，加上后天的人工雕琢，这些沙坑就变成球手眼里“难到变态的怪物”。除了无所不在的沙坑，圣安德鲁斯不可捉摸的天气、难以逃脱的长草也是很大的挑战。难怪泰格·伍兹2005年在老球场举起葡萄酒壶时会感叹：“在圣安德鲁斯夺取的胜利是人生的终极胜利。”

圣安德鲁斯是苏格兰最古老的城市，位于苏格兰东北部沿海地区，是苏格兰境内风景最美的海滨城镇之一。在英伦三岛统一之前，圣安德鲁斯一直是苏格兰人宗教生活的中心和圣地。而这个古雅幽静的小镇，似乎天生就是为了高尔夫而存在的，高尔夫在这里和宗教一样，成为了一种信仰。

除了打球，你还能在小镇上找到关于高尔夫的一切。你可以去小店里淘一些古董，老前辈们用过的山核桃木球杆或古塔胶球——保证绝对没有假冒伪劣。镇上的人们大多以制造高尔夫球具为生，镇上的高尔夫用品店也和老球场一样，有着近六个世纪的历史。最早制造一个高尔夫球需要满满一顶礼帽的羽毛，一个工场一天只能生产七个高尔夫球，因此只有贵族或富人才能消费得起这项绅士运动。而现在，在圣安德鲁斯，高尔夫运动依然神圣不可侵犯。这个英国东北海岸线旁的小镇无愧于高尔夫之家的称誉，在这个家里，高尔夫是永恒的主人，形形色色、各具风格的建筑是它辉煌的家具，而来来往往、写下传奇的人们，成就了这个家里浩瀚的相册。

圣安德鲁斯很小，常住人口约15000人，另有约7000名英国最古老大学——圣安德鲁斯大学的学生，包括英国的威廉王子。除了大学和商铺，小镇上绝不会少的就是酒店、餐厅、酒吧和夜总会。但是，酒吧无一例外地晚上12点就停

止售酒，同时服务生开始收拾桌椅，提醒客人们这夜的笙歌到此为止。微醺的或已沉醉的、访谈会友的、寻欢作乐的人们，在一夜的欢乐之余，共同撰写着独具韵味的英国酒吧文化。泡吧已融入英国人的血液，成为他们的一种生活方式。在老球场旁边，有几家以高尔夫为主题的酒吧，其中一家，陈列着几个世纪以来著名的高尔夫选手的相片和他们的亲笔签名。酒吧里总是高朋满座，人们热烈地谈论老球场的草坪质量如何好、沙坑如何具有挑战性，当年鲍比·琼斯如何在一个沙坑里连击 11 杆才将球打出来……

聘请一位英式管家 如果摩根男人拥有一个 2000 ~ 3000 平方米并且带地下室的豪宅，以及一个庞大的家庭，那么他极其有必要聘请一位英式管家。从过去到现在，英式管家在豪门中扮演的角色是相当多元化的，购物、管理家庭财务、准备餐点、招待客人、准备晚宴等，都由管家交代工人执行。管家的工作听上去有点琐碎，但确切地说，英式管家不是仆人，而是管理一支包括厨师、保镖、花匠、裁缝、保姆等服务队伍的 CEO。

英式管家需要极高的自身素质，拥有丰富的生活智能与专业素养：熟知各种礼仪、佳肴名菜、名酒鉴赏、水晶银器的保养；更高档次的管家，甚至要懂得一些金融知识，才能为那些高层次的客户服务。贵族豪门的管家不仅深得主人的信任与倚重，有时候主人更会将他们视为家庭中的一分子，事无巨细，都会交由管家打理。

管家起源于法国，只是老派的英国宫廷更加讲究礼仪和细节，将管家的职业理念和职责范围按照宫廷礼仪进行了严格的规范，成为行业标准，英式管家也成为家政服务的典范。英式管家出现的早期，只有英国和法国的王室家庭、世袭贵族和有爵位的名门才有资格正式雇用，即便是再有钱的普通人也不被允许聘用英式管家。不过，随着时间的推移，

渐渐地，有钱人家被获准聘请英式管家。在美国和德国，一些英式管家秉承全新的理念，可以帮助主人管理财务甚至打理公司业务。

英式管家服务的是有着极高身份的人，比如亿万富翁、社会名流、政界高官以及贵族。在21世纪的现代都市里，散落在高档酒店公寓里的英式管家沿袭了忠诚、细致、无微不至的管家精神。事实上，如果拥有一位私人管家，与实现贵族式生活的理想就会更加切近，因为在管家文化的发源地欧洲，一位称职的管家比主人更清楚贵族的游戏规则，并且会严格地按照这种游戏规则统领众仆工作，他甚至清楚最不常用的礼仪，了解世界各国的佳肴名酒，能让每一件名贵摆设都适得其所。从购物清单到家庭理财，从准备晚宴到房屋维修，管家总是可以保证主人宅子内的一切运转良好。当然，这并不是全部，试想，如果管家可以清楚地记得你重要的客人和他们的爱好，能够安排令他们难忘的晚宴菜肴和活动，甚至同样的客人再来，他会对客人说："您上次穿的晚礼服真漂亮！"所有这些，足以让人感觉自豪。

"盛产"管家的荷兰国际管家学院在国际管家界如雷贯耳。它的校址设在荷兰一个古堡里，这座古堡建于1695年，曾是荷兰皇室出猎暂住的行宫，也是当今荷兰女皇的祖母去世之前一直居住的地方。古堡四周环绕着美丽的树林，环境安宁、优美。国际管家学院将校址设在此处，是为了让来自世界各地的学员们体会一种尊贵庄严的气质，因为他们将来的雇主绝大部分都会是有着极高身份的人。这所学校的创办人威尼科斯先生是国际管家协会的主席，也是唯一一位为五位美国总统（尼克松、卡特、里根、布什、克林顿）服务过的管家，他还曾受聘于多位美国亿万富翁，担任其私人助理及管家。

泰勒手动刮胡刀 来自英国有150年历史的旧邦德街泰勒店（Taylor of Old Bond Street）的顶级手动刮胡刀组，深受古典男人的喜爱，设计感十足的精致三刀头刮胡刀、软硬适中的刮胡獾毛刷、不锈钢镀镍立架以及刮胡皂盆，可随心搭配各种品位独特的刮胡膏。泰勒手动刮胡刀拥有圆润的线条、握感厚实的外形，实为象征男性魅力的生活艺术品，更可展现与众不同的生活品位。

摩根之格调

手工制作　摩根跑车的生产方式称得上“亘古不变”。除了发动机、传动系统、计量器等一些关键电子组件，车的所有部件都是在本厂的车间内制造的。在摩根车厂的装配车间里，技工们用手将发动机、变速箱、前后桥等部件组合成一辆汽车；在车身制造车间里，细木工更是用手仔细雕刻着从比利时进口的名贵木料，真皮坐垫也是由缝纫工用老式缝纫机缝出来的，最后由资深技工把整车开出去做测试。

优越性能　千万不要被摩根古老的车型“蒙骗”，它在古色古香的外表下却拥有惊人的性能。摩根跑车的性能不会输给其他任何汽车，如果调试准确，一辆摩根“普鲁斯 8”百公里加速能缩短至 3 秒。外表复古，性能现代，这正是摩根的迷人之处。

古老的生产方式　摩根的厂房和一百年前初建时一模一样。如果用现在的技术标准来衡量这家工厂的布局，工程师们会认为这是生产史上的一个噩梦。工人们用手把车推来推去，进进出出于工厂的各个车间。汽车在一个地方加工上几个星期后，再被推走，偶尔还会折回前一道工序。每辆摩根车在整个工厂的旅行往往要花三个月。世界上没有任何一个跑车商像摩根厂这样制造跑车，所以摩根车对古典男人有致命的吸引力。

MORGAN

摩根厂是一个传奇车厂，自建立以来，它已走过了103年的岁月，可贵的是，摩根厂历史上没有出现过任何倒闭、兼并或收购事件。摩根厂的历史上有太多的“不可思议”，1906年，25岁的H.F.S.摩根由一个修理铺起家，四年后，他开始制造三轮汽车。让人难以置信的是，当时摩根的三轮赛车比四轮车还要快，甚至为了公平起见，曾经被要求在比赛中晚一圈起跑！由于摩根的车型长久以来不作改变，所以到了20世纪60年代，很多人都讽刺摩根车是过时的老古董。为了证明自己的实力，摩根在英国、欧洲和美国成功地举办了一次大规模的汽车拉力赛，并在比赛中战胜了那些来自于更有名的竞争者的“现代车”。这一赛事中最引人注目的是在1962年法国勒芒赛中，摩根车在2公升组的24小时耐力赛中一举夺魁。

摩根跑车的产量非常少，当今许多汽车制造公司通常是每分钟生产一辆或两辆汽车，而摩根工厂的150个工人每个星期最多生产10辆汽车，全年总产量大约500辆。摩根厂不打算从事大批量制造，与其像当今许多汽车制造厂那样如同压模子一般千篇一律地大批量生产，他们宁肯用双手来拧紧一个个螺丝。在钣金车间里，工人用双手直接剪裁钢板或铝板。一些焊接部位也靠手工打磨。有时候，车身的油漆竟要经过九道工序才能完成。曾有专家建议摩根厂提高车辆的售价，并投资兴建一个新的工厂，从而在短期内把产量翻番。而摩根厂的经营者认为这种方法将导致摩根车传统制造方式的重大改变。他们相信只有循序渐进、谨慎变革的政策才能保证摩根车的质量及其独一无二的魅力，并进而确保它在可以预见的未来生存下去。

摩根工厂的订单已经排满五六年了。耐心等待也是一种享受，经受时间考验购买摩根跑车的英国买主通常要等候五年。外国客户有优惠，也得等一年至一年半。对于摩根男人来说，长期等候本身也是一种享受。

卡佩利尼男人
Cappellini & Men

卡佩利尼家具高贵而不浮夸，华丽又不失锐气，古典但不失时尚，它是一种挥之不去的优雅风情。

卡佩利尼男人是有艺术气质的男人，他有着挑剔的眼光，敏感的内心，独特的个性，出众的才华。

他们是艺术界无私的先行者。

对卡佩利尼那张用山毛榉树的木条“织”成的椅子感兴趣的男人，一定是有艺术气质的男人。你若走进卡佩利尼男人的居所，一定会有大开眼界的感觉。他们喜欢一切有设计感的东西，比如卡佩利尼那张通过铰链来实现折叠的折椅，利用碎玻璃制成的花瓶、碗，以及用再生纸制成的小桌。就连他们用的水杯，都可能是获得过设计大奖的名品。卡佩利尼男人无法接受大众化的东西，对豪华的镶金家具更不感兴趣，他们不想在单调平庸的世界中停留一刻。

大多数卡佩利尼男人对伦敦有迷恋之情。他们喜欢那里的古老建筑、哥特式的绘画、罗马时期的雕像、各种风格的音乐或歌剧，喜欢那里多得让人眼花缭乱的博物馆、艺术馆、教堂和展览馆，喜欢那里每天都有新作品上演的电影院、歌剧院。他们也许不是艺术家，但是他们热爱与艺术有关的一切。卡佩利尼是“设计”和“艺术”的执行者，是将家居产品转化为艺术品的先锋。从纽约现代艺术博物馆到法国蓬皮杜文化中心，从波士顿博物馆到东京现代艺术馆，几乎全世界的艺术博物馆都收藏着卡佩利尼的设计，它们向全世界展示了卡佩利尼对于艺术、前卫和个性的理解。

具有艺术气质的卡佩利尼男人是敏感的，因为敏感，所以他们会表现出与众不同的一面。前卫、流行、时尚、反叛、美、爱、多愁善感、浪漫超脱，这些都是潜藏在他们身

上的关键词。有时候，卡佩利尼男人显得有些神秘、难以捉摸，实际上他们的感受性强、对事物有独到的见解，但却不肯表达他们的反对意见。他们不会与人发生冲突，却可能作出比较突然而坚定的决定。

卡佩利尼男人其实是内心最温柔的一类人，他们热爱自然与孩子，他们会为街头的吉他手喝彩，也会为夕阳感伤。他们是人道主义者，会和朋友们一起去参加反对穿皮草的签名活动。

卡佩利尼男人是性情中人，情感之于他们如同空气，他们从情感中获取精神力量，他们为此而生。卡佩利尼男人不看重金钱，他们会从很多细节上感知人与人之间的情谊，一件亲手制作的礼物，会比任何买来的东西更让他们感动。他们在周围的现实世界中接触到事物时的感受力，要远比思想家或哲学家生动得多，强烈得多，因为他们有丰富的情感和率真的性格。这构成了他们的独立不羁，使他们对生活充满热情。一旦他们对周围的事情产生了强烈的共鸣，则会以最大的热情投入其中。

卡佩利尼男人在工作上以达到美感为目的，他们试图致力于创造美感或有意义的事物。他们厌恶没有创造性的工作，在个人直觉和创造力的引领下，他们想把事情做得特别，比如设计出五彩缤纷的产品目录，或者在幽静的咖啡馆里召开部门会议。

如果你的朋友中刚好有卡佩利尼男人，一定要珍惜你们之间的情谊，他会是那个在你身处逆境时，与你不离不弃的人。并且，在精神世界中试着让他飞翔，而当他必须降落时，为他设计一个美丽的降落地。

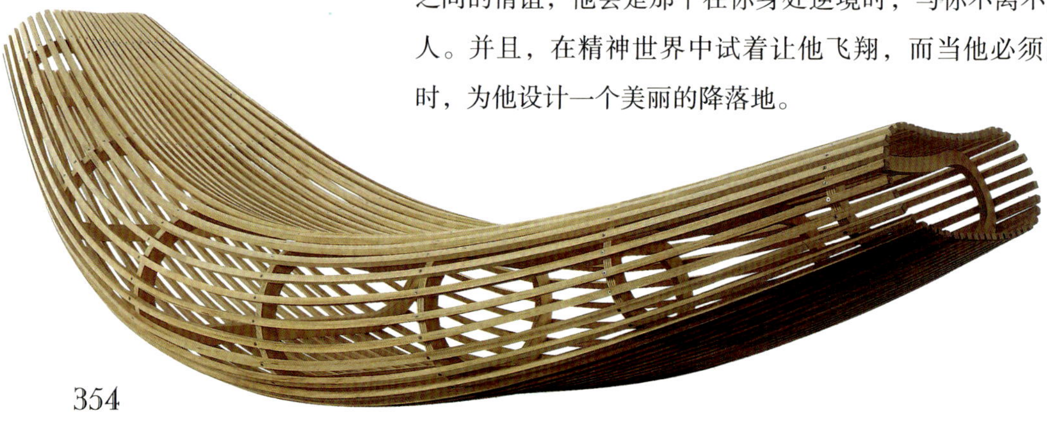

■ 保罗·史密斯

喜欢
卡佩利尼的
男人们

世界知名时尚品牌保罗·史密斯的创建者保罗·史密斯先生一直以来非常欣赏卡佩利尼的设计风格，2002年，他联合卡佩利尼公司推出了Mondo Collection家具系列，引发了新一轮抢购风潮。保罗·史密斯是英国时尚界有名的老顽童，童心未泯的个性使得他的设计充满搞怪幽默的新意。

60岁出头的保罗·史密斯神采奕奕，丝毫不想隐退。每次度假之后重回自己的办公室，他总是难掩心中喜悦。他说："我爱我的妻子，我爱我的工作，只是要在两者之间做好权衡。"他习惯于早晨6点半起床游泳，接着就投入工作，穿梭于他那个位于科文特花园旁的凌乱的办公室。在他的公文包里静躺着一辆电动小火车，它能载着一些不知名的"货物"孤独绕圈。"当我与那些重要客户开会开得无聊的时候就把它拿出来消磨时光，尤其是在日本的时候，那些人说的话我一个字也听不懂。"他放声大笑，得意地摇着脖子。他的朋友常说他为人“疯疯癫癫”。

保罗·史密斯本人非常喜欢这一评价，他的很多行为也反映出了这一评价的正确性。例如，他对自己所谓的“一日游”总是津津乐道。他能在同一天里到中国长城和越南这两个地方游览。他最喜欢的一日游就是早上在莫斯科，下午在圣彼得堡，而晚上已经到了纽约。在他的办公室里有一只棕色的长毛绒大猴子，保罗·史密斯把它称做是“办公室经理”。而尽管年过花甲，这位设计师每次走进样品间的时候，还总会像个闯入糖果店的孩子一般满怀欣喜之情。也许正是保罗·史密斯身上那种坦白率真的个性，让他成为了人见人爱的英国绅士。

著名的意大利牛仔时装品牌迪赛（DIESEL）的创始人伦佐·罗索是卡佩利尼家具的热衷者，相对于时装大师这个身份，伦佐·罗索也许更像一个收藏家，他在10年间陆续买下诸多具有艺术气质的品牌，组建起一个先锋时尚集团。伦佐·罗索以“从没打过领带谈生意”自豪，就连最高端的发布会上，他都身穿T恤出席，另类至极。

有人说伦佐·罗索更像个美国做派的摇滚明星，他迷恋西部，不错过任何一场橄榄球。伦佐·罗索至今仍住在他的家乡巴森，那是个意大利山区小县城。在庆祝迪赛创立25周年时，伦佐·罗索邀请了2.5万名宾客到此狂欢，他在邀请函上写道：“论牛气纽约无人能敌，论有趣迈阿密登峰造极，论时髦当数伦敦，论漂亮莫过巴黎。要说最温馨，还是巴森，那是我的家乡，它在意大利。”在这个可爱又宁静的地方，伦佐·罗索乐于在他那1000多公顷的“迪赛农庄”里，自己种植蔬菜和水果，自产自酿葡萄酒，过着极其快乐的生活。伦佐·罗索是个机械爱好者，他前一天可能坐着博诺的直升机出去转了一圈，第二天就在家里种菜浇花。伦佐·罗索身上有一种乡村气息和摇滚作风相结合的气质，他

的家里挂着安迪·沃霍尔的肖像，那是他喜爱的艺术家之一，在时尚界，没有谁比伦佐·罗索更适合当一个熟练摆弄艺术与商业的榜样了。

生活主张
LUXURY MEN

卡佩利尼男人
奢华私享

在巴黎“泡”书店 科伊巴男人心中的圣地是哈瓦那，卡佩利尼男人心中的圣地是巴黎——卢浮宫、埃菲尔铁塔、凯旋门、巴黎圣母院构成了巴黎的辉煌，左岸咖啡馆营造了巴黎的艺术气质，街头巷尾的书店让巴黎有了文艺腔。没去过巴黎的咖啡馆，不算真正到过巴黎；没逛过巴黎的书店，看不清真正的巴黎。

也许是法国人爱读书所致，书店、报亭遍布巴黎的大街小巷。走在巴黎的街上，路边随处可见报亭，里面看似随意堆放着的各种报刊像一面时代的镜子，提醒人们一个时代接着一个时代的变化。而那些体现着巴黎的性格和气质的书店，则更是承载了所有法国的过去和现在，以及让人沉迷的法兰西文化。

巴黎最负盛名的书店当属莎士比亚书店。因为电影《爱在日落余晖时》，莎士比亚书店和旧金山的城市之光书店、纽约的史传德书店、费城的博得书店一样，有了城市地标的意义，许多被电影感动的影迷们常常慕名来到这里。在那部伤感的电影里，落日黄昏的巴黎，阔别九年的男女主角就是在这家塞纳河边到处堆着各类旧书籍的书店里相遇的，浪漫伤感的故事再次延续，引得无数观者感动与感慨。

其实，在这部电影诞生之前，莎士比亚书店就早已声名在外了。1922 年，当其他出版商都避之不及的时候，书店主人西尔维亚横插一脚，毅然为乔伊斯出版了《尤利西斯》。海明威 1921 年到巴黎后，曾经是这里的常客。在回忆录《流动的盛宴》里，表露出他对这段时光的无限留恋。海明威那时很贫穷，书店老板西尔维亚帮他找便宜的公寓，介绍

莎士比亚书店

先期到达巴黎并在文化圈有一定影响的斯坦因和庞德与他认识。海明威时常在完成写作的下午，来到书店，或借几本自己心仪的书，或与西尔维亚聊天。这样的温暖伴随他度过了在巴黎最初的艰难时期。在他功成名就、获得诺贝尔奖后曾形容:“没有人对我有像她（西尔维亚）那么好过。”

何止海明威，叶芝、庞德、纪德、普鲁斯特等人都与书店颇有渊源。显赫的名声并没有让莎士比亚书店显得高高在上，它看起来再普通不过，要不是门楣上刻着莎士比亚的头像，初来这里的人很难相信这就是驰名世界并成为名胜的书店。书店从中午开到半夜，人们可以在店里寄宿——书架之间都藏着小床。在这里投宿过的足有上千人，这些年来，书店的气质和热情未曾改变过。

不过近些年，因为游人越来越多，莎士比亚书店也变得越来越拥挤。如果要找一些文艺书，最好还是去巴黎书店最密集的塞纳河左岸，尤其是第六区的那些书店，几乎是左岸一道最靓丽的文化风景，它们是巴黎灵魂中最敏感柔软的那一部分。

在杜拉斯、波伏娃、萨特等文人的作品中曾出现过两个巴黎最著名的文学咖啡馆——双偶咖啡馆和花神咖啡馆，在这两个咖啡馆的中间有一家巴黎最有气质的老书店——桅楼书店（La Hune），它正好位于杜拉斯当年的公寓所在的圣伯努瓦街的入口。这家周围布满了名店的老书店是巴黎最重要的书店之一，它不仅是法国文人们的最爱之地，也一直深受法国重要人物的青睐，前几任法国总统密特朗、希拉克等人常常在工作之余，亲自来此找书，而前美国总统克林顿也曾带着女儿在此现身。桅楼书店也是巴黎少数几家开到半夜的书店之一，所以那些喜欢清静的人专挑傍晚时来这里，先和朋友在书店旁边的咖啡馆里喝上一杯咖啡，然后浏览一下橱窗风景，再走进桅楼书店内，找一些别处少见的艺术类、设计类及法国文学类书籍。

无法欣赏四时的乐趣，就不会领受寂静禅思的曼妙。去逛一逛老书店，翻一翻旧书旧画，找到自己和传统文化相连的脐带，让心有安身立命的所在。心安了，便无处不滋养，无时不惊喜。

卡佩利尼男人喜欢阅读艺术类书籍以及艺术家的传记，美术画册、摄影集、音乐家传记、艺术理论等书籍都会引起他们的兴趣。他们尤其对现代艺术感兴趣，那些关于创意家具、生活用品的画册是他们最喜欢的。如果要收集一些经典时尚书籍送人的话，最好光顾一下第六区的时尚礼品书店“阿苏利纳”(ASSOULINE)。这家店的主人就是法国出版界大名鼎鼎的阿苏利纳出版集团的老板，在这里不仅可以找到许多关于设计、旅行和艺术方面的书籍，更有许多价格昂贵、包装精美独特的礼品书籍，这家店也成为了巴黎书店中的奢侈品牌。阿苏利纳书店异于通常意义上的书店，在店内各种类别的书籍画册被包装成各种礼盒和木箱，比如关于戛纳电影节的画册被装进了电影胶片盒、巴黎著名巧克力店的书配上了一罐美味的巧克力，还有做成旅行箱形状的一整套时尚书籍……

巴黎除了有许多文艺书店外，还有不少特色书店，有的甚至系出名门。逛巴黎的书店，你就会发现法国人的生活是如何地讲求精致和品位。在历史悠久的书店里，有时还需要登上旧式的梯子去寻找旧书，在暮色沉沉的巴黎城的某个昏黄角落，边尽数作家们的名字，边沉入渐深的书影里，仿佛自己不是在阅读文字，而是在阅读这个城市的历史。

用 MOOLLONA 灯饰打造有艺术气质的居所 家如其人，卡佩利尼男人将他们对艺术品的喜爱延伸到家中的每个角落，让家充满了艺术气质。一些人肯为豪华车、旅行花费大价钱，而卡佩利尼男人则喜欢为艺术品买单。他们不断地为自己购买各种各样的家居艺术品，家就这样被一件件艺术品所覆盖。

走进他们的家，就像是经历了一场梦幻之旅。书架边，有他们精心收藏的瓷器和小件雕塑。餐桌上，有他们收藏的各种彩色玻璃器皿，缤纷的色彩让餐桌时刻保持着节日的欢庆气氛。厨房里，精美的挂盘挂在灶台上，给原本平淡的空间增添了活力。客厅中，悬挂着出自大师之手的灯具，夜幕因此显得短暂和多彩……他们把家打造成一个有温泉、参天白杨和蝉声的世外桃源，在紧张工作的奔波劳碌之后，卡佩利尼男人喜欢在生机盎然的花园里，一边看看身边果实累累的海棠树，一边听听静谧中流动的水声，远离城市的名利与喧嚣，这里会更让他体会到家是一种心灵的意境。

卡佩利尼男人的家是千差万别的，但是卡佩利尼男人的物品清单中有几样东西是相同的，即使现在没有，他们也会将之视为此生一定要拥有的东西，因为这些东西是家居领域毋庸置疑的经典，比如 MOOLLONA 水晶灯和手工玻璃灯。

在 MOOLLONA 的缤纷世界中，灯是有生命的，它能与拥有者产生一种思想的交流和共鸣，它能抚平拥有者的浮躁，为拥有者营造一个触手可及的理想国度。MOOLLONA 不仅是商品，更是可以传世的艺术品，它穿越时空诉说着古老的故事；MOOLLONA 不仅是灯具，更是一个无言的情人，它在漫漫黑夜温柔地安抚你孤独的心；MOOLLONA 带来的不仅是光，更是爱，是暖，是希望，是力量，是大千世界中不可缺少的执著和坚定。

相传在 18 世纪初，意大利有一位传奇的灯饰设计师，他是玻璃王国慕拉诺（MURANO）岛的著名玻璃工匠，传说他制作的手工玻璃灯除了造型精美绝伦、贵气凌人，还能抚慰人的情绪，让烦恼的人平静，让骄傲的人内省，让沮丧的人重拾信心，拥有了它，幸运就会随之降临。很快，这位名叫 MOOLLONA 的设计师被国王召进了皇宫，专门为皇室设计灯具，此后在皇宫的密室里终老一生。从此，MOOLLONA 的故事在慕拉诺玻璃王国和意大利广为流传，而后世之人无论以何种材料取代玻璃制作灯饰，却依然持有灯有抚慰人心之效的信念。因此，无论是玻璃的通透宁静，还是水晶的多彩纯洁，每点亮一盏灯，都是在点燃美好生活的希望。

不是所有的灯都是鉴赏品，MOOLLONA 是一种生活态度，它的大气与高贵赋予了世上一座座宫殿以光和思想的灵魂。MOOLLONA 始终如一地坚持着意大利皇室血统，卓尔不群，继承经典，又创造经典，用慕拉诺岛上生生不息的燃烧火焰萃取人间最贵重的艺术鉴赏品。

为纪念传奇的灯饰设计天才 MOOLLONA，1872 年，意大利的几位玻璃制作工匠和设计师创建了以“MOOLLONA”命名的灯饰品牌，凭借无与伦比的品质、独一无二的设计以及精益求精的工艺，MOOLLONA 水晶灯和手工玻璃灯迅速风靡欧洲，挪威国王哈肯七世、西班牙国王阿方索十三世、捷克总统托马斯·加里格·马萨里克、波斯国王等名人均是 MOOLLONA 水晶灯和手工玻璃灯的热爱者，皇室贵族更是将 MOOLLONA 灯饰当做艺术品加以收藏。

不是所有的灯都是鉴赏品，也不是所有的灯都能够拿来收藏。纯正的意大利血统、深厚的欧洲文化底蕴使 MOOLLONA 灯饰成为光明的使者、艺术的先锋。MOOLLONA 将光、生活、艺术、思想完美地融入灯饰设计之中，赋予灯饰以气韵和灵魂。它承载着欧洲城市文化、宗教文化和建筑文化，就像燃烧的思想，给人们带来光明的同时，更带来了高贵、优雅的生活品位。

时至今日，MOOLLONA 的灯光被评论家称之为“令人目瞪口呆的”、“让人激动的”和“富有诗情画意的”。世界上无以计数的展会现场、公共空间、建筑设施、私人处所的美妙氛围是由 MOOLLONA 灯饰营造的。MOOLLONA 灯饰打破机能与艺术的界限，天马行空的创意拥有黑夜闪电般的震撼力量，从灯饰造型到光影雕塑，其创意与影响力在家具艺术界无人能敌。

LUXURY MEN 奢华解语

卡佩利尼之格调

最优制作 工艺上，卡佩利尼产品的制造全部由手工制作完成。卡佩利尼的工匠们对木质有着独特的激情，他们用于家具结构和内饰的木料全部都是传统的高档珍贵木材，如橡木根木、胡桃木、樱桃木、橄榄木、紫罗兰木以及红木等。加工过程中，雕刻大师有着出色的手工雕刻技术，连最细小的地方也是由手工制作完成，这种对细节的追求堪与雕刻最珍贵的宝石相媲美。

古典与时尚 卡佩利尼家具被视做洛可可风格最具代表性的品牌，同时，它也是“家具时尚化”这个全新概念的领路人。卡佩利尼时尚元素的设计风格鲜明，独特的美感富有极强的诱惑力，表达与传递着一种奇特的、极具个人品位的新理念。产品色彩上的运用也相当有魄力，比如黑白两色的反衬，以及红色绿色的鲜明对比。

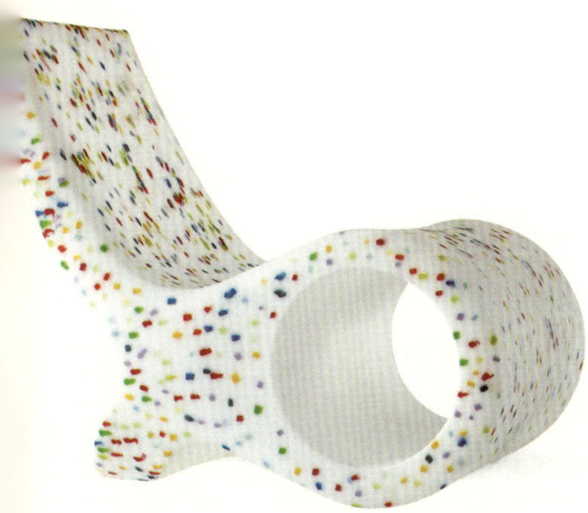

创新元素 材质上，卡佩利尼受到时装的影响也很大，比如皮草的运用，稀有金属与各类珍贵宝石的镶嵌，这些无疑为卡佩利尼的华贵感增色不少。比如经典的 Cornelio Appellini 红沙发，红与黑的强烈刺激，华丽丝绒与不羁皮毛的

混搭，沙发脚采用银白色的金属材质，给整体注入一股凛冽的现代感，又避免了大红给视觉带来的过度冲击。

卡佩利尼公司位于意大利北部的科摩湖附近，美国作家亨利·詹姆斯曾这样说过：“意大利的湖泊之美无人能够言传，即使有人有这个能力他也不会做这样的尝试。”科摩湖就像是意大利的一处世外桃源，无论是和风煦日，还是春雨连绵，都不会破坏它的完美景致，它始终呈现着一种“浓妆淡抹总相宜”的极致美感。科摩湖虚幻缥缈的湖岸景致终日激发着卡佩利尼设计师的灵感，成就了今天卡佩利尼家具的完美和独特。

卡佩利尼是一个家族企业，家具产品主要以 18 世纪意大利、英国和法国风格的椅子和其他家具为主，它秉承了洛可可艺术的传统风格，多处运用贝壳造型，由此创造出一种纤巧、华美的独特样式。洛可可风格始于 18 世纪法国，沿袭自巴洛克，原意指的是贝壳涡形的花纹图案，以法国宫廷路易十五、路易十六时期的风格为代表。活泼的洛可可风格融入了东方色彩，强调华丽、甜美、精致，家具方面以 C 形、S 形、旋涡形等曲线装饰，构图不对称带有轻快感。卡佩利尼每一款家具上面都包含这些踪迹：艳丽、细腻，追求感官刺激；造型的结构线条具有婉转柔和、优雅安逸等特点。由于文艺复兴运动给人们带来太深远的影响，卡佩利尼一直被认为是复古家具领域的领导者。

卡佩利尼家具被视做洛可可风格最具代表性的品牌，同时，它也是“家具时尚化”这个全新概念的领路人。卡佩利尼时尚元素的设计风格鲜明，独特的美感富有极强的诱惑力，表达与传递着一种奇特的、极具个人品位的新理念。

设计是一种流行，结合了时尚成为人们日常生活的一部分，通过细微的差别却能展现一种全然一新的概念，这便是卡佩利尼的设计理念。与旧时的大艺术家们创作艺术品一样，卡佩利尼家具的制作也是艺术创作的过程，卡佩利尼的每一款家具都显得雍容华贵，又充满幻想，让人体会到其背后所蕴涵的创作者的不懈努力，并让人们沉醉其中。

卡佩利尼的目标群体是高层次客户，这些人很多都是艺

术、商业、政治、时尚界领袖人士。卡佩利尼的家具产品受到最为挑剔的人的钟爱，他们一直在寻找卡佩利尼这种蕴藏着典型意大利风格魅力的珍奇品牌。卡佩利尼的作品也成为了艺术收藏家们竞相鉴赏收藏的对象。2004 年奥运会在希腊隆重开幕，世界顶级酒店之一的乔治二世国王王宫酒店作为奥运会接待各国政要的指定酒店，将卡佩利尼选为唯一的高档家具供应商，提供酒店内总统套房和王室套房的配套家具及饰品。

如果要用一个词来定义这个品牌，毫无疑问就是艺术，只是，这时候的艺术已经被附加了高贵、梦幻的味道，于是变得更加丰盛了。

绝对伏特加男人

Absolut Vodka & Men

绝对伏特加纯净、优雅、简单而又富有浓郁的瑞典特色，在历经岁月沉淀之后，它已成为一种文化的代言者，一种精神的象征。

绝对伏特加男人拥有美酒一样醉人的魅力，艺术品一样迷人的格调。他们尽情挥洒真性情、真自我，在喧嚣的世界中孑然独立。

他们拥有让世界安静下来的魔力。

有人说烈酒最能代表优雅与浓烈的男人气质，无论是古老的苏格兰威士忌，还是富有艺术气息的新一代伏特加，它们绝不仅仅是一款酒精饮品，更代表着男人的人生态度、男人的选择和男人的生活方式。俄罗斯人喝伏特加的方式非常豪爽，再烈的酒也是一口闷，然后握紧拳头，“哈”地一下吐出酒气，爽快异常。不过，这种习惯注定了他们一直在天堂与地狱之间摇晃。把伏特加当成嗜好，而不是喜好的男人，多半是酒鬼。绝对伏特加男人不是这样的，对于酒，他们抱着欣赏和品味的态度，他们始终是酒的操控者，而不会被酒操控。

绝对伏特加男人是心地纯净的男人，他们神色自若，笑容淡然而温暖。他们有颀长洁净的手指，未经烫染的短发，光洁的额头和下巴，周身散发着一种没有威胁感、压迫感的流畅气质。他们不像布拉德·皮特般充满诱惑，也不似尼古拉斯·凯奇般忧郁沧桑。明亮的双眸、温暖的微笑，是绝对伏特加男人给人最直接的印象。他们喜欢穿棉布衬衫，喜欢纯色的家具，喜欢清新的味道；纵然在暗夜里，他们也是可以发出光亮的人，给人带来温暖、亲切与清雅。

绝对伏特加男人有一点冷峻，倘若你认为冷峻的男人就冷漠，那就大错特错了。他内心丰富，脸上却不显露半点端倪。他洞悉一切，却从不嗷嗷大侃。当你厌倦了声色喧嚣的

场所，转身发现他正在角落里平静地吸烟，优美的轮廓随火光若隐若现。这一刻你觉得这个男人果真深沉而独特。更重要的是绝对伏特加男人性情简约，不复杂——如同绝对伏特加的寓意——绝对纯净之美。这种完全的纯净并非与生俱来，而是他们自身独特演化的结果，其他男人的发展方向是越来越复杂，绝对伏特加男人追求的是简单和精致。

绝对伏特加男人的形象就像素有“英国情人”之称的著名男星休·格兰特。他一向举止斯文，颇有绅士风度。腼腆纯真的微笑、文雅的贵族气质与轻盈潇洒的外表令全世界的影迷为之倾倒。有人说他是永远的英伦绅士，虽然他现在笑起来的时候会有皱纹，却能让人相信那是天底下最真诚的笑容。我们可以从以下这段描写休·格兰特的文字中找到绝对伏特加男人的影子：“神在水边行走，他也在水边行走，还顺便抖落了一身风尘。神在远方，更像是神。而他在面前，不像是他。他还是腼腆得近乎于敏感，敏感得近乎于神经。他还在表演中生活，他也在生活中表演……原来，他就是那个上帝不许他长大的孩子。要他在人间冷眼繁华浮世，身处其中，而魂飞天外。”

绝对伏特加不再是西伯利亚的蛮荒饮品，或是莫斯科街头烂醉者的祸首，它变得更加时尚，更加艺术，更加浪漫。喜欢绝对伏特加的男人多少会有一些艺术气质，要知道，有很多人正是因为绝对伏特加的艺术招贴画和酒瓶才爱上这种酒的，他们会在有特点的橱窗前流连，会因为漂亮的包装盒购买商品，会带着相机四处搜寻独特的画面。

人们通常认为喜欢烈酒的男人性格刚烈，其实不然。伏特加是烈酒，但是顶级伏特加并非想象中那般单纯的刚烈，口感圆润、入口清新是这种烈酒的迷人之处，烧喉的感觉只是瞬间的快感而已。所以喜欢伏特加的男人在干净的外表下有一份恰到好处的激情，不会太过，也不会不足。他们不会酗酒，品酒仿佛蓝天白云之间勒马狂啸，然后一骑绝尘，这便是欣赏伏特加的最佳境界。

男人志
LUXURY MEN

喜欢绝对伏特加的男人们

美国巴塔哥尼亚环保服饰品牌的创始人伊冯·乔伊纳德喜欢在冒险生活之余小酌几口伏特加。年近70的乔伊纳德有着运动员式的体格，看上去他更像是个饱经风霜经验老到的水手，而不像是一个成功企业家。你想要在公司里见到他可一点也不容易，这位自小就热爱户外运动的老板一天也不愿意待在办公室里，他大部分时间都在路上——飞到火地岛去钓鱼，或是去巴塔哥尼亚高原登山，要不就在加州冲浪。

乔伊纳德被称为“世界上最任性的商人”，他创建公司的初衷是为了挣钱来支付他的攀岩账单。乔伊纳德一直在按照自己的原则生活，他依然保持着以往户外活动时的习惯，努力适应周围环境条件，从小溪里舀水喝，甚至宁愿淋雨也不愿穿上自己公司出售的防水服。这位怪老板还写了一本名叫《让我的人去冲浪》的书，来阐释他与众不同的生活理念。“员工可以随时找人替班去冲浪。这是本公司人事部最高指导原则。”他相信，工作可以等，但天气不能等，工作

■ 伊冯·乔伊纳德

不是目的，只是为让人有足够的钱去冲浪和爬山。在乔伊纳德的倡导下，在公司里你能随处见到打赤脚的雇员、追逐嬉戏的宠物、自行车、冲浪板、太阳能电池板，甚至还能看到住着正在养伤的猫头鹰和老鹰的棚子。公司总部服务台的后方是一面白板，写着当天的浪高、潮汐、风向，而离公司不远就是加州最棒的冲浪地点。在位于内华达州的分部，冬天一到，午餐时间经常有员工去公司后方的山坡滑雪。“自然界才是我们的家，”乔伊纳德对世人高呼，“没人知道浪头何时会来。所以，只要起风了、浪头来了，就去冲浪吧。”用《财富》杂志的话来说，这就是卓尔不群。

绝对伏特加的魅力连波普艺术大师安迪·沃霍尔也为之倾倒，安迪·沃霍尔是20世纪最知名的艺术家和明星之一，也是公认的“波普教皇”。安迪·沃霍尔说自己有着“社交病”，夜夜笙歌，影星、摇滚明星、企业家、社会学家都能成为他的好友。尽管安迪·沃霍尔是世界上最著名的社交动物，但在他去世后，许多事迹仍然让世人难以置信。安迪·

■ 安迪·沃霍尔

沃霍尔每天回到上东城的家中，和母亲、一只猫、两个菲律宾女佣过着隐居的生活。在他的家中，没有现代的器物，没有当代艺术品，只有路易时期的古典家具和古典油画。他疯狂购买的大量东西中，古旧腕表、珠宝首饰、杜尚的小便池、化妆品、玩具……无奇不有，安迪·沃霍尔死后，在苏富比为他举行的专场拍卖中，许多东西是第一次打开包装；每年圣诞节他一定在哈林区的一家教堂为穷人施粥；每天早晨9点半，无论在何地，他都打电话给秘书，口述记下前一天发生的每件小事，从不间断，这些记录最终成为了一部详尽和神奇的个人史。

生活主张 LUXURY MEN

绝对伏特加男人

奢华私享

到“冰雪酒吧”喝一杯伏特加 瑞典北部的“冰雪酒吧”位于北极圈内193公里处，它最奇特的地方在于整个建筑以及里面的酒吧台、酒吧椅甚至酒杯都是用冰做的。晶莹剔透的冰酒杯，配上色彩缤纷的鸡尾酒，像这里最受欢迎的“冰中之火”、“北极之光”等，或者倒一杯看似平静实则猛烈的伏特加，让人在奇妙的幻境中饮尽杯中物。在冰与影的映照下，冰酒杯中的鸡尾酒宛如一朵绽放的火花，一点一点诱发着人体内的激情，即使零下几十度的低温也不能阻挡激情的蔓延。正因为如此，它曾两度被美国《新闻周刊》评为“世界上最绝妙的酒吧”。许多名人都曾经被吸引来，如世界名模凯特·莫斯、摇滚乐队梵·哈林、爱尔兰总统等。来自冰岛的流行乐坛歌星比约克曾在这冰天雪地中录制过短片，而嘉宾登记簿上自然也少不了瑞典国王和王后的签名。

冰雪酒吧是冰雪酒店的一部分，这个酒店恐怕是世界上最稀奇的酒店了。不用一砖一瓦，不论是床榻、桌椅、还是门窗全都是用冰制成的。也就是说，冰雪主宰着这里的一切。这家酒店不仅在欧洲闻名遐迩，也吸引着来自世界各地的明星和名流。

在冰雪酒店创建之前，冬季的朱卡斯加维地区因为极夜而少有游人光顾，空剩绚丽的极光漫天飞舞。直到1989年，法国艺术家让努·戴瑞德在此举办了一个冰雕艺术展，几个参观者睡在鹿皮睡袋里过夜。他们对这种特殊体验异常兴奋，由此诞生了冰雪酒店。每年的冰雪酒店都会是另一个模样，因为最迟第二年的五月，酒店就会全部融化，消失在尤卡湖中。到了十月份，来自世界各地30多个国家的艺术家们会再聚集在这个创造者的乐园，建造这件并不永恒的建筑艺术品。因此你永远也猜不透它下一次的造型或者布局会是什么样子。

冰雪酒店整个建筑群包括酒店、教堂和艺术中心，面积约为5000平方米。建筑师们大约要用三千吨冰雪来修建这座冬宫。它拥有45个双人房间和15个套间，可以接待一百多位旅客。由澳大利亚设计师丹尼尔·罗森鲍姆和迪伦·皮莱默设计的“改变的国度”套房里，大大小小的雪球在视线里延伸，穹形屋顶下一张铺着温暖兽皮的冰床充满魔幻的色彩。建筑设计的飞速发展给冰雪酒店带来无限的创意空间。

许多人不远万里慕名而来，为的是体验一下在冰雪中过夜的感受，再获得一纸证书。酒店的床榻自然是由冰块建造的，而床垫则是天然驯鹿皮，被子是专门适用于极地的睡袋。最重要的一点是：穿鞋进睡袋。不然早上起床后，鞋子可就冻得硬邦邦的了。酒店一般要求客人们在午夜时分上床睡觉，第二天早上有唤醒服务。起床后，每位客人都会获得一杯滚热的野果汁。值得庆幸的是，距离客房仅100米远的地方就有桑拿浴房。度过了一个寒冷的夜晚后，还有什么比洗桑拿更值得期盼的呢？

从冰雪酒店门口乘坐狗拉雪橇出发，在雪地上疾驰，周围是纯白的世界，天际隐隐泛着紫红色的光。点起篝火，温暖在四周环绕。晚上可以看到北极光。那些在夜空舞动的精灵瞬间即逝，却将永恒留给每双眼睛。

■ “银风号”邮轮

乘邮轮欢度地中海蔚蓝假期 绝对伏特加男人喜欢乘邮轮旅行，似乎再没有一种旅行能像乘邮轮一样，从一起程就开始了丰富的体验。没有舟车劳顿之苦，不需天天换酒店，就可以抵达多处旅游地，并尝试新的活动或者观赏新的景色。传统的旅游方式注重旅游目的地的游览，而邮轮旅游注重的是整个旅途的过程。在甲板上享受海风，欣赏船上的精彩的音乐表演，参加船上组织的各种娱乐活动，品尝各种美味佳肴。奢华的享受与彻底的放松，怎能不令人心驰神往！

豪华邮轮就像镶嵌在王冠上的宝石，凝集着工业和艺术的魅力。豪华邮轮仿佛是一个海上移动度假村，其奢华程度比陆地上的行宫更甚。邮轮上不仅有酒廊、咖啡厅、图书馆、啤酒吧、钢琴吧，而且每晚都有种类繁多、精彩纷呈的晚间娱乐节目。很多豪华邮轮还有攀岩墙、球类运动场、溜冰场、健身中心和SPA馆。豪华邮轮的中庭位于船的核心部位，通常被设计成类似豪华购物中心的多层开放空间，足有四层楼高，两个足球场那么大。这里有各种顶级品牌的精品店，从巴黎的珠宝、时装到古巴的雪茄，一应俱全。

乘邮轮旅行可以到达许多无论是徒步行走还是利用汽车等交通工具都难以到达的景区，比如冰河深处，或者大海中的美丽岛屿。乘邮轮旅行沿途还可以悠闲地看鲸鱼、海豚游过。在诸多邮轮旅行线路中，地中海线路最具吸引力。蔚蓝的地中海，孕育了在它周围星罗棋布的各种文明，乘坐邮轮游遍地中海，所到之处包括奥林匹亚的神殿遗址，伊斯坦布尔的蓝顶清真寺，托普卡普皇宫，伊兹密尔传说中的圣母马利亚旧居，以及建立于12世纪的古城杜勃罗夫尼克……这座漂浮在海上的“度假胜地”白天可以带你到心仪已久的地方实现梦寐之旅，夜晚可以让你在邮轮上消遣娱乐，而当你沉睡于梦乡的时候，它已经将你带往下一站的精彩目的地。

地中海邮轮之旅的第一站是奥林匹亚，这里是奥林匹克运动的发源地，有着世界上最古老的运动场，直至今日，奥林匹克运动会的圣火依旧在这里点燃。古奥林匹亚遗址、宙斯神庙向人们展示着奥林匹亚的辉煌历史。接着便来到了伊斯坦布尔，这里曾经是君士坦丁堡以及奥斯曼帝国的权力中心，拥有将近2000年的历史，是东西方不同文明交会之地。邮轮靠近港口的时候，一定要站在甲板上：闪着微光的圆顶和尖塔使这座古老城市的空中轮廓线成为世界上最令人难以忘怀的景色之一。下一站便是盲人诗人荷马的出生地伊兹密尔。白天可以参观游览亚历山大大帝所建的巴扎和世界上最大的罗马古剧场；晚上，可以观赏爱琴海上摇曳着的如星光般的渔火，惬意浪漫得让人动容。接下来就到了杜勃罗夫尼克，这里曾被爱尔兰作家萧伯纳称为“地球上的天堂”。旧城区遍地都是建筑奇迹，通往斯特拉丹广场的主要街道由大理石铺成，沿着街道你能一一领略奥诺夫里奥喷泉、14世纪的弗兰西斯科修道院和斯庞查宫殿。在城市其他陡峭狭窄的

街巷里还隐藏着一些极好的商店和美术馆等待着人们去发现。

接下来的一周，邮轮由罗马出发，首先带着你在有建筑博物馆之称的巴塞罗那尽情享受视觉艺术，再经过马略卡的帕尔马，然后游览突尼斯那喧闹的露天市场和迦太基城的废墟，第四站是满街巴洛克风格的教堂和博物馆的马耳他首都瓦莱塔，接下来领略殖民统治印记深刻的西西里岛巴勒莫，最后回到出发地罗马。这一路上看到的，听到的，品味到的，感觉到的，能替我们揭开地中海神秘的面纱。

乘坐邮轮游遍地中海，不再需要考虑频繁打包行李的辛苦和不便，可以深入景点细细观赏，更重要的是，无论选择何时起身，地中海适宜的气候和静谧的海面都适合邮轮航行。

LUXURY MEN 奢华解语

绝对伏特加之格调

绝对艺术 绝对伏特加模糊了艺术和商业的界限。当人们看见绝对伏特加的平面广告，就是被邀请进入一个绝妙的游戏，游戏的规则就是找到那个独特的瓶子的形状。绝对伏特加瓶子外形成为几乎所有广告的中心诉求，它幻化成游泳池，纽约布鲁克林大桥的桥架，甚至躲藏在京剧脸谱里。至今全世界已有500多位画家为绝对伏特加的广告创作了作品，然而依旧还有上百位画家在等候为它创作。

绝对工艺 绝对伏特加的生产工艺胜过任何对手，它采用的是连续蒸馏法酿造工艺，这种工艺不是仅仅一次、两次、三次的蒸馏，而是上百次的连续蒸馏。原酒在不断地蒸馏中滤去杂质，直至完全纯净。

绝对品质 全球数以万计的绝对伏特加，其原料都是来自一个传奇小镇——瑞典南部的奥胡斯。绝对伏特加采用产自奥胡斯周边地区的冬小麦作为唯一的原料，酿制用的泉水取自当地的深井。冬小麦的坚实谷粒赋予了绝对伏特加优质细滑的特征，而每生产一升绝对伏特加要用掉超过一公斤的冬小麦。

来自于西伯利亚苍凉之地的伏特加，诞生自炼金术师之手，从无色无味的良药，到成为波兰和俄罗斯的民族象征，伏特加拥有烈酒的骄傲和尊严。在波兰和俄罗斯，伏特加被看做民族象征。在那里，关于谁先发明了伏特加的争论至今没有停止。在世界的另一端，一个默默无闻的瑞典小镇，出产了世界上最知名的伏特加酒——绝对伏特加。

时光倒退到上个世纪 70 年代，谁又相信绝对伏特加会取得今天的成功呢？它的产地不对劲，全世界都知道伏特加是属于俄罗斯的，而它却来自瑞典一个不知名的小镇；酒瓶看上去也很平庸，甚至有点像药瓶，而且也没有任何标签和装饰，毫无吸引人之处。但就是这样一种酒，在短短的几年间由一个默默无闻的品牌发展成为全球知名品牌，在 2002 年《福布斯》奢侈品品牌排行榜上独占鳌头。

ABSOLUT
Bling-bling
VODKA
40% ALC./VOL.
LIMITED EDIT

绝对伏特加讲述的是美酒的故事，更是艺术的故事，绝对伏特加的大多数广告作品消融了商业与艺术的界限。在著名的《美国艺术》杂志里，经常能看到绝对伏特加的广告，这些广告和其他印着艺术家作品的彩页混杂在一起，有时让人很难区分哪些是艺术品，哪些是广告，能取得如此令人瞩目的成功，这是一个奇迹。

这一切也许都是从波普艺术大师安迪·沃霍尔开始的。安迪·沃霍尔觉得每一滴绝对伏特加都胜过香奈儿香水的味道，他把绝对伏特加当香水用。1985 年，安迪·沃霍尔对绝对伏特加的进口商说：“我爱这完美的瓶子，我爱它的质感，我想为它做些什么……”于是一幅只有黑色绝对伏特加酒瓶和“Absolut Vodka”字样的油画诞生了，自此绝对伏特加走上了它的艺术旅程。艺术家为绝对伏特加创作的欲望佛具有传染性，从沃霍尔、哈灵，到上百名摩拳擦掌的艺家，这像一场流行病开始蔓延，使众多画家如此醉心于绝伏特加品牌的创作。在纽约曼哈顿一条普通的街上，有座通的建筑，它的 8 楼是一间恒温的房间，有令众多名流和术收藏家垂涎的藏品，这些藏品全是关于绝对伏特加的广艺术品，这些珍贵的艺术品现在已经达到了 700 件。绝对特加广告的积累，培养了一大批迷恋者与收藏者，他们到如痴如醉的地步——图书馆管理员要提防雅贼撕走杂志中对伏特加的新广告；纽约某一报摊的老板则将新到杂志里绝对伏特加广告页小心剪下，再另行单张出售，一书两卖。

要使之流行，传达的信息必须让人难忘。绝对伏特加恰做到了这一点，艺术品总是令人忍不住赞美的东西，特是社会名流对艺术品更是视若珍宝。这也就不奇怪，为何对伏特加会跻身于奢侈品的行列，备受上层社会的青睐。

图书在版编目(CIP)数据

奢侈男人：珍藏版 / 孙玥著. —2 版. —哈尔滨：哈尔滨出版社，2011.3
ISBN 978-7-5484-0481-1

Ⅰ. ①奢… Ⅱ. ②孙… Ⅲ. ①男性－消费资料－选购 Ⅳ. ①F76

中国版本图书馆 CIP 数据核字(2011)第 018811 号

书　　名：**奢侈男人. 珍藏版**

作　　者：孙　玥　著
责任编辑：陈春林　孙爱萍
责任审校：陈大霞
封面设计：蒋宏工作室
版式设计：远流图文工作室　杨利伟　吴　丹

出版发行：哈尔滨出版社（Harbin Publishing House）
社　　址：哈尔滨市香坊区泰山路 82-9 号　**邮编**：150090
经　　销：全国新华书店
印　　刷：沈阳鹏达新华广告彩印有限公司
网　　址：www.hrbcbs.com　www.mifengniao.com
E-mail：hrbcbs@yeah.net
编辑版权热线：（0451）87900272　87900273
邮购热线：（0451）87900345　87900299　87900220（传真）　或登录**蜜蜂鸟**网站购买
销售热线：（0451）87900201　87900202　87900203

开　　本：787×1092　1/16　**印张**：25　**字数**：350 千字
版　　次：2011 年 3 月第 2 版
印　　次：2011 年 7 月第 2 次印刷
书　　号：ISBN 978-7-5484-0481-1
定　　价：128.00 元